Adel Theodor Khoury

Der Islam und die westliche Welt

Religiöse und politische Grundfragen

PRIMUS
VERLAG

Einbandgestaltung: Jutta Schneider, Frankfurt a. M.
Einbandbild: Volker Höhfeld, Koranschule

Die Deutsche Bibliothek – CIP-Einheitsaufnahme
Ein Titeldatensatz für diese Publikation ist bei
Der Deutschen Bibliothek erhältlich.

Das Werk ist in allen seinen Teilen urheberrechtlich geschützt.
Jede Verwertung ist ohne Zustimmung des Verlages unzulässig.
Das gilt insbesondere für Vervielfältigungen,
Übersetzungen, Mikroverfilmungen und die Einspeicherung in
und Verarbeitung durch elektronische Systeme.

© 2001 by Wissenschaftliche Buchgesellschaft, Darmstadt
Gedruckt auf säurefreiem und alterungsbeständigem Papier
Printed in Germany

www.primusverlag.de

ISBN 3-89678-437-4

Inhalt

Vorwort 9

Teil I: Wer ist Muhammad, der Verkünder des Islams?

Kapitel I: Muhammad und sein prophetischer Anspruch . . . 13
   Berufung 13
   Prophetischer Anspruch 15
   Anspruch gegenüber den Polytheisten 17
   Auseinandersetzung mit Juden und Christen 26

Kapitel II: Wer ist Muhammad für die Muslime? 33
   Muhammad – der Prophet 33
   Muhammad – der Gesandte Gottes 34
   Muhammad – Vorbild für die Gläubigen 37
   Muhammad – der Erwählte Gottes 38

Kapitel III: Wer ist Muhammad für Christen? 42
   Argumente der Polemiker früherer Zeiten 42
   Religionsphänomenologisch 43
   Standpunkt einer christlichen Theologie 43
   Schlusswort 45

Teil II: Wer ist der Gott des Islams?

Kapitel IV: Gottesvorstellung im Islam 49
   Allah, der Gott der Araber 49
   Der Gott des Islams 50
   Das Wesen Gottes 62

Kapitel V: Der Islam und der christliche Glaube an Jesus
   Christus 72
   Das Leben Jesu 72
   Die Person Jesu Christi 75

Kapitel VI: Der Gott des Islams und der Gott des Christentums 80
    Der Koran und die Trinität 80
    Die muslimischen Theologen und die Trinität 81
    Beten Christen und Muslime denselben Gott an? 82

Teil III: Was ist gut, was ist böse?

Kapitel VII: Grundsätze der islamischen Ethik 87
    Weltverständnis des Islams 87
    Menschenbild des Islams 90
    Das Gesetz und die Rechtleitung Gottes 92

Kapitel VIII: Gut und Böse – Gebote und Verbote 97
    Das Gute und das Böse 97
    Klassifizierung der Taten 98
    Die Sünden 99
    Die Gebote und Verbote 100

Teil IV: Traditioneller Islam und moderne Welt

Kapitel IX: Islam und Demokratie 111
    Absolutheitsanspruch des Islams 112
    Totalitätsanspruch und Theokratie 112
    Universalitätsanspruch des Islams 114
    Der „Heilige Krieg" als Einsatz für den Islam (*djihad*) ... 114
    Friedenszeiten 116
    Neue Akzentsetzung in der modernen Zeit 118
    Frage an die theokratische Staatsordnung des Islams 118

Kapitel X: Religionsfreiheit 120
    Religionsfreiheit im Islam 120

Kapitel XI: Der Islam und der Westen 125
    Ausgangspunkt 125
    Anliegen der Muslime 127
    Richtungen in der islamischen Welt 131
    Vorgeschlagene Wege zur Lösung der Probleme 134

Inhalt 7

Kritische Würdigung der islamischen Lösungsversuche ... 139
Schlussbemerkung 142

Kapitel XII: Muslime in einer pluralistischen Gesellschaft .. 144
Islam und Integrationsproblematik 144
Integration in Europa 151
Schlussbemerkung 153

Teil V: Dialog oder Konfrontation?

Kapitel XIII: Christen und Muslime: Gegner oder Partner? ... 157
Die Beziehungen in der Vergangenheit 157
Heutige Tendenzen 162
Perspektiven: Dialog zwischen Christen und Muslimen ... 164

Kapitel XIV: Eine islamische Stellungnahme zum christlich-
islamischen Dialog 167
Einleitung 167
Die traditionellen Formen des Dialogs zwischen dem Christentum und dem Islam 168
Welche Art von Dialog wählen wir heute? 170
Einige Fragen 173
Für ein neues Dialog-Projekt 175
Etappen des Dialogs 179

Kapitel XV: Christen und Muslime – Probleme eines schwierigen Dialogs 182
Im Vorfeld des Dialogs 182
Hindernisse aus dem Umfeld des Dialogs 188
Probleme des Dialogs 189
Zum Schluss: Heutige Suche nach einer „Miteinander-Identität" 193

Kapitel XVI: Wahrheit und Toleranz 195
Welche Toleranz? 195
Gewissheit des Glaubens 198
Die Wahrheit ist grundsätzlich tolerant 199

Kapitel XVII: Wahrheit und Dialog 203
Dialog und Glaubenstreue 203

Verschiedenheit religiöser Erfahrungen 205
Wahrheit, die getan werden soll 207
Schlusswort 210

Anmerkungen 211

Literaturhinweise 217

Register 221

Vorwort

Der Islam rückt heute verstärkt ins Blickfeld weltweiten Interesses. Seine Bedeutung rührt nicht nur daher, dass die Länder der islamischen Welt über ein fast unerschöpfliches Reservoir an Rohstoffen verfügen und einen breiten Markt für die Wirtschaft der Industrienationen darstellen. Gemessen an der Zahl seiner Anhänger (über 1,3 Milliarden) ist der Islam die zweitgrößte Religion nach dem Christentum. Und er versteht sich zunehmend als Konkurrent der westlichen Länder in Bezug auf Religion, Kultur, Lebensordnung und politische Ordnungsvorstellungen. Aber auch mitten unter uns in Europa leben Millionen von Muslimen, allein in der Bundesrepublik Deutschland bereits über drei Millionen.

In einer Welt, in der die Völker, Religionen und Kulturen unaufhaltsam einander näher rücken, stehen Christen und Menschen westlicher Kultur dem Zusammenleben mit Muslimen mit gemischten Gefühlen gegenüber. Eine unleugbare Aufmerksamkeit wird der islamischen Wiedererweckungsbewegung geschenkt, auch wenn, oder eben weil diese in einer stürmischen Weise verläuft, der man in vielen ihrer Erscheinungsformen rational kaum beikommen kann. Auf der anderen Seite ruft gerade diese Bewegung alte und verschüttete Angstgefühle wach. Ist der Islam nicht vor allem eine fremde Macht, die heute – wie immer wieder in der Vergangenheit – wie eine Lawine auf die westliche Welt hereinzubrechen droht? Ein kompromissloser Islam lässt bei vielen Menschen im Westen leicht viele Befürchtungen aufkommen.

Aber der Islam ist nicht nur eine Gemeinschaft, deren militante Gruppierungen ihre Anliegen gegen die ganze Welt durchzusetzen suchen; er ist nicht nur eine staatliche Ordnung, die einen Totalitätsanspruch auf den ganzen Menschen und einen Universalitätsanspruch gegenüber der gesamten Menschheit erhebt. Der Islam ist auch eine geistliche Bewegung, eine Religion, die die Bindung des Menschen und der Gesellschaft an Gott durch den treuen Glauben und den unbedingten Gehorsam festigen will. Dies geschieht nicht nur durch die Einschärfung verschiedenartiger Bestimmungen und Vorschriften, es erfolgt auch vornehmlich durch das Angebot spiritueller Werte, die ein tiefes religiöses Leben ermöglichen und fördern.

Das vorliegende Buch will verschiedene Aspekte des islamischen Erbes vorstellen. Es befasst sich mit den zentralen Hauptfragen der islamischen Religion: mit Muhammad, dem Verkünder des Islams, mit dem Gott des Islams, mit seinen ethischen Vorstellungen, mit seiner Haltung zur modernen Welt, mit seiner Einstellung zum Dialog. Dabei wird immer wieder ein Vergleich unternommen mit den Aussagen der christlichen Glaubenslehre und mit den gesellschaftlichen und politischen Vorstellungen des demokratischen Westens.

Mögen diese Kapitel in unseren unruhigen Zeiten einen Beitrag zur besseren Verständigung, zum aufrichtigen Dialog und zur gemeinsamen Friedenssuche zwischen Christen und Muslimen, zwischen der westlichen und der islamischen Welt leisten!

Im November 2001   Adel Theodor Khoury

Teil I

Wer ist Muhammad, der Verkünder des Islams?

KAPITEL I

Muhammad und sein prophetischer Anspruch

Berufung

Muhammad, der Verkünder des Islams, geboren um 570, gestorben im Jahr 622, trat in Mekka in Arabien im Jahr 610 als Prophet auf, der im Auftrag und im Namen des einen und einzigen Gottes die Botschaft des Korans zu verkünden hatte. Trotz aller Widerstände und Anfechtungen ließ er nicht von seinem prophetischen Anspruch ab. Sein prophetisches Sendungsbewusstsein hängt mit seinem Berufungserlebnis eng zusammen. Dieses Berufungserlebnis leitete den Empfang der göttlichen Offenbarung, die Sendung des neuen Propheten und die Verkündigung der koranischen Botschaft ein.

Nach den Angaben des Korans wurde die Offenbarung auf den Propheten Muhammad in einer Nacht herabgesandt (97,1M 44,2–5), im Monat Ramadan (2,185). Erwähnt wird eine Erscheinung, bei der ein himmlischer Bote dem Propheten die Botschaft Gottes brachte. Muhammad ist dessen sicher, denn es ging nicht um eine innere Vision, sondern um eine sinnenfällige Erscheinung: Er hat ihn gesehen, betont der Koran, „am deutlichen Horizont" (81,23), und hat die Belehrung von einem, „der starke Kräfte hat, der Macht besitzt"; dieser „stand aufrecht da, am obersten Horizont. Dann kam er näher und stieg nach unten, so dass er (nur) Bogenlängen entfernt war oder noch näher" (53,6–9).

Die Wirkung dieser Erscheinung auf Muhammad war erschütternd. Er erlitt ekstaseähnliche Anfälle mit Schweißausbrüchen, so dass er sich in sein Gewand hüllen ließ (74,1). Auch später im Laufe seiner Verkündigung hatte Muhammad beim Eintreffen der Offenbarung psychische Erlebnisse, die ihn schwer belasteten. Muhammad selbst habe sich dazu geäußert: „Ich höre ein Getöse, und bei diesem Getöse werde ich vom Schlage getroffen. Niemals kommt die Offenbarung zu mir, ohne dass ich glaube, meine Seele würde von mir genommen."

„Wir lesen auch bei Ibn Sa'd: Wenn er eine Offenbarung empfing, empfand er Schmerzen und sein Gesicht verfärbte sich. Es wird auch erzählt, dass er durch diese geheimnisvolle Macht zu Boden geworfen wurde und eine Zeit lang wie ein Betrunkener dalag. Einmal empfing er eine Offenbarung, während er auf einem Kamel ritt; das Tier schrie dabei und spreizte die Vorderbeine so weit auseinander, dass es schien, sie müssten brechen. Einmal kniete es nieder, dann stand es wieder auf und stand mit steifen Beinen, bis das schwere Gewicht der Offenbarung vom Propheten wieder weg war, und der Schweiß tropfte von der Stirn Muhammads."[1]

Es scheint, dass Muhammad im Laufe der Zeit die Offenbarung weniger in Form von Visionen als von Auditionen erhielt, die ihm den Inhalt der Botschaft diktierten, so dass seine Zunge sich entsprechend bewegte (vgl. Koran 75,16–18).

Laut Ibn Sa'd habe der Prophet Muhammad selbst es berichtet: „Die Offenbarung kommt in zweierlei Weise zu mir: Gabriel besucht mich und teilt sie mir mit, wie ein Mann zum anderen redet, aber was er redet, verschwindet mir dann. Oder es kommt zu mir mit einem Getöse wie von einer Glocke, so dass mein Herz verwirrt wird. Was mir so offenbart wird, verschwindet mir nicht."

Außer der eben beschriebenen Weise, wie Muhammad die Offenbarung empfing, weiß die Tradition noch von einem außerordentlichen Erlebnis, bei dem Muhammad mit Gott direkt sprechen konnte, und zwar im Laufe einer Himmelsreise. Diese Himmelsreise (*mi'radj*), so die islamische Überlieferung, schloss sich an die Nachtreise (*isra'*) an, die den Propheten nach Jerusalem führte, wie der Koran bestätigt (vgl. 17,1; – siehe auch 53,13–18). Was der Prophet da erlebte, erzählt er selbst: Im unteren Himmel habe er gesehen, wie Adam die guten von den bösen Seelen schied. Dann habe er die Qualen der Verdammten gesehen. „Dann wird er von Gabriel durch die sieben Himmel geführt und mit ihren Bewohnern bekannt gemacht. Ganz zuletzt geleitet ihn der Engel zu Gott selber. Der Herr trägt ihm fünfzig tägliche Pflichtgebete auf. 'Da ich zurückkehrte', erzählt Muhammad, 'traf ich Moses, den Sohn des 'Imran. Er fragte mich: Wie viele Gebete wurden dir befohlen? Ich antwortete: Jeden Tag fünfzig! Moses sagte: Das Gebet ist eine schwierige Sache und dein Volk ist schwach! Geh daher zu deinem Herrn zurück und bitte ihn, es dir und deinem Volke zu erleichtern. Ich tat es und bat ihn um Erleichterung. Da ließ mir der Herr zehn Gebete nach. Ich kehrte um und traf wieder mit Moses zusammen. Er bewog mich abermals, um Erleichterung zu bitten. Und wieder ging ich zu meinem Herrn, und er ließ mir wieder zehn Gebete nach, und so wiederholte ich meinen Bittgang zu meinem Herrn so oft, bis schließlich nur fünf Pflichtgebete übrig blieben. Moses wollte mich dahinbringen, noch einmal um Erleichterung zu bitten, ich aber sagte: Nachdem ich meinen Herrn schon so oft um Nachlass angegangen habe, schäme ich mich jetzt, es noch einmal zu tun, und so blieb es bei den fünf.'"[2]

Prophetischer Anspruch

Schon in seinem Berufungserlebnis hatte Muhammad vernommen, wozu ihn Gott berufen hatte: „Lies im Namen deines Herrn" (96,1); „steh auf und warne" (74,2). Dass Muhammad ein Gesandter Gottes und ein Prediger und Warner im Auftrage Gottes ist, verkündet der Koran in unzähligen Versen.

Sendung Muhammads

Muhammad wurde zu seinen Landsleuten gesandt, um ihnen die Uroffenbarung in ihrer eigenen Sprache zu bringen und zu verkünden: „Beim deutlichen Buch! Wir haben es zu einem arabischen Koran gemacht, auf dass ihr verständig werdet. Er ist aufgezeichnet in der Urnorm des Buches bei Uns, erhaben und weise" (43,2–4; vgl. 41,2–4; 16,103; 12,2; 39,28; 42,7: 46,12; 13,37). Dieser arabische Koran ist eine Abschrift der im Himmel aufbewahrten Urschrift (vgl. 85,21–22; 43,4; 56,77–80).

Die Botschaft des Korans stimmt mit den früheren Offenbarungen überein, und die Rolle des Propheten Muhammad und sein Schicksal sind denen der früheren Propheten ähnlich (vgl. 3,3–4; 35,31; 10,37; 46,12; 5,48; 87,18–19). Diese Übereinstimmung mit den früheren Schriften ist übrigens den ungläubigen Arabern aufgefallen; sie machten dem Propheten Muhammad daraus einen Vorwurf: „Wenn ihm unsere Zeichen verlesen werden, sagt er: ‚Die Fabeln der Früheren'" (68,15; vgl. 16,24). Auch die Juden, behauptet der Koran, erkennen diese Übereinstimmung (6,20.114), auch wenn sie sich weigern, die Echtheit der prophetischen Sendung Muhammads anzuerkennen. Für Muhammad selbst ist diese Übereinstimmung des Korans mit der Tora und dem Evangelium ein Zeichen der Wahrheit seiner Botschaft (10,94). Der Koran meint sogar, dieses Zeichen sollte eigentlich für alle Menschen gelten (26,195–197).

Rolle der koranischen Botschaft

Wie vor ihm die Tora und das Evangelium ist der Koran ein Licht und eine Rechtleitung. Er ist ein Gnadenerweis von Gott, ein Zeichen seiner Barmherzigkeit: „Und Wir haben auf dich das Buch nur deswegen hinabgesandt, damit du ihnen das deutlich machst, worüber sie uneins waren, und als Rechtleitung und Barmherzigkeit für Leute, die glauben" (16,64; vgl. 21,107). So sind der Prophet und seine Botschaft Zeugen für Gott vor den Menschen und auch Zeugen Gottes gegen die Menschen, wenn diese seiner Offenbarung den Glauben verweigern (73,15).

Der Koran, als letzte Kundgebung des göttlichen Gesetzes, setzt die Linie, die von der Tora zum Evangelium führte, fort. Er bringt die endgültige Klarheit über strittige Fragen, soweit es Gott will (16,64; vgl. 27,76–77; 4,26). Er bringt auch die endgültige Erleichterung des göttlichen Gesetzes: „Und Gott will sich euch zuwenden ... Gott will euch Erleichterung gewähren. Der Mensch ist ja schwach erschaffen worden" (4,27–28). „Er hat euch erwählt. Und Er hat euch in der Religion keine Bedrängnis auferlegt ..." (22,78; vgl. 4,26; 5,6: Waschungen und Gebet; 7,175: Die den Juden auferlegten Erschwernisse sollen beseitigt werden ...).

Das „Siegel der Propheten"

Der Islam, der von Muhammad verkündet wird, steht zwar in Kontinuität mit den früheren prophetischen Sendungen und Botschaften, er stellt jedoch die endgültige Gestalt der von Gott gewollten Religion dar. Er hebt somit alle anderen und früheren Formen der Religion und deren Gesetze auf. Denn Muhammad ist als Prophet über die Grenzen Arabiens hinaus zu allen Menschen gesandt: „Sprich: O Menschen, ich bin an euch alle der Gesandte Gottes ..." (7,158). – „Und Wir haben dich für die Menschen allesamt nur als Freudenboten und Warner gesandt. Aber die meisten Menschen wissen nicht Bescheid" (34,28; vgl. 21,107). So bestätigt Gott im Koran: 3,19: „Die Religion bei Gott ist der Islam" (3,19; vgl. 48,28). – „Heute habe Ich euch eure Religion vervollkommnet und meine Gnade an euch vollendet, und Ich habe daran Gefallen, dass der Islam eure Religion sei" (5,3; vgl. 5,6).

Die islamische Gemeinschaft, die sich vom Koran leiten lässt, ist auch das Vorbild aller anderen Religionsgemeinschaften. Sie ist das

Zeugnis Gottes vor den Menschen und gegen alle Menschen: „Und so haben Wir euch zu einer in der Mitte stehenden Gemeinschaft gemacht, auf dass ihr Zeugen seid über die Menschen und dass der Gesandte Zeuge sei über euch" (2,143).

So hat mit Muhammad die Prophetengeschichte ihren letzten Höhepunkt und ihre endgültige Etappe erreicht, Muhammad ist „das Siegel der Propheten" (33,40).

Anspruch gegenüber den Polytheisten

Der prophetische Anspruch Muhammads blieb nicht unwidersprochen. Die Polytheisten seiner Umgebung sowie die Juden und Christen erhoben allerlei Einwände, sie bezweifelten die Echtheit seiner prophetischen Sendung und die göttliche Autorität seiner Botschaft. In den folgenden Ausführungen sollen die Einwände der Polytheisten und die jeweiligen Antworten des Korans dargelegt werden.

Das Auftreten Muhammads

Die Gegner Muhammads nahmen zuerst Anstoß an seinem Auftreten. Er verhielt sich in ihren Augen wie ein besessener Zauberer, seine Anfälle erinnerten an die Trancen der inspirierten Poeten und Wahrsager. Obwohl die äußeren Zeichen gegen ihn sprachen, klammerte sich Muhammad an seine innere Gewissheit, dass es Gott ist, der ihm die Botschaft übermittelt und den Auftrag erteilt hat, den Koran zu verkünden.
– Muhammad ist kein Wahrsager (vgl. 52,29; vgl. 69,40.42–43).
– Er ist auch kein Dichter, der unter der Inspiration seines Schutzgeistes steht (52,30; 69,41; 21,5); er ist ein Warner, der die Ungläubigen mit einer deutlichen Botschaft ermahnt (36,69–70; vgl. 26,224).
– Muhammad ist kein Zauberer. Die Ungläubigen glauben an kein Zeichen der göttlichen Bestätigung der Sendung Muhammads; sie wiederholen: „Dies ist ein Zauberer, der lügt" (38,4; vgl. 10,2; 51,52), „eine ständige Zauberei" (54,2; vgl. 52,15; 74,24; 43,30 u.v.a.). – Diese Haltung der Ungläubigen, so reagiert der Koran, ist nur ein Ausdruck ihres Hochmutes (74,23–24) oder ihrer persönlichen Neigungen (54,3). So haben auch die Zeitgenossen Moses ihren Propheten behandelt (28,48; vgl. auch u.a. 7,109; 20,63 ...).

– Muhammad ist auch kein Besessener, wie die ungerechten Polytheisten behaupten (25,8; 17,47; 44,14). Er steht nicht unter dem Einfluss und nicht im Besitz der Djinn, er ist also nicht wahnsinnig in seinem Anspruch und in seinem Auftreten (81,22; 52,29; 68,2.51; 37,36; 23,70; 34,8). Der Koran betont hiergegen die Echtheit der Berufungsvision Muhammads, er hat den himmlischen Boten gesehen (81,23; 53,2–3.11–12.17–18). Der Koran ist nicht Werk von irgendwelchen Geistern, sondern die Botschaft Gottes an die Menschen (15,9; 68,52; 34,46; 7,184; 23,70–71). Aber dieser Widerstand und dieser Vorwurf sind nicht neu. Jeder Prophet wurde damit konfrontiert, die Menschen haben mit ihm ihren Spott getrieben (15,11; 51,52). So weist der Koran den Vorwurf entschieden zurück, indem er dem Muhammad beteuert: „… du bist dank der Gnade deines Herrn weder ein Wahrsager noch ein Besessener" (68,2; vgl. 52,29).
– Muhammad steht endlich nicht unter der Einwirkung des Teufels, und was er vorträgt, sind nicht die Eingebungen Satans (81,25). Gott ist die Zuflucht seines Gesandten gegen die Verführungen des Teufels (7,200). So kann Satan nicht der Ursprung und nicht der Träger der koranischen Offenbarung sein (26,210–212).

Der Koran schließt diese ganze Auseinandersetzung mit der Bemerkung: „Und wahrlich, Wir wissen, dass einige von euch (es) für Lüge erklären. Und wahrlich, es ist ein Grund zum Bedauern für die Ungläubigen. Und wahrlich, es ist die Wahrheit, die gewiss ist. So preise den Namen deines Herrn, des Majestätischen" (69,49–52).

Der Koran ist nicht Menschenwort

Die Ungläubigen wenden nach dem Zeugnis des Korans immer wieder und unter verschiedenen Formen ein, dass die koranische Offenbarung nicht Gotteswort, sondern nur Menschenwort sei (74,25). Der Koran stellt in einem Text diese verschiedenen Einzeleinwände zusammen: „Und diejenigen, die ungläubig sind, sagen: 'Das ist ja nichts als eine Lüge, die er erdichtet hat und bei der andere Leute ihm geholfen haben.' Sie begehen da Ungerechtigkeit und Falschaussage. Und sie sagen: 'Es sind die Fabeln der Früheren, die er sich aufgeschrieben hat. Sie werden ihm doch morgens und abends diktiert.' Sprich: Herabgesandt hat ihn der, der weiß, was in den Himmeln und auf der Erde geheim ist. Er ist voller Vergebung und barmherzig" (25,4–6).

Im Folgenden werden nun diese Einwände im Einzelnen erörtert.

Muhammad hat die koranische Offenbarung nicht selbst erdichtet
Gegen die Verdächtigung der Ungläubigen verteidigt sich Muhammad, indem er sie direkt fragt, woher sie das alles wissen wollen und ob sie Zugang zu den göttlichen Geheimnissen haben (52,33. 38.41). Sie haben auch sonst keinen Anhaltspunkt für diese Verdächtigung und keine Schriften, die sie als Kriterium nehmen können (34,44).

Zudem sind ein solcher Einwand und ein solcher Unglaube von der Prophetengeschichte her bekannt, denn Muhammad ist nicht der erste Prophet, der mit einer Offenbarung kommt (21,6–7; 38,14). Aber die Unwissenheit der Ungläubigen in Sachen Offenbarung und prophetischer Verkündigung (vgl. 38,7) lässt verstehen, dass sie nicht begreifen, dass der Koran nicht erdichtet werden kann. Nur Gott kann ihn ja offenbaren (10,37). Gott ist der souveräne Herr seiner Offenbarung (vgl. 16,101; 42,24). Nicht nur ihre Unwissenheit ist an ihren Verdächtigungen schuld, sondern auch ihr Hochmut und ihre Selbstzufriedenheit, die eigentlich nur ihren engen Horizont verraten (vgl. 46,11).

Schließlich fordert Muhammad die Ungläubigen heraus, einen ähnlichen Koran selbst zu erdichten. Man kann in dieser *Herausforderung* eine gewisse Steigerung erkennen. Zunächst einmal fordert der Koran, die Gegner des Propheten sollen eine ähnliche Verkündigung beibringen (52,34) und eine ähnliche Schrift (17,88). Dann steigert der Koran die Herausforderung und verlangt von den Gegnern die Beibringung von nur zehn Suren ähnlich den Suren des Korans (11,13–14). Endlich wird nur noch eine dem Korantext ähnliche Sure verlangt (2,23; 10,38).

Und der Koran schließt die Diskussion mit der entschiedenen Feststellung: „Dieser Koran kann unmöglich ohne Gott erdichtet werden. Er ist vielmehr die Bestätigung dessen, was vor ihm vorhanden war, und die ins Einzelne gehende Darlegung des Buches. Kein Zweifel an ihm ist möglich; er ist vom Herrn der Welten" (10,37).

Im Übrigen wäre es eine ungeheure Anmaßung, ohne göttlichen Auftrag einen prophetischen Anspruch zu erheben (6,93). Eine solche Anmaßung würde den falschen Propheten der harten Strafe Gottes aussetzen (vgl. 69,44–47).

Der Koran wiederholt nicht die Legenden
der früheren Generationen
Nicht nur die Unwissenheit der Ungläubigen in Sachen Religion und Offenbarung (vgl. 38,7), sondern auch, diesmal umgekehrt, das

Scheinwissen einiger von ihnen kann schuld an der Verstocktheit ihrer Herzen sein. Denn diese meinen, im Koran das wieder zu erkennen, was sie von der Tradition der früheren Generationen her wissen. Sie wenden immer wieder ein, der Koran sei nichts anderes als eben die Legenden dieser früheren Zeiten und der früheren Generationen (83,13; 68,15; 25,5; 16,24; 6,25; vgl. 46,11). Sie spotten und halten der koranischen Lehre von der Auferstehung und dem Gericht entgegen: „Dies ist uns und zuvor unseren Vätern versprochen worden. Das sind nichts als die Fabeln der Früheren" (23,83; 27,68; 46,17).

Deswegen maßen sie sich an, ähnliche Geschichten und Legenden aufsagen zu können: „Und wenn ihnen unsere Zeichen verlesen werden, sagen sie: ‚Wir haben es gehört. Wenn wir wollten, könnten auch wir etwas Derartiges sagen. Das sind nichts als Fabeln der Früheren'" (8,31).

Nach den Anschuldigungen der Ungläubigen habe Muhammad durch verschiedene Informanten Kenntnis von diesen Geschichten und Offenbarungen erhalten (vgl. 25,4–5). Der Vorwurf kehrt in verschiedenen Formen wieder: „Es lehrt ihn gewiss ein Mensch" (16,103); – „du hast (bei anderen) danach geforscht" (6,105).

Muhammad wehrt sich entschieden gegen diesen Vorwurf (25,4.6) und antwortet auf die einzelnen Behauptungen seiner Gegner. Der angebliche Informant, auf den sie Andeutungen machen, spricht kein Arabisch, und der Koran ist ja eine Offenbarung in arabischer Sprache (16,103). Im Übrigen steht fest, dass Muhammad vor dem Empfang der koranischen Offenbarung „kein Buch verlesen und es auch nicht mit (seiner) ... rechten Hand geschrieben" hat (29,48). Noch mehr: „... Du wusstest nicht (vorher), was das Buch und was der Glaube ist" (42,52). So soll Muhammad sich nicht sosehr um diesen Einwand kümmern, sondern dem folgen, was ihm offenbart worden ist (6,106).

Muhammad ist ein gewöhnlicher Mensch und der Prophet Gottes zugleich

In der Vorstellung der Polytheisten muss der Prophet Gottes ein besonderer Mensch sein oder wenigstens eine besondere Stellung in der Gesellschaft innehaben. Sie wenden gegen Muhammad ein, er sei doch ein gewöhnlicher Mensch, einer von uns, sagen sie (38,4.8; vgl. 50,2; 10,2), ein Mensch wie alle anderen (21,3), und sie wundern sich: „Was ist mit diesem Gesandten, dass er Speise isst und auf den Märkten umhergeht? ..." (25,7). Die Ungläubigen können nicht begreifen, dass „Gott einen Menschen als Gesandten erstehen" ließ (17,94).

Außerdem nehme Muhammad nur eine bescheidene Stellung in der Gesellschaft ein. Dies sei wohl keine besondere Auszeichnung vonseiten Gottes und kein besonderer Hinweis auf eine göttliche Sendung (vgl. 43,31). Er sei außerdem arm und übe daher keinen Einfluss in der Gesellschaft aus (vgl. 25,8; 11,12).

Muhammad gibt gerne zu, dass seine Stellung in der Gesellschaft bescheiden ist, dass er arm ist; dennoch hält er am göttlichen Ursprung seiner Botschaft fest (6,50; vgl. 11,12; auch 25,10). Er gibt auch zu, dass er nur ein Mensch ist, das ist aber kein Grund, an seiner prophetischen Sendung zu zweifeln (18,110), denn die Prophetengeschichte gibt ein deutliches Zeugnis in dieser Hinsicht, z.B. Mose (6,91).

Die Beglaubigung der prophetischen Sendung Muhammads

Um an die prophetische Sendung Muhammads zu glauben, verlangen die Ungläubigen ein außerordentliches Zeichen.

Geforderte Zeichen

Der Koran gibt die ungeheure Forderung der Ungläubigen wieder: Sie verlangen, Gott selber zu sehen. Das wäre das überzeugendste Zeugnis für seine eigene göttliche Botschaft, ohne dass er dafür einfache Menschen entsendet: „Und diejenigen, die nicht erwarten, Uns zu begegnen, sagen: 'Wären doch die Engel auf uns herabgesandt worden, oder könnten wir doch unseren Herrn sehen!' Sie sind hochmütig in Bezug auf sich selbst, und sie erheben sich in großer Rebellion" (25,21).

Der Wunsch, Gott selber zu sehen, versteigt sich bei den Ungläubigen zur Forderung, der angebliche Prophet solle Gott herbeizitieren: „Und sie sagen: 'Wir werden dir nicht glauben, bist du ... Gott und die Engel vor unsere Augen bringst ...'" (17,90.92).

Auf diese ungeheure Anmaßung weiß Muhammad keine passende Antwort. Ihre Verstockung scheint ihm kein Einzelfall zu sein (2,118). Die Geschichte der Juden verdeutlicht ihm und den Ungläubigen, welche Strafe solche Frevler treffen wird: „Sie haben von Mose etwas noch Größeres als dieses (Buch vom Himmel) gefordert und gesagt: 'Lass uns Gott offen sehen.' Da ergriff sie der Donnerschlag wegen ihrer Ungerechtigkeit" (4,153).

Wenn nicht Gott kommt, dann wenigstens ein Engel. Es scheint so, dass in der Vorstellung der Ungläubigen nur ein übermenschliches Wesen als geeigneter Bote Gottes gelten kann. Schon sehr früh in Mekka haben die Polytheisten verlangt: „Würdest du uns doch die Engel bringen, so du zu denen gehörst, die die Wahrheit sagen!" (15,7; vgl. 25,21; 41,14; 17,92). Oder der Engel soll zu Muhammad herabgesandt werden, um seine Botschaft zu bestätigen (6,8). Wenigstens muss er ihn begleiten, sonst ist der Glaube an seine prophetische Sendung nicht möglich (43,53; 25,7; 11,12).

Die Sendung der Engel, so erwidert der Koran, erfolgt nicht, solange Gott den Menschen eine Schonfrist gewährt. Die Engel kommen, um den Tag des Gerichts und der Abrechnung einzuleiten (15,8; 16,33; 6,8.158; 2,210). Da Gott seinen Gesandten aber zu den *Menschen* während der festgesetzten Frist schickt, sendet er ihnen nicht einen Engel, sondern einen Menschen wie sie (17,95). Auch wenn der Gesandte ein Engel wäre, würde er Menschengestalt annehmen, und seine Identität würde dadurch nicht deutlicher werden (6,9). Im Übrigen ist es nicht gesagt, dass die Ungläubigen durch die Erscheinung des Engels zum Glauben finden würden (6,111). Zum Schluss sagt es Muhammad unumwunden: „Ich sage euch nicht, ich hätte die Vorratskammern Gottes, und ich kenne auch nicht das Unsichtbare. Und ich sage euch nicht, ich sei ein Engel. Ich folge nur dem, was mir offenbart wird. – Sprich: Sind etwa der Blinde und der Sehende gleich?" (6,50). Muhammad und die Gläubigen sind „Sehende", die Ungläubigen dagegen sind nur verstockte Blinde.

Beglaubigungswunder
Die Ungläubigen verlangen von Muhammad ein besonderes Zeichen zur Beglaubigung seiner prophetischen Sendung (20,133; vgl. 29,50; 10,20; 13,7.27; 2,118). „… Er soll uns ein Zeichen bringen, so wie die Früheren gesandt worden sind" (21,5).

Auf diese Forderung hat Muhammad in vielfältiger und nuancierter Weise reagiert.
– Das Wirken von Wunderzeichen steht allein in der Macht Gottes (29,50; vgl. 26,4; 6,37.109).
– Die Propheten wirken keine Wunder auf Bestellung. Sie sind gewöhnliche Menschen, Warner, die von Gott mit einer Botschaft an die Menschen gesandt worden sind. Sie können zwar mit der Erlaubnis Gottes Wunder wirken (40,78; 13,38); es ist aber nicht

ihre erste und vornehmste Aufgabe, den Wunderglauben der Menschen zu befriedigen: „Und sie sagen: 'Wir werden dir nicht glauben, bis du uns aus der Erde eine Quelle hervorbrechen lässt, oder bis du einen Garten von Palmen und Weinstöcken hast und durch ihn Bäche ausgiebig hervorbrechen lässt, oder bis du den Himmel auf uns in Stücken herabfallen lässt, wie du behauptet hast, oder Gott und die Engel vor unsere Augen bringst, oder bis du ein Haus aus Gold besitzt oder in den Himmel hochsteigst. Und wir werden nicht glauben, dass du hochgestiegen bist, bis du auf uns ein Buch herabsendest, das wir lesen können.' Sprich: Preis sei meinem Herrn! Bin ich etwas anderes als ein Mensch und ein Gesandter?" (17,90–93; vgl. 29,50; 13,7).

- Die Forderung nach Wundern und Zeichen ist übrigens nur ein Vorwand. Die Menschen glauben *doch* nicht, ob nun der Prophet Wunder wirkt oder nicht. Sie haben immer wieder eigene Deutungen und besondere Ausflüchte, um den Glauben an die prophetische Botschaft zu verweigern (10,96–97; vgl. 7,146; 6,25.109).
- Beispiele von eigenen Deutungen und besonderen Ausflüchten werden im Koran gegeben: „Hätten Wir auf dich ein Buch auf Papyrus hinabgesandt und würden sie es mit ihren Händen berühren, würden diejenigen, die ungläubig sind, dennoch sagen: 'Dies ist nichts als offenkundige Zauberei'" (6,7; vgl. 54,2; 37, 14–15; 7,132).

„Wenn ein Zeichen zu ihnen kommt, sagen sie: 'Wir werden nicht glauben, bis uns das Gleiche zukommt, was den Gesandten Gottes zugekommen ist'" (6,124; vgl. 28,48). So antwortet der Koran auf alle diese Vorwände mit der nüchternen Bemerkung: „Nie hat vor ihnen eine Stadt, die Wir verderben ließen, geglaubt. Werden gerade sie nun glauben?" (21,6; vgl. 6,111).

- Aus allen diesen Gründen hat Muhammad keinen Auftrag von Gott, Wunder zu vollbringen (vgl. 17,59–60; siehe auch 17,93; 29,50; 10,20; 13,7; 2,118–119).
- Letzten Endes hängt ja die Bekehrung der Verstockten zum Glauben von der Rechtleitung und der Gnade Gottes ab: „Würden Wir auch zu ihnen die Engel hinabsenden, würden die Toten auch zu ihnen sprechen und Wir alle Dinge vor ihren Augen versammeln, sie würden unmöglich glauben, es sei denn, Gott will es." (6,111; vgl. 17,97; 10,96–97; 6,25). – „Auch wenn ein Koran käme, mit dem die Berge versetzt werden könnten oder die Erde zerstückelt oder zu den Toten gesprochen werden könnte … Nein, bei der ganzen Angelegenheit hat Gott allein zu entschei-

den. Wissen denn diejenigen, die glauben, nicht, dass Gott, wenn Er wollte, die Menschen alle rechtleiten würde?" (13,31).
– Auch wenn Muhammad keinen göttlichen Auftrag hat, Wunder und Zeichen zu wirken, so bedeutet das keineswegs, dass er seine prophetische Sendung nicht ausweisen kann. Die Natur dieses Ausweises wird noch erläutert werden. Hier soll nur noch darauf hingewiesen werden, dass die Muslime trotzdem Koranstellen heranziehen, um Wunderwerke im Leben Muhammads zu bestätigen. Die Mondspaltung: („Nahegerückt ist die Stunde [des Gerichtes], und gespalten hat sich der Mond": 54,1), die Nachtreise und die Himmelsreise Muhammads (17,1) sowie die wunderbare Unterstützung der Muslime durch unsichtbare Engel im Kampf gegen ihre Feinde (33,9; vgl. 8,9.12; 3,124.125) werden als Wunder betrachtet.

Der Koran widerspricht sich selbst

Ein ernster Einwand richtet sich gegen die Art und Weise der Verkündigung einzelner Vorschriften und ihre Rücknahme oder ihre Ersetzung durch andere (Aufhebung, Abrogation). Denn der Koran behauptet immer wieder, dass die Worte Gottes, sein Verhalten und sein Weg unabänderlich sind (18,27; vgl. 6,34.115; vgl. 50,29; – 17,77; 35,43; 33,62; 48,23). Der Prophet bekräftigt sogar folgenden Grundsatz zur Beurteilung der Echtheit einer Botschaft: „Betrachten sie denn nicht sorgfältig den Koran? Wenn er von einem anderen als Gott wäre, würden sie in ihm viel Widerspruch finden" (4,82).

Aber der Koran erwähnt die Möglichkeit, dass der Prophet die ihm offenbarte Botschaft vergisst oder dass Gott seine eigenen Vorschriften aufhebt bzw. ändert (87,6.7; 17,86). Dies veranlasst die Ungläubigen, Zweifel an der Echtheit solcher Verlautbarungen anzumelden (vgl. 16,101).

Der Koran weist den Einwand zurück, indem er auf das bessere Wissen Gottes um seine eigene Offenbarung (87,7; 16,101), auf seine freie Verfügung über die Offenbarung und den Ausdruck seines souveränen Willens hinweist (17,86). Im Übrigen zielt die Aufhebung bestimmter Verse darauf, sie durch ähnliche oder gar bessere zu ersetzen (2,106).

Der Prophet selbst besitzt jedoch keine Vollmacht zur Abänderung dessen, was ihm von Gott zur Verkündigung mitgeteilt wird: „Wenn ihnen unsere Zeichen als deutliche Beweise verlesen werden, sagen diejenigen, die nicht erwarten, Uns zu begegnen: 'Bring einen anderen Koran als diesen, oder ändere ihn ab.' Sprich: Es steht mir nicht zu, ihn von mir aus abzuändern. Ich folge nur dem, was mir offenbart wird" (10,15).

Ausweis der prophetischen Sendung Muhammads

Der Koran begnügt sich nicht damit, die Einwände und Vorwürfe der Ungläubigen zurückzuweisen, er versucht, durch positive Hinweise die Echtheit der prophetischen Sendung Muhammads zu bestätigen.

Der erste Hinweis beruft sich auf die Prophetengeschichte. Das Zeugnis der anderen Völker, vor allem der Juden und Christen, bestätigt den Polytheisten, dass vor Muhammad andere Propheten im Auftrage Gottes aufgetreten sind und eine Botschaft vorgetragen haben:" Und Wir haben vor dir nur Männer gesandt, denen Wir Offenbarungen eingegeben haben. So fragt die Besitzer der Ermahnung, wenn ihr nicht Bescheid wisst" (21,7; vgl. 53,56; 16,43).

Wie diejenigen, die an die Botschaft ihrer Propheten nicht geglaubt haben und dafür bestraft worden sind (vgl. 53,50–55), so werden auch die Ungläubigen, die den Koran ablehnen, die Strafe Gottes erfahren (58,5; vgl. 52,11–13; 68,44–48; 37,38; 18,29; 12,107).

Der zweite Hinweis auf die Echtheit der prophetischen Sendung Muhammads gründet auf der Übereinstimmung seiner Botschaft mit der der früheren, anerkannten Propheten (37,37). Der Koran stimmt mit den Büchern Abrahams und Moses überein (87,18–19; 53,36–37), er bestätigt die heilige Schrift, die vor ihm da war (20,133; 35,31), vornehmlich die Tora des Mose (46,12). Die Juden können diese Übereinstimmung bescheinigen, denn sie haben sie ja festgestellt (17,107–109; 46,10). Und das ist doch ein klares Zeichen für die Echtheit des göttlichen Ursprungs des Korans: „Und er ist in den Schriften der Früheren (erwähnt). War es ihnen denn nicht ein Zeichen, dass die Gelehrten der Kinder Israels über ihn Bescheid wissen?" (26,196–197).

Dieses Argument wird im Koran in der Auseinandersetzung mit den Juden und den Christen wieder verwendet.

Auseinandersetzung mit Juden und Christen

Muhammad erhebt den Anspruch, von Gott mit einer Botschaft an die Menschen gesandt zu sein. Diesen Anspruch bekräftigt er nicht nur vor den Polytheisten, sondern auch vor den Schriftbesitzern, den Juden und den Christen, die in ihrem Glauben das Phänomen der prophetischen Sendung kennen und bejahen. Immer wieder stellt der Koran die Sendung Muhammads mit den prophetischen Sendungen vor ihm in eine Reihe. Wie die früheren Propheten hat auch er eine Botschaft von Gott erhalten (4,163).

Und wie die Botschaft der früheren Gesandten ist der Koran eine Offenbarungsschrift (vgl. unter vielen anderen Stellen: 6,114.155–157; 2,2; 3,3; 4,105; 5,48).

Die Versuche Muhammads, Juden und Christen von der Echtheit seiner prophetischen Sendung zu überzeugen, können in drei Schritten dargestellt werden.

Muhammads Argumente

Der Koran steht in Kontinuität mit den früheren Offenbarungen und stimmt mit der Tora und dem Evangelium überein. Diese Übereinstimmung war schon den Polytheisten aufgefallen (siehe oben und die dort angegebenen Stellen). Der Koran bekräftigt sie und sieht darin gerade ein Argument für die göttliche Sendung Muhammads und die Echtheit seiner Botschaft (6,92; 12,111; 46,30; 2,97.101; 3,3.81; 5,48). So gilt der koranische Aufruf: „O ihr, denen das Buch zugekommen ist, glaubt an das, was Wir hinabgesandt haben zur Bestätigung dessen, was bei euch ist" (4,47; vgl. 2,41.89.91). Gerade wegen dieser angenommenen Übereinstimmung zwischen dem Koran und der Bibel beruft sich Muhammad darauf, dass die Juden seine Botschaft von ihrer Tora her wohl kennen (26,197; 2,89; 6,114); sie kennen sie, „wie sie ihre Söhne kennen" (6,20). Er wird selbst auf die Schriftgelehrten verwiesen, um sich über die göttliche Botschaft Gewissheit und Klarheit zu verschaffen (10,94).

Aufgrund dieser Übereinstimmung aller prophetischen Botschaften proklamiert der Koran die Einheit aller Offenbarungen und aller Schriften: „Sprich: Wir glauben an Gott und an das, was auf uns herabgesandt wurde, und an das, was herabgesandt wurde auf Abraham, Ismael, Isaak, Jakob und die Stämme, und an das, was Mose und Jesus und den Propheten von ihrem Herrn zugekommen ist.

Wir machen bei keinem von ihnen einen Unterschied. Und wir sind Ihm ergeben" (3,84; vgl. 2,4.136; 4,150. 163; 5,59).

Da die Offenbarung grundsätzlich immer denselben Inhalt aufweist, ist die Religion in all ihren verschiedenen Gestalten im Grunde auch nur eine, und die Menschen werden angehalten, diese Einheit zu wahren und jede Spaltung zu meiden (42,13). Wenn man diese Grundeinheit der verschiedenen Wege in der einen Religion erkennt, kann man leidenschaftliche Streitereien und unnütze Polemiken vermeiden, denn „Gott ist unser Herr und euer Herr" (42,15; 2,139), „Unser Gott und euer Gott ist einer" (29,46).

Diese Einheit der Offenbarung und die Kontinuität zwischen den vorherigen Schriften und dem Koran wird dadurch bestätigt, dass man Muhammad „in der Tora und im Evangelium verzeichnet finden" kann (7,157). Gerade diese Hinweise der Bibel auf das Auftreten Muhammads lassen diejenigen unter den Schriftbesitzern, denen das Wissen gegeben wurde, in der Botschaft des Korans die Erfüllung der Verheißungen Gottes erkennen (17,107–108; vgl. 34,6; 6,114; 2,121; 5,83–84). Die biblischen Hinweise, die hier ausdrücklich angegeben werden, sind Folgende:
– Abraham habe um die Sendung eines arabischen Propheten gebetet: „Unser Herr, lass unter ihnen einen Gesandten aus ihrer Mitte erstehen, der ihnen deine Zeichen verliest und sie das Buch und die Weisheit lehrt und sie läutert. Du bist der Mächtige, der Weise" (2,129).
– Noch deutlicher habe Jesus die Sendung Muhammads voraus gesagt: „Und als Jesus, der Sohn Marias, sagte: O Kinder Israels, ich bin der Gesandte Gottes an euch, um zu bestätigen, was von der Tora vor mir vorhanden war, und einen Gesandten zu verkünden, der nach mir kommt: sein Name ist Ahmad" (61,6).

Der Widerstand der Leute der Schrift

Die logische Konsequenz, die man aus den Argumenten Muhammads ziehen müsste, ist, an seine Sendung und seine Botschaft zu glauben (2,41; 4,47). Aber Juden und Christen blieben zurückhaltend. Vor allem die Juden mochten nicht an Muhammad glauben: „Und als zu ihnen ein Gesandter von Gott her kam, ... warf ein Teil derer, denen das Buch zugekommen war, das Buch Gottes hinter seinen Rücken, als ob sie von nichts wüssten" (2,101). Ihre grundsätzliche Haltung beschreibt der Koran in folgendem Vers:

„Und wenn zu ihnen gesagt wird: 'Glaubt an das, was Gott herabgesandt hat', sagen sie: 'Wir glauben an das, was auf uns herabgesandt wurde.' Sie verleugnen aber, was nachher kam, obwohl das die Wahrheit ist, das bestätigt, was bei ihnen ist" (2,91).

Bei den Christen meint der Koran Anzeichen einer positiveren Haltung dem Propheten Muhammad gegenüber feststellen zu können. Einige von ihnen hätten an seine Botschaft geglaubt (28,55; 17,107–109), sie sind der bessere Teil der Leute der Schrift (3,113–115). Die freundlichsten Worte, die der Koran für die Christen findet, sind folgende: „Du wirst sicher finden, dass unter den Menschen diejenigen, die den Gläubigen am stärksten Feindschaft zeigen, die Juden und die Polytheisten sind. Und du wirst sicher finden, dass unter ihnen diejenigen, die den Gläubigen in Liebe am nächsten stehen, die sind, welche sagen: 'Wir sind Christen.' Dies deshalb, weil es unter ihnen Priester und Mönche gibt und weil sie nicht hochmütig sind. Wenn sie hören, was zu dem Gesandten herabgesandt wurde, siehst du ihre Augen von Tränen überfließen wegen dessen, was sie nun von der Wahrheit kennen. Sie sagen: 'Unser Herr, wir glauben. Verzeichne uns unter den Zeugen. Warum sollten wir nicht an Gott glauben und an das, was von der Wahrheit zu uns gekommen ist, und nicht erhoffen, dass unser Herr uns Eingang gewährt mit den rechtschaffenen Leuten?' Nun belohnt sie Gott für das, was sie gesagt haben, mit Gärten, unter denen Bäche fließen; darin werden sie ewig weilen. Dies ist die Entlohnung der Rechtschaffenen" (5,82–85).

Die Haupteinwände der Schriftbesitzer, vor allem der Juden, gegen die Echtheit der göttlichen Sendung Muhammads können nach dem Koran folgendermaßen zusammengefasst werden:
– Die Leute der Schrift streiten mit Muhammad über die Verse, die er als Offenbarung Gottes angibt, „ohne eine Ermächtigung (dazu) erhalten zu haben" (40,35.56). Sie „haben in ihrer Brust nichts als Überheblichkeit" (40,56); sie „erregen damit großen Abscheu bei Gott und bei denen, die gläubig sind" (40,35) und beweisen dadurch nur einen hartnäckigen Unglauben (40,4). Sie werden die unabwendbare, fürchterliche Strafe Gottes zu erleiden haben (vgl. 40,69–72), es gibt „für sie kein Entrinnen" (42,35). Die Schriftbesitzer selbst meinen jedoch, dass sie triftige Einwände vortragen können. Sie vermissen bei Muhammad die nötigen bzw. hilfreichen Beglaubigungswunder (vgl. 98,1). Sie verlangen z. B., dass der Prophet „auf sie ein Buch vom Himmel herabsenden lässt" (4,153), oder sie behaupten: „Gott hat uns auferlegt, an keinen Gesandten zu glau-

ben, bis er uns ein Opfer bringt, das das Feuer verzehrt" (3,183), wie es der Prophet Elija getan hat (vgl. 1 Kön 18,38). Auf diese Forderung antwortet der Koran, dass Gott zur Zeit Moses solche Ansprüche bestraft hat (4,153), dass die Vorfahren der Juden auch bei Feuerwundern den Glauben an die Propheten doch nicht gefunden haben, sondern die Gesandten Gottes töteten (3,183). Im Übrigen gilt folgende Feststellung: „Du magst zu denen, denen das Buch zugekommen ist, mit jedem Zeichen kommen, sie werden deiner Gebetsrichtung nicht folgen" (2,145).

– Der zweite Einwand der Leute der Schrift beruht auf ihrer Treue zur eigenen Tradition. Sie machen einen Unterschied zwischen den verschiedenen prophetischen Botschaften, klagt der Koran, und sagen: „Wir glauben an die einen, verleugnen aber die anderen" (4,150; vgl. 2,91). Wenn Muhammad dasselbe vorbringt, was sie schon von ihrer Tradition und ihrer Schrift her kennen, dann ist er ihnen willkommen; wenn nicht, dann hüten sie sich vor ihm und warnen auch die anderen vor seiner Botschaft (5,41). Für sie steht fest: „Sie sagen: 'Es werden das Paradies nur die betreten, die Juden oder Christen sind'" (2,111). – „Und sie sagen: 'Werdet Juden oder Christen, so folgt ihr der Rechtleitung'" (2,135). Denn sie wollen nur denen glauben, die ihrer eigenen Religion folgen (3,73). Endlich erheben sie den Anspruch, „wir sind die Söhne Gottes und seine Lieblinge" (5,18).

Die Reaktion Muhammads

Kritik Muhammads an den Juden
Der Koran wirft den Juden ihren Unglauben und ihre Verspottung der göttlichen Botschaft vor. Das ist, so stellt der Koran fest, eine immer wiederkehrende Haltung der Juden gegenüber jeder Offenbarung und jeder prophetischen Sendung: Verflucht wurden sie, „weil sie ihre Verpflichtung brachen, die Zeichen Gottes verleugneten, die Propheten zu Unrecht töteten" (4,155; vgl. 2,61.91; 3,112).

Der Unglaube der Juden gründet auf ihrem Hochmut (2,87), ihrem Egoismus (2,87; 5,70) und ihrem Vertrauen in ihre Macht und ihren Reichtum (3,181).

Die Juden suchen die Gläubigen zu verführen und vom Glauben abzubringen, und dies aus Neid gegen die Barmherzigkeit, die Gott anderen Menschen erwiesen hat (2,109; vgl. 11,18–19; 14,2–3; 7,44–45; 3,69.99.100; 9,34).

Die Juden haben zwar die heilige Schrift erhalten, sie vernachlässigen aber das Studium der Schrift, oder genauer, sie kümmern sich wenig um sie und ihren Inhalt, und sie vergessen „womit sie ermahnt worden waren" (7,165), oder einen Teil davon (5,13). Noch mehr, sie handeln gegen die von ihnen übernommene Verpflichtung, den Menschen diese Schrift in ihrem authentischen Wortlaut bekannt zu geben (3,187). So sollten die Menschen die Übereinstimmung zwischen dem Koran und der früheren Schrift Gottes nicht erkennen (vgl. 2,146.159).

Über diese Haltung der Juden spricht der Koran an mehreren Stellen (2,41.174; 3,71; 5,15). In anderen Versen macht er jedoch Einschränkungen: Nur einige unter den Juden verheimlichen den Inhalt der ihnen anvertrauten Schrift (2,146), oder sie halten nur einen Teil davon verborgen (6,91).

Noch mehr, die Juden manipulieren und verfälschen die Schrift. Eine solche Haltung ist schon in der Geschichte ihrer früheren Generationen bekannt (7,162). So verhalten sie sich nach dem Koran zur Zeit Muhammads (5,41; vgl. 4,46; 5,13). Was soll man von solchen Leuten erwarten, fragt sich der Koran? Man kann doch nicht von ihnen verlangen, dass sie den Gläubigen folgen, „wo doch ein Teil von ihnen das Wort Gottes hörte, es aber dann wissentlich entstellte" (2,75).

Noch schlimmer, einige unter den Juden erdichten sogar Texte, die sie als die Schrift Gottes ausgeben. Sie schreiben ihre eigenen Worte mit ihrer Hand und „... sagen:'Dies ist von Gott her', um es für einen geringen Preis zu verkaufen" (2,79). Sie haben eine raffinierte Art entwickelt, um ihre eigenen Worte an die Stelle der Worte Gottes zu schieben (3,78).

Vor einer solchen Hartnäckigkeit im Unglauben (vgl. 4,46) ist Muhammad ratlos. Er kann sich nur noch zu Gott, seinem einzigen Sachwalter, wenden und offen feststellen: „Seht, ihr liebt sie, sie aber lieben euch nicht. Ihr glaubt an das gesamte Buch ... Wenn euch Gutes widerfährt, tut es ihnen leid, und wenn euch Schlimmes trifft, freuen sie sich darüber. Wenn ihr euch geduldig und gottesfürchtig zeigt, wird ihre List euch nichts schaden. Gott umgreift, was sie tun" (3,119–120). – „du wirst sicher finden, dass unter den Menschen diejenigen, die den Gläubigen am stärksten Feindschaft zeigen, die Juden und die Polytheisten sind" (5,82).

Die Kritik Muhammads an den Christen
Muhammad übt Kritik an einigen Glaubenssätzen der christlichen Lehre, vor allem in Bezug auf die Gottheit Jesu Christi und

die Dreifaltigkeit. Um den strengen Monotheismus des Islams zu wahren, greift Muhammad das, was er die Übertreibung der Christen nennt, an. Jesus ist zwar ein großer Prophet, ein besonders begnadeter Diener Gottes, er bleibt aber ein Mensch und kann die Gottheit für sich nicht beanspruchen (siehe dazu die Ausführungen im Kapitel V).

Die Christen haben zwar recht, indem sie für Jesus gegen die Juden Partei ergreifen (3,55–56), aber sie befinden sich im Unrecht, wenn sie die Grenzen der Mäßigung überschreiten und Jesus für den Sohn Gottes oder gar für Gott halten (4,171). Wenn sie nicht davon ablassen, Gott in dieser Form zu beleidigen, dann laufen sie Gefahr, irrezugehen und andere zu verführen: „Sprich: O ihr Leute des Buches, übertreibt nicht in eurer Religion über die Wahrheit hinaus und folgt nicht den Neigungen von Leuten, die früher irregegangen sind und viele irregeführt haben und vom rechten Weg abgeirrt sind" (5,77).

Diese Mahnung enthält eine verschleierte Drohung. Die Christen dürfen sich nicht durch die gefährliche Lehre der Ungläubigen verwirren lassen. Sie wissen wohl, wie Muhammad die Juden militärisch angegriffen und bestraft hat, weil sie in ihrem Irrtum beharrten und andere in die Irre geführt haben. So wird es auch den Christen ergehen, wenn sie nicht aufhören, Lehren zu verkünden, die gegen die Wahrheit Gottes gerichtet sind (vgl. 5,73). Mit der Lehre von der Gottheit Jesu Christi haben die Christen die Lehre ihres Propheten verfälscht (vgl. 5,116–117). Sie haben außerdem „einen Teil von dem, womit sie ermahnt worden waren", vergessen und somit die von ihnen eingegangene Verpflichtung gebrochen (5,14).

Zurückweisung der Ansprüche der Juden und Christen
Juden und Christen beanspruchen die ausschließliche Zugehörigkeit zu Abraham. Muhammad weist dies zurück und nimmt für sich selber und die Muslime das Recht in Anspruch, leiblich und glaubensmäßig von Abraham abzustammen. Denn Abraham war da und wurde von Gott rechtgeleitet, bevor die Tora der Juden und das Evangelium der Christen herabgesandt wurden (3,65); so war Abraham weder ein Jude noch ein Christ (3,67; vgl. 2,133.140). Da die Muslime der Religion Abrahams folgen, stehen sie ihm am nächsten von allen (3,68). Und der Islam ist auch die endgültige Gestalt der wahren Religion, die sich auf den Glauben und die religiöse Praxis Abrahams berufen darf (3,95; 4,125; 6,161; 16,123).

So ist der Islam, nicht das Judentum oder das Christentum, als

Maßstab jedes Glaubens anzusehen: „Wenn sie an das Gleiche glauben, woran ihr glaubt, so folgen sie der Rechtleitung. Wenn sie sich abkehren, so befinden sie sich in Widerstreit. Gott wird dich vor ihnen schützen" (2,137). Muhammad dreht also das Blatt um. Absolutheitsanspruch haben nicht Judentum und Christentum, sondern eben der Islam. Und nicht er muss seine Beweise für die Echtheit seiner Sendung und die Richtigkeit seines Glaubens beibringen, sondern seine Gegner: „Bringt her euren Beweis, so ihr die Wahrheit sagt" (2,111).

Da nur die wahren Gläubigen das Paradies erreichen, wird die selbstzufriedene Behauptung der Juden und der Christen zurückgewiesen, dass nur Juden und Christen ins Paradies eingehen werden. „Das sind ihre Wünsche. Sprich: Bringt her euren Beweis ..." (2,111). Sie sagen weiter: „Wir sind die Söhne Gottes und seine Lieblinge." Der Koran erwidert: „Warum peinigt Er euch dann für eure Sünden?" (5,18). So haben die Juden und die Christen keinerlei Privilegien und können keine Ansprüche erheben.

Die Juden und die Christen lassen sich nicht überzeugen. So sollen die Muslime den engeren Kontakt mit ihnen vermeiden, sie sollen sich die Juden und die Christen nicht zu Freunden nehmen (5,51). Denn diese hören nicht auf, Gott zu beleidigen, indem sie behaupten: „'Uzayr ist der Sohn Gottes" (Juden) – „Christus ist der Sohn Gottes" (Christen). Das ist doch die Haltung und die Behauptung von Polytheisten, nicht von Anhängern einer Offenbarungsreligion (9,30). Jüdische Gelehrte und christliche Mönche verlangen von ihren Gläubigen, sie selbst neben Gott als Herrn anzuerkennen (9,31). Das ist der Ausdruck und der erste Schritt der moralischen Verderbtheit. Denn sie lieben den Reichtum, „verzehren das Vermögen der Menschen durch Betrug", denken aber nicht daran, etwas davon für die Sache Gottes auszugeben (9,34). Solche verschrobenen und frevelhaften Widersacher sind eine Gefahr für den Islam, für die Religion Gottes: Sie trachten danach, das Licht Gottes auszulöschen (9,32) und die Menschen vom Wege Gottes abzuhalten (9,34). Wegen ihres schlechten Lebenswandels, ihres Unglaubens und ihrer Verstockung im Irrtum verdienen sie eine scharfe Zurechtweisung: „Kämpft gegen diejenigen, die nicht ... der Religion der Wahrheit angehören von denen, denen das Buch zugekommen ist, bis sie von dem, was ihre Hand besitzt, Tribut entrichten als Erniedrigte" (9,29).

KAPITEL II

Wer ist Muhammad für die Muslime?

Für die gläubigen Muslime, die von den Aussagen des Korans und der Überlieferung ausgehen, und für die Volksfrömmigkeit ist Muhammad der Prophet und Gesandte Gottes, die mit höchster Autorität versehene letzte Instanz in Fragen des Gesetzes: der Rechtsbestimmungen, der Verhaltensmuster und der praktischen Entscheidungen. Muhammad ist auch das Vorbild derer, die in Frömmigkeit Gott dienen und sittlich gut handeln wollen. Endlich ist er der begnadete Auserwählte Gottes, den Gott mit mancherlei Gaben ausgezeichnet hat.

Muhammad – der Prophet

Über den prophetischen Anspruch Muhammads auf der Grundlage der koranischen Aussagen wurde bereits im vorherigen Kapitel ausführlich berichtet. Die Muslime halten an diesen Aussagen fest. Sie betonen, dass mit Muhammad die Prophetengeschichte ihren letzten Höhepunkt und ihre endgültige Etappe erreicht hat. Auch sei die islamische Gemeinschaft, die sich vom Koran leiten lasse, ein Vorbild für alle anderen Religionsgemeinschaften; der Koran bestätigt ja: „Ihr seid die beste Gemeinschaft, die je unter den Menschen hervorgebracht worden ist. Ihr gebietet das Rechte und verbietet das Verwerfliche und glaubt an Gott" (3,110).

Die islamische Überlieferung (*Hadith*) erwähnt in mehreren Erzählungen, wie Muhammad selbst die Aussagen des Korans aufgenommen und bekräftigt habe.

- „Ich habe fünf Namen: Ich bin Muhammad; ich bin Ahmad; ich bin der Vertilger, mit dem Gott den Unglauben austilgt; ich bin der Versammler, der die Menschen zu seinen Füßen versammelt; und ich bin der (letzte) Nachfolger" (nach Djubayr ibn Mut'im: bei Bukhari, Muslim, Tirmidhi).
- „Mit mir und den Propheten vor mir ist es wie mit einem Mann, der ein Haus gebaut hat. Er machte es gut und gestaltete es schön, mit Ausnahme der Stelle eines Lehmsteines in einer Ecke. Die Menschen gingen um es herum, wunderten sich und sagten:

Würde doch der (fehlende) Lehmstein dorthin gelegt! Er sagte: Ich bin der Lehmstein, und ich bin das Siegel der Propheten" (nach Abu Hurayra: bei Bukhari, Muslim, Tirmidhi).
- „Früher wurden die Propheten speziell zu ihrem jeweiligen Volk geschickt, ich aber wurde zu den Menschen allgemein geschickt (nach Djabir: bei Bukhari, Muslim, Tirmidhi, Nasa'i).

Muhammad – der Gesandte Gottes

Die Autorität Muhammads im Koran

Über die prophetische Verkündigung hinaus hat Muhammad nach islamischem Glauben den Auftrag erhalten, den Koran als heiliges Buch seiner Gemeinde und den Menschen zu hinterlassen. Dieses Buch ist die Urkunde der Offenbarung, das Lesebuch für den Vollzug des Gebetes und der religiösen Pflichten, das Gesetz Gottes, das immer wieder als der gerade Weg (vgl. 10,25; 15,41), der Weg Gottes (vgl. 14,3; 16,94 usw.) bezeichnet wird. Somit ist Gott der Garant der Richtigkeit seines Inhaltes; er erklärt es für verbindlich und fordert von den Menschen Gehorsam und Gefolgschaft: „Und dies ist ein Buch, das Wir hinabgesandt haben, ein gesegnetes (Buch). Folgt ihm und seid gottesfürchtig, auf dass ihr Erbarmen findet" (6,155).

Dem gläubigen Muslim wird dieser Weg Gottes durch Muhammad bekannt gemacht und verkündet, so dass ihm der Weg Gottes praktisch als der Weg des Gesandten Gottes erscheint und die Verpflichtung, Gott zu gehorchen, sich in der Verpflichtung konkretisiert, dem Gesandten zu gehorchen und seinem Weg zu folgen. Der Koran selbst führt durch verschiedene Äußerungen dazu, die Identifizierung der beiden Wege in der Praxis anzunehmen.

Zum einen wird nämlich von den Muslimen gefordert, sich der Führung des Gesandten zu unterwerfen und ihm zu folgen (7,158; vgl. 60,12; 14,44; 26,216). Denn die Liebe zu Gott drückt sich in der treuen Gefolgschaft aus, die man dem Gesandten erweist: „Sprich: Wenn ihr Gott liebt, dann folgt mir, so wird Gott euch lieben und euch eure Sünden vergeben" (3,31).

Auf der anderen Seite wird eine feste Verbindung zwischen Gott und seinem Gesandten hergestellt, so dass man den Gehorsam gegen Gott vom Gehorsam gegen seinen Gesandten nicht trennen kann. Der Koran erwähnt beide zusammen: „Gehorchet Gott und dem Gesandten", schärft der Koran den Gläubigen ein (3,32.132; 8,1.46; 9,71 usw.). Diese dürfen sich Gott und seinem Gesandten nicht widersetzen (8,13; 58,5.20; 59,4), ihnen den Gehorsam verweigern (4,14; 33,36) oder gar ihnen gegenüber treulos sein (8,27).

Manche Ausdrücke des Korans bringen eine sprachliche Variante, die, so will mir scheinen, einen Übergang zu einer weiteren Perspektive einleitet. Wenn nicht mehr einfach befohlen wird: Gehorchet Gott und dem Gesandten, sondern: Gehorchet Gott und gehorchet dem Gesandten (4,59; 5,92; 47,33), so bedeutet diese Formulierung nicht eine Spaltung zwischen den Autorität Gottes und der seines Gesandten, sondern sie will darauf hinweisen, dass zwar eine vollkommene Übereinstimmung besteht zwischen dem Willen Gottes und den Weisungen Muhammads, dass aber Gott seinen Gesandten mit eigener Autorität ausgestattet hat. Es geht hierbei vor allem um Entscheidungen in Einzelfragen nach den Rechtsnormen des Gesetzes. Gerade für solche praktischen Fälle erhält Muhammad eine Ermächtigung von Gott, selbst zu entscheiden, ohne immer auf eine ausdrückliche Offenbarung zu warten. Folgende Koranstellen verdeutlichen diese Perspektive:

– Gott und der Gesandte entscheiden zusammen: „O ihr, die ihr glaubt, gehorchet Gott und gehorchet dem Gesandten und den Zuständigen unter euch. Wenn ihr über etwas streitet, so bringt es vor Gott und den Gesandten, so ihr an Gott und den Jüngsten Tag glaubt. Das ist besser und führt zu einem schöneren Ergebnis" (4,59).

– Gott und der Gesandte werden angegangen, aber der Gesandte ist es, der die Entscheidung trifft: „Und wenn sie zu Gott und seinem Gesandten gerufen werden, damit er (der Gesandte) zwischen ihnen urteile, wendet sich ein Teil von ihnen ab" (24,48).

– Die Anwesenheit des Gesandten mitten unter den Muslimen ist eine Garantie für die Wahrheit des Glaubens und die Richtigkeit des Weges der Gemeinschaft: „Wie könnt ihr ungläubig werden, wo euch die Zeichen Gottes verlesen werden und sein Gesandter unter euch ist? Wer an Gott festhält, wird zu einem geraden Weg geleitet" (3,101).

– Der Gesandte ist ein von Gott autorisierter Schiedsrichter und eine letzte Entscheidungsinstanz: „Nein, bei deinem Herrn, sie glauben nicht (wirklich), bis sie dich zum Schiedsrichter nehmen über das, was zwischen ihnen umstritten ist, und danach wegen

deiner Entscheidung keine Bedrängnis in ihrem Inneren spüren, sondern sich in völliger Ergebung fügen" (4,65).
- So fordert der Koran von den Gläubigen den Gehorsam gegenüber dem Gesandten, der hier dann allein erwähnt wird: „... und gehorchet dem Gesandten ..." (24,56; vgl. 24,54; 58,8).
- Dafür gibt es zwei Gründe: „Und Wir haben die Gesandten nur deswegen entsandt, damit man ihnen gehorcht mit der Erlaubnis Gottes ..." (4,64); – „Wer dem Gesandten gehorcht, gehorcht Gott" (4,80).

Die Autorität Muhammads nach der Überlieferung (*Hadith*)

Auch die Überlieferung bekräftigt, dass Muhammad der von Gott bestellte Leiter der Muslime und von ihm autorisierte Entscheidungsträger ist. Im Folgenden seien einige Aussprüche Muhammads selbst nach den Erzählungen verschiedener Gewährsmänner wiedergegeben.
- „Wenn ich euch etwas verboten habe, dann meidet es. Und wenn ich euch etwas geboten habe, so vollbringt es, soviel ihr könnt" (nach Abu Hurayra: bei Bukhari, Muslim, Tirmidhi).
- „Die wahrhaftige Botschaft ist das Buch Gottes. Die schönste Rechtleitung ist die Rechtleitung Muhammads" (nach Djabir: bei Nasa'i, Bukhari, Muslim).
- „Mit mir und mit dem, womit Gott mich gesandt hat, ist es wie mit einem Mann, der zu seinem Volk kam und sagte: 'O mein Volk, ich habe die Truppen mit meinen eigenen Augen gesehen, und ich bin euch ein Warner, der nackt auftritt. So rettet euch selbst.' Ein Teil von seinem Volk gehorchte ihm und begann sofort aufzubrechen. Und so konnten sie in Ruhe wegziehen. Ein anderer Teil von ihnen bezichtigte ihn der Lüge und blieb am Ort. Die Truppen erreichten sie am Morgen, sie brachten Verderben über sie und rotteten sie aus. – So verhält es sich mit dem, der mir gehorcht und das befolgt, womit ich gekommen bin, und mit dem, der gegen mich ungehorsam ist und das für Lüge erklärt, was ich von der Wahrheit gebracht habe" (nach Abu Musa al-Ash'ari: bei Bukhari, Muslim).
- „Meine gesamte Gemeinschaft wird ins Paradies eingehen, nur der nicht, der sich weigert. – Sie sagten: 'O Gesandter Gottes, und wer ist der, der sich weigert?' Er sagte: 'Wer mir gehorcht, geht ins

Paradies ein. Und wer gegen mich ungehorsam ist, der weigert sich" (nach Abu Hurayra: bei Bukhari).

Muhammad – Vorbild für die Gläubigen

Der Koran attestiert Muhammad, dass er „großartige Charakterzüge" besitze (68,4). So ist es folgerichtig, dass er ihn den gläubigen Muslimen als Vorbild hinstellt und ihnen empfiehlt, nach seinem schönen Beispiel zu handeln: „Ihr habt im Gesandten Gottes ein schönes Vorbild, (und zwar) für jeden, der auf Gott und den Jüngsten Tag hofft und Gottes viel gedenkt" (33,12). Vorbild ist Muhammad also in Bezug auf die Frömmigkeit und die moralischen Tugenden.

Von diesen Tugenden gibt es in der islamischen Literatur aus verschiedenen Zeiten Auflistungen, die sich auf die Zeugnisse der Gefährten Muhammads stützen. Diese Listen gehen davon aus, dass die Tugenden, die Muhammad den Muslimen empfohlen hat, auch bei ihm selbst anzutreffen sind.

In einer apologetischen Dogmatik vom Anfang des 20. Jahrhunderts[3] findet sich folgende Liste: geistige Fähigkeiten, Sanftmut, Freigebigkeit, Mut, geschlechtliches Zartgefühl, Heiterkeit und Liebenswürdigkeit, Gerechtigkeit und Unbestechlichkeit, gesetztes Wesen, Weltverachtung.

Ein späteres Werk[4] beschreibt ausführlich folgende Charakterzüge des Propheten Muhammad: Mut, Freigebigkeit, Gerechtigkeit, Keuschheit, Aufrichtigkeit, Treue, Geduld, Nachsicht und Langmut, Bereitschaft zu vergeben, Barmherzigkeit, Bevorzugen des Friedens, Weltverzicht, Schamhaftigkeit, Demut, Pietät, guter Umgang, Liebe zur Arbeit, Heiterkeit und Witz.

Eine ähnliche Liste, versehen mit kurzen Sätzen aus der islamischen Überlieferung, findet sich auch in einem Beitrag von M. Salim Abdullah[5]: Demut und Bescheidenheit, Aufrichtigkeit, Höflichkeit, Wohltätigkeit, Zuneigung und Mitgefühl, Mäßigkeit, Keuschheit, Beständigkeit, Freundlichkeit, Seelenstärke, Selbstkontrolle, Zufriedenheit, Sauberkeit, Reue, Geduld, Vergebungsbereitschaft, Vernunft, Arbeit, Ehrlichkeit im Handel, Wissen, vorbildliches familiäres Verhalten.

Muhammad – der Erwählte Gottes

Aus seinem Berufungserlebnis und aus der inneren Gewissheit, dass Gott ihn mit seiner Rechtleitung begleitet, entstand in Muhammad ein ausgeprägtes Erwählungsbewusstsein, das sich an vielen Stellen im Koran ausdrückt.

Die ursprüngliche Forderung, die Gott an ihn stellt, enthält bereits die Verpflichtung zu einer besonderen Haltung und einer besonderen Bindung an Gott. Denn er soll Gott preisen, den Götzendienst meiden und so mit der polytheistischen Tradition seiner Landsleute brechen; erst dann ist er rein, und erst dann kann er freigebig sein und selbstlos bleiben. Endlich muss er sich in Geduld üben, um Entscheidungen seines Herrn entgegenzusehen und Gott ständig zur Verfügung zu stehen (vgl. Koran 74,3–7). Der Gnadenerweis Gottes zeigt sich auch darin, dass Gott ihn aus seiner Armut und Verlassenheit errettet und ihm seine Schuld vergeben hat: „Und wahrlich, dein Herr wird dir geben, und du wirst zufrieden sein. Hat Er dich nicht als Waise gefunden und dir Unterkunft besorgt, und dich abgeirrt gefunden und rechtgeleitet" (93,5–7; vgl. 94,1–4.7–8).

Muhammad war sich sein Leben lang seiner menschlichen Schwachheit bewusst; und er wird im Koran aufgefordert, für seine Sünde um Vergebung zu bitten: „Wisse nun, dass es keinen Gott gibt außer Gott. Und bitte um Vergebung für deine Sünde und für die gläubigen Männer und die gläubigen Frauen. Gott weiß, wo ihr umherzieht und wo ihr bleibt" (47,19). – „Wir haben dir einen offenkundigen Erfolg verliehen, damit Gott dir deine Sünden vergebe, die früheren und die späteren, und damit Er seine Gnade an dir vollende und dich einen geraden Weg führe ..." (48,1–2; vgl. 40,55; 9,43.117; 5,49).

Muhammad weiß aber auch, dass Gott ihn rechtleitet: „Und ohne die Huld Gottes gegen dich und seine Barmherzigkeit wäre eine Gruppe von ihnen im Begriff gewesen, dich irrezuführen; aber sie führen nur sich selbst in die Irre, und sie schaden dir nichts. Und Gott hat auf dich das Buch und die Weisheit herabgesandt und dich gelehrt, was du nicht wusstest. Und die Huld Gottes gegen dich ist gewaltig" (4,113; vgl. 93,7; 48,2). Der Prophet steht somit unter dem besonderen Schutz Gottes: Gott ist sein Freund und Sachwalter (7,196), er ist ihm Zuflucht gegen die Nachstellungen und der Verführungen des Teufels (7,200), er leitet ihn recht trotz der Bemühungen der Menschen, ihn vom rechten Weg abzubringen (4,113).

Im Jenseits wird Muhammad für das Paradies bestimmt (68,3;

28,85), auch alle anderen frommen Gläubigen. Gott wird ihnen allen ihren Lohn geben, „am Tag, da Gott den Propheten und diejenigen, die mit ihm gläubig sind, nicht zuschanden macht" (66,8).

Ein Zeichen der besonderen Zuwendung Gottes war die Himmelsreise Muhammads (*mi'radj*). Diese Himmelsreise soll in der Nacht des 27. Tages des Mondmonats Radjab stattgefunden haben. Über die Frage, ob sie eine körperliche Entrückung oder ein Traumgesicht oder gar ein Doppelerlebnis (d.h. einmal im Traum und dann noch einmal im Wachzustand) war, streiten sich die muslimischen Autoren. Sie alle betrachten jedoch dieses Erlebnis Muhammads als eine besondere Auszeichnung vonseiten Gottes. Während dieser Himmelsreise habe Muhammad die besondere Nähe Gottes erlebt. Seine geistigen Fähigkeiten hätten durch die Erhebung in die höheren Bereiche der göttlichen Wirkung eine besondere Weihe erfahren, so dass der Prophet von nun an zwar gegen die Schwierigkeiten des Prophetenloses nicht gefeit, jedoch für die Erfüllung seiner Aufgabe in besonderer Weise ausgerüstet war.

Eine weitere Auszeichnung, die Gott Muhammad zuteil werden lässt, ist die Erlaubnis, am Tag des Gerichts Fürsprache für die Muslime, die als Gläubige gestorben sind, einzulegen und sie dadurch in Scharen ins Paradies zu führen. Muhammad habe sich nach den Angaben der Überlieferung in diesem Sinne geäußert:

– „Ich bin der Herrscher der Kinder Adams am Tag der Auferstehung, und der Erste, über dem sich das Grab spaltet, der Erste, der Fürsprache einlegt, und der Erste, dessen Fürsprache erhört wird" (nach Abu Hurayra: bei Muslim, Abu Dawud).

- „Ich bin der Erste, der Fürsprache einlegt, und ich bin der Erste, dessen Fürsprache erhört wird am Tag der Auferstehung ... Ich bin der Erste, der die Türklinke des Paradieses bewegen wird, so wird Gott mir öffnen und mich da hineingehen lassen, während mit mir sich die Armen unter den Gläubigen befinden (nach Ibn 'Abbas: bei Tirmidhi).

– In einer längeren Erzählung lässt die Überlieferung Muhammad sagen: „Ich bin der Herrscher der Menschen am Tag der Auferstehung. Wisst ihr wodurch? Gott wird die Ersten und die Letzten auf einer Fläche versammeln. Wer hinblickt, wird sie sehen. Wer ruft, lässt sich von ihnen hören. Die Sonne naht. Da sagen einige von den Menschen: Seht ihr nicht, in welchem Zustand ihr euch befindet, wohin ihr gelangt seid? Wollt ihr nicht jemanden suchen, der für euch bei eurem Herrn Fürsprache einlegt? Einige Menschen sagen: Adam (soll es tun), euer Vater.

Sie kommen zu ihm und sagen: O Adam, du bist doch der Vater der Menschen. Gott hat dich mit seiner Hand erschaffen, er hat dir von seinem Geist eingeblasen, und er hat den Engeln befohlen, und sie warfen sich vor dir nieder, und er hat dich im Paradies wohnen lassen. Willst du nicht für uns bei deinem Herrn Fürsprache einlegen? Siehst du nicht, in welchem Zustand wir uns befinden und wohin wir gelangt sind? – Er sagt: Mein Herr ist in einen derartigen Zorn geraten, den er weder vorher gezeigt hat noch nachher je zeigen wird. Und er hat mir den Baum verboten, aber ich war gegen ihn ungehorsam. Für mich selbst, für mich selbst (muss ich sorgen). Geht zu einem anderen. Geht zu Noach.

Sie gehen zu Noach und sagen: O Noach, du bist der erste Gesandte zu den Erdenbewohnern. Gott hat dich einen dankbaren Diener genannt. Siehst du nicht, in welchem Zustand wir uns befinden, wohin wir gelangt sind? Willst du nicht für uns bei deinem Herrn Fürsprache einlegen? – Er sagt: Mein Herr ist heute in einen derartigen Zorn geraten, den er weder vorher gezeigt hat noch nachher je zeigen wird. Für mich selbst, für mich selbst (muss ich sorgen). Geht zum Propheten.

Da kommen sie zu mir. Ich werfe mich unter dem Thron nieder. Und es wird gesagt: O Muhammad, erhebe dein Haupt. Lege Fürsprache ein, so wird deine Fürsprache erhört werden. Bitte, so wirst du erhalten" (nach Abu Hurayra: bei Bukhari).

Die besondere Erwählung Muhammads kommt auch in solchen Bezeichnungen wie den Folgenden zum Ausdruck. Muhammad sei „der Beste in der Welt" „der Imam der Welt und die Leuchte ihrer Bewohner", „der Herr und Prophet seines Volkes". Muhammad selbst bezeichnet sich als „den Liebling Gottes, ... den ehrwürdigsten unter den Ersten und den Letzten" (nach Ibn 'Abbas: bei Tirmidhi).

Neben diesen Aussagen über die Erwählung Muhammads findet man die Warnung davor, die Person Muhammads maßlos zu verehren und gar zu vergöttlichen. Dennoch hat sich die Volksfrömmigkeit seiner Gestalt bemächtigt, sie immer mehr idealisiert und oft ins Wundersame und Überdimensionale gerückt. Ein Beispiel davon sind die Erzählungen über die wunderbaren Zeichen, die seine Empfängnis und seine Geburt begleitet haben sollen. Nach Ibn 'Abbas habe die Mutter Muhammads, Amina, erzählt: „Ich gebar Muhammad, und ich wandte mich, um ihn zu betrachten, und siehe, da lag er anbetend, seine Hände gen Himmel hebend, wie einer, der demütig fleht. Dann sah ich eine Wolke, die vom Himmel her ihn bedeckte, so dass er mir unsichtbar wurde. Und ich hörte jemanden, der da rief: Führt ihn um die Erde herum im Osten und im Westen, und führt ihn zu den Meeren, dass sie ihn erkennen mit seinem Namen und seiner Gestalt und seinen Eigenschaften, und damit sie wissen, dass er in den Meerern *al-mahi* (= Ausradierer) ist, denn allen Polytheismus wird er wegwischen. Dann schwand die Wolke schnell, und siehe da, da lag er in ein weißes Kleid gewickelt, und unter ihm lag eine grüne Decke aus Seide. Er hielt drei Schlüssel aus weißen Perlen in der Hand, und jemand rief: Sehet, Muhammad hält die Schlüssel des Sieges, des Schlachtens und des Prophetentums in seiner Hand."[6]

Aber diese Auswüchse sind nicht das Entscheidende in der Beziehung der Muslime zum Verkünder ihrer Religion. Viel wichtiger für ihren Glauben und ihren Weg ist ihnen die Verbundenheit mit Muhammad, die sie in ihrem Verhalten zum Ausdruck bringen wollen und auch in ihrem täglichen Gebet bezeugen. Im so genannten Bezeugungsgebet heißt es nämlich: „Gott gehört die Ehrerbietung, das Gebet und die guten Werke. Der Friede sei über dir, o Prophet, und die Barmherzigkeit Gottes und seine Segnungen. Der Friede sei über dir und über den tugendhaften Dienern Gottes. Ich bezeuge, es gibt keinen Gott außer Gott, und ich bezeuge, Muhammad ist der Gesandte Gottes. O Gott, sprich den Segen über Muhammad und die Angehörigen Muhammads, wie du den Segen über Abraham und die Angehörigen Abrahams gesprochen hast. Und segne Muhammad und die Angehörigen Muhammads, wie du Abraham und die Angehörigen Abrahams gesegnet hast. Dir gebührt das Lob und die Herrlichkeit."

Damit erfüllen die gläubigen Muslime das Wort des Korans: „Gott und seine Engel sprechen den Segen über den Propheten. O ihr, die ihr glaubt, sprecht den Segen über ihn und grüßt ihn mit gehörigem Gruß" (33,56).

KAPITEL III

Wer ist Muhammad für Christen?

In diesem Kapitel geht es um die Würdigung der Gestalt Muhammads aus christlicher Sicht. Es wird hier nicht mehr das ausgeführt, was der Koran und die islamische Tradition von Muhammad sagen und wie ihn die Muslime in ihrem Glauben sehen. Es wird vielmehr gefragt, wie Christen, ausgehend von den Aussagen ihres eigenen Glaubens und von den Wahrheitskriterien, die ihre theologische Tradition entwickelt hat, über Muhammad und seinen prophetischen Anspruch urteilen sollen und können.

Argumente der Polemiker früherer Zeiten

Es ist heute nicht hilfreich, einfach auf die Urteile zurückzugreifen, welche christliche Polemiker in der Vergangenheit, und zwar im Osten wie im Westen, über Muhammad gefällt haben und die man auch bei manchen Polemikern der Gegenwart wieder findet. In einem Klima der Konfrontation und der Feindschaft suchte man Muhammad als einen Kranken und Betrüger zu entlarven und undifferenziert als falschen Propheten hinzustellen. Die dabei aufgeführten Argumente können folgendermaßen zusammengefasst werden: Muhammad habe keine Zeugen für den Empfang der Offenbarung gehabt; – er sei von früheren Propheten auch nicht vorausverkündigt worden; – er habe selbst keine wahren Weissagungen ausgesprochen; – er hat keine Wunder gewirkt; – sein Verhalten widerspricht christlichen Moralvorstellungen; davon zeugten seine übertriebene Sinnlichkeit und seine Neigung, Waffengewalt gegen seine Widersacher anzuwenden.[7]

Die Stellungnahme in diesem Buch folgt eher der Richtung und dem Anliegen, die sich das Zweite Vatikanische Konzil auferlegt hat, als es sich vornahm, die Haltung der katholischen Kirche zu den nichtchristlichen Religionen neu zu definieren: „Gemäß ihrer Aufgabe, Einheit und Liebe unter den Menschen und damit auch unter den Völkern zu fördern, fasst sie (die Kirche) vor allem das ins Auge, was den Menschen gemeinsam ist und zur Gemeinschaft untereinander führt" (Nostra aetate, 1).

Religionsphänomenologisch

Religionsphänomenologisch gesehen weist die Gestalt Muhammads die typischen Merkmale auf, die einen Propheten kennzeichnen und die man auch bei den Propheten des Alten Testaments findet. Muhammad ist von einem tiefen Sendungsbewusstsein getragen, er spricht im Namen Gottes, er ist bereit, für die Ausrichtung seiner Botschaft zu leiden, er stößt dabei auf den Widerstand der Menschen und setzt seine Hoffnung auf den Gott, der ihn nach seiner Überzeugung berufen und gesandt hat.

Standpunkt einer christlichen Theologie

Für die christliche Theologie bildet aber, neben den verbindlichen Wahrheiten des christlichen Glaubens, der Inhalt der von Muhammad verkündeten Botschaft die wichtigste Grundlage zur Beurteilung seines prophetischen Anspruchs und der Echtheit seiner prophetischen Sendung.

Die Botschaft des Korans hat bewirkt, dass Menschen dem Heil Gottes näher gekommen sind. Denn sie hat die polytheistischen Altaraber zum Monotheismus geführt und ihnen die Normen des Guten (die zehn Gebote Gottes, wie im Alten und im Neuen Testament) nahe gebracht. Sie hat auch eine zwar im christlichen Sinne nur unvollkommene Erkenntnis von Jesus Christus gebracht, damit aber immerhin den Unglauben gegenüber Christus überwunden. So ist Muhammad – auch wenn er die Gottheit Jesu Christi leugnet und den Glauben an die Dreifaltigkeit Gottes als Tritheismus zurückweist – aufgrund seiner grundsätzlichen Stellungnahme für Jesus Christus und seines initialen Glaubens an Jesus Christus mit diesem verbunden. Christlicherseits muss ihm zugute gehalten werden, dass er – in der Sicht einer Stufentheorie – der Suche nach der vollen Wahrheit sich nicht total verschließt und von Christus entfernt, sondern sich – zwar am Rand – aber immerhin noch innerhalb des Bereichs der Erkenntnis Christi bewegt.

Somit könnte Muhammad mit den Propheten verglichen werden, die in der Zeit vor Christus (in seinem Fall: vor dem Christus des christlichen Glaubens) ihre Botschaft verkündet haben und auf unvollkommene Weise auf Christus hinweisen und teilweise zu ihm führen.

Auch könnte Muhammad den Gestalten des Alten Testaments zugerechnet werden, die punktuell prophetisch geredet haben und deren punktuelles prophetisches Reden von der Bibel als echt anerkannt wird. Er könnte auch zu den Propheten gesellt werden, deren Wirken und Botschaft die Menschen zum Glauben an Gott und zur Umkehr bewegt haben, ohne dass sie den Anspruch erheben, das Wort Gottes definitiv gesprochen und den idealen Vorstellungen sittlichen Handelns in allem entsprochen zu haben.

Aber der Islam versteht die prophetische Sendung Muhammads als Aufforderung, die Botschaft des Islams als die letztgültige wahre Religion anzunehmen und daher den Gehorsam des Glaubens und des Handelns zu leisten. Das bedeutet einfach den Übertritt zum Islam.

Können Christen, ausgehend von den Kriterien ihres eigenen Glaubens, diese Aufforderung annehmen und befolgen?

Hier bilden die verbindlichen Wahrheiten des christlichen Glaubens die Norm zur Beurteilung der Echtheit einer prophetischen Sendung, und dies in dem Sinne, dass jemand, dessen Botschaft im ausdrücklichen Widerspruch zu den verbindlichen Dogmen des christlichen Glaubens steht, kein echter Prophet sein kann, welcher einen universalen Geltungsanspruch erheben und zum Gehorsam des Glaubens und des Handelns auffordern darf.

Das ist der entscheidende Punkt, der Christen und Muslime in ihrer jeweiligen Glaubensentscheidung trennt. Die Aussagen des Korans über Jesus Christus (Jesus sei nicht Gottes Sohn, sondern nur ein begnadeter Mensch und Prophet; Jesus habe keine Heilsfunktion als Erlöser und Heiland) und über die Trinität (vom Islam als Anbetung dreier Götter zurückgewiesen) stehen in einem ausdrücklichen Widerspruch zu den verbindlichen zentralen Glaubenswahrheiten des christlichen Glaubens. In diesem Sinn wurden die koranischen Aussagen bislang gedeutet und bekräftigt.

Außerdem wird Muhammad im Koran als „das Siegel der Propheten" (33,40) bezeichnet, und der Koran wird im Islam als das letztgültige und allgemein verbindliche Wort Gottes an alle Menschen betrachtet. Dies verträgt sich nicht mit dem Glauben der Christen, dass Gott sich in Jesus Christus in letztgültiger und unüberbietbarer Weise offenbart hat.

Das sind hauptsächlich die zentralen Punkte, die den Glauben der Christen von dem der Muslime unterscheiden und trennen. Christen und Muslime können in der Würdigung der Gestalt Muhammads eine lange Strecke des Weges zusammen gehen, indem sie die Züge

Muhammads hervorheben als eines der größten Religionsgründer der Menschheit, als einer großartigen Gestalt, voller Weisheit und Menschenkenntnis, Milde und Nachsicht, Scharfsinn und Entschlossenheit, als eines Menschen, der immer wieder prophetisch geredet und Menschen zu Gott und seinem Willen hingeführt hat. Die allerletzte Entscheidung des Glaubens aber, ob Muhammad der Prophet und Gesandte Gottes an alle Menschen sei, wird so lange Christen und Muslime trennen, bis vielleicht eine differenziertere Deutung der koranischen Texte den ausdrücklichen Widerspruch zwischen ihrem Inhalt und dem christlichen Glauben aufhebt.

Es ist dabei nicht besonders hilfreich, wenn Christen den Islam gerade in seinen christologischen Aussagen als Vertreter einer judenchristlichen Theologie hinstellen, also als eine Etappe auf dem Weg der Entwicklung der christlichen Christologie. Ein solches Angebot christlicherseits wäre erst dann annehmbar und nützlich, wenn die koranische Christologie nicht als ausdrücklicher Widerspruch zum christlichen Dogma verstanden wird, d.h., wenn sie offen wäre für die weitere Entfaltung der Christologie, oder wenn sie – vielleicht aufgrund von Missverständnissen – nur objektiv (d.h. ohne Wissen und Absicht) im Widerspruch zum christlichen Glauben stünde. Aber gerade das ist bisher nicht das Selbstverständnis des Islams nach seiner eigenen Tradition. Der Islam erhebt nämlich bislang den Anspruch, die allein richtige Interpretation der Person Jesu Christi darzustellen; was darüber hinaus geht, wird als „Unglaube", als „polytheismusverdächtig" hingestellt und als Abweichung und Verfälschung verurteilt. D.h.: Die Christologie des Korans will ausdrücklich – so wenigstens die herkömmliche Deutung im Islam – die christliche Christologie zurückweisen und verurteilen. Solange dieser ausdrückliche Widerspruch besteht, werden Christen und Muslime die Trennung zwischen ihren Religionen auszuhalten haben.

Schlusswort

Ein Schlusswort sei hier noch angefügt. Über den Islam und über das Christentum (über ihre Botschaften, Lehren und Normen) äußern sich Christen und Muslime schon lange in ihren Bemühungen, einen offenen, von kritischer Sympathie getragenen Dialog zu ermöglichen und zu führen. Über Muhammad selbst, den Verkünder des Korans und den Propheten des Islams, fing das Gespräch gerade in letzter Zeit an: nicht das polemische Gespräch, sondern das gemeinsame Suchen nach einer treffenden Einschätzung seiner Person und seines Wirkens, nach einer gerechten Würdigung seines Beitrags in der Geschichte der Menschheit und nach einer theologisch verantwortbaren Stellungnahme zu seiner Rolle im Heilsplan Gottes.[8]

Der erste Schritt ist getan, die erste Etappe eröffnet. Der lange Weg vor uns muss gemeinsam zurückgelegt werden. Im Laufe ihrer bisherigen Geschichte waren Christen und Muslime Weggefährten und Gegner. Weggefährten und Partner sollen sie nun werden und gemeinsam die Etappen des Weges in die Zukunft beschreiten.

Teil II
Wer ist der Gott des Islams?

KAPITEL IV

Gottesvorstellung im Islam

Der Glaube an Gott ist die Mitte des Islams. Die gesamte Gestaltung der islamischen Religion ist ein Ausdruck des starken Theozentrismus, der uneingeschränkten Hingabe an Gott und der bedingungslosen Unterwerfung unter seinen Willen. „Es gibt keinen Gott außer Gott", lautet die Formel des islamischen Glaubensbekenntnisses. Der Prophet Muhammad wiederholt dieses Bekenntnis in unzähligen Versen des Korans.

Allah, der Gott der Araber

Dieser Gott, dessen Einzigkeit und unbedingte Herrschaft im Koran unablässig verkündet wird, war in der Umgebung Muhammads kein Unbekannter. Juden und Christen bekannten sich zum einen Gott der heiligen Offenbarung. Auch die Polytheisten kannten einen höchsten Gott, den Herrn der Ka'ba: Allah ist der Schöpfer, aber er wirkt nur noch selten in der Welt der Menschen. So pflegten auch die Menschen ihn nur noch in äußerster Not anzurufen; im Alltag kümmerten sie sich nicht mehr um ihn und seinen Dienst, nicht mehr um seinen Zorn und sein unentrinnbares Gericht. Gerade diese Sorglosigkeit und gefährliche Blindheit der Menschen war ein ernster Anlass für die Verkündigung Muhammads. Er warf seinen Landsleuten Torheit und religiöse Unempfindlichkeit, Verstandeslosigkeit und letzten Endes Unglauben vor:

Sprich: Wem gehört die Erde, und wer auf ihr ist, so ihr es wisst? Sie werden sagen: „Gott." Sprich: Wollt ihr es nicht bedenken? Sprich: Wer ist der Herr der sieben Himmel und der Herr des majestätischen Thrones? Sie werden sagen: „(Alles) gehört Gott." Sprich: Wollt ihr nicht gottesfürchtig sein? Sprich: In wessen Hand ist die Herrschaft über alle Dinge, der Schutz gewährt und gegen den kein Schutz gewährt werden kann, so ihr es wisst? Sie werden sagen: „(Alles) gehört Gott." Sprich: Wieso seid ihr einem Zauber verfallen? (Koran 23,84–89; vgl. 29,61–63; 10,31).

Da der Koran davon ausgehen konnte, dass die Menschen schon eine bestimmte Kenntnis von Gott besaßen, versuchte er weniger seine Existenz zu bestätigen, als die Art seiner Wirkung in der Schöpfung und im Leben der Menschen herauszustellen und entsprechende Eigenschaften seines erhabenen Wesens auszuweisen.

Der Gott des Islams

Gott ist der Schöpfer

Erschaffung der Welt
Unzählige Verse des Korans unterstreichen immer wieder, dass Gott der Schöpfer der ganzen Welt, von „Himmel und Erde", ist (46,3; 29,44). Er hat die Erde in zwei Tagen erschaffen (41,9), die gesamte Welt aber in sechs Tagen, dann hat er sich auf seinem Thron zurechtgesetzt (11,7; 57,4; 7,54; vgl. 50,38), um die Welt zu regieren.

Der Schöpfungsvorgang wird im Koran als ein Akt der Trennung einer festen, „einzigen Masse" (21,30) geschildert. Deswegen wird auch der Schöpfer als derjenige bezeichnet, der den Himmel und die Erde getrennt (21,30) und somit erschaffen hat (21,56; 14,10; 12,101; 39,46; 42,11; 35,1; 6,14.79). Der Himmel bestand damals aus Rauch (41,11). Gott hat den Himmel zu einer festen Decke (79,28; 21,32) ohne sichtbare Stützen emporgehoben (31,10; 13,2) und als sieben Gewölbe aufgeschichtet (78,12; 71,15; 67,3; 23,17.86; 41,12; 65,12; 2,29). Was die Erde betrifft, so hat Gott sie zu einem festen Boden mit feststehenden Bergen und verschiedenen Wegen gemacht (21,31; 41,10).

Dann hat Gott den Himmel und die Erde zum Dienst des Menschen ausgestattet und ihnen eine feste Ordnung vorgeschrieben: „Er lässt die Nacht den Tag überdecken, wobei sie ihn eilig einzuholen sucht. (Er erschuf auch) die Sonne, den Mond und die Sterne, welche durch seinen Befehl dienstbar gemacht wurden. Siehe, Ihm allein steht das Erschaffen und der Befehl zu. Gesegnet sei Gott, der Herr der Welten!" (7,54; vgl. 55,5; 23,80; 21,33; 17,12; 16,12; 39,5; 35,13; 6,96; 13,2).

Erschaffung des Menschen
Gott ist auch der Schöpfer des Menschen. Er hat ihn aus Erde (18,37; 35,11; 22,5), aus Lehm (23,12), aus einer Tonmasse (32,7) geformt. Der ganze Vorgang, der biblische Vorstellungen aufnimmt,

sieht folgendermaßen aus: „Und als dein Herr zu den Engeln sprach: Ich werde einen Menschen aus einer Trockenmasse, aus einem gestaltbaren schwarzen Schlamm erschaffen. Wenn Ich ihn geformt und ihm von meinem Geist eingeblasen habe, dann fallt und werft euch vor ihm nieder" (15,28–29).

Aus dieser Bildnerarbeit des Schöpfers entstanden Menschen „in schönster ebenmäßiger Gestalt" (95,4; 40,64).

Die Art und Weise, wie Gott die Welt und den Menschen erschaffen hat, wird im Koran nicht immer als die des Gestalters und Bildners geschildert, der aus einer gegebenen gestaltlosen Masse Himmel und Erde trennt oder aus einer gegebenen Tonmasse den Menschen formt. Gott schafft Welt und Mensch vor allem, und das ist seine charakteristische Art, durch sein *schöpferisches Wort*. So ruft er den Urstoff und die verschiedenen Gestalten ins Dasein: „Er ist der Schöpfer der Himmel und der Erde. Wenn Er eine Sache beschlossen hat, sagt Er zu ihr nur: Sei!, und sie ist" (2,117; vgl. 3,47; 36,82; 6,73). – Und von Jesus Christus heißt es: „Mit Jesus ist es vor Gott wie Adam. Er erschuf ihn aus Erde, dann sagte Er zu ihm: Sei!, und er war" (3,59; vgl. 19,35; 40,68).

Grundsätzlich stellt der Koran fest, dass die ureigene Art Gottes, alle Dinge zu erschaffen, die er will, die Schöpfung durch sein Wort ist: „Unsere Rede zu einer Sache, wenn Wir sie wollen, ist, zu ihr zu sprechen: Sei!, und sie ist" (16,48).

Gott ist die Vorsehung

Die Wirkung der Vorsehung Gottes besteht nach der Auffassung des Korans hauptsächlich in der Erfüllung folgender Aufgaben: die Weiterschöpfung der Welt und des Menschen sichern, das Geschick des Menschen bestimmen, dem Menschen den Lebensunterhalt schenken und endlich ihn im Leben auf die Probe stellen.

Weiterschöpfung
Das Werk der Schöpfung ist nicht ein für alle Mal in der Urzeit beendet worden. Gott erschafft die Welt und den Menschen immer wieder in jedem Augenblick neu.

Die Lehre von der ständigen Weiterschöpfung wird in Bezug auf den Menschen mit besonderer Deutlichkeit im Koran festgestellt. Der Vorgang der Zeugung wird mit denselben Worten geschildert wie die ursprüngliche Erschaffung des Menschen: „(Er) der alles, was Er erschaffen hat, gut gemacht hat. Zuerst erschuf Er den Menschen aus Ton, dann machte Er seine Nachkommenschaft aus dem Erguss eines verächtlichen Wassers. Dann formte Er ihn und blies ihm von seinem Geist ein. Und Er machte euch Gehör, Augenlicht und Herz. Ihr seid aber wenig dankbar" (32,7–9).

So wiederholt Gott die Gestaltung des Menschen und seine Ausstattung mit Sinnesorganen und Verstand bei jeder Zeugung, wie er es am Anfang der Schöpfung getan hat. Dass dies als eine neue, ständige Erschaffung verstanden wird, wird durch den wiederholten Gebrauch des Wortes „schaffen" z.B. im folgenden Text deutlich: „Und wahrlich, Wir schufen den Menschen aus einem entnommenen Ton. Dann machten Wir ihn zu einem Tropfen in einem festen Aufenthaltsort. Dann schufen Wir den Tropfen zu einem Embryo, und Wir schufen den Embryo zu einem Fötus, und Wir schufen den Fötus zu Knochen. Und Wir bekleideten die Knochen mit Fleisch. Dann ließen Wir ihn als eine weitere Schöpfung entstehen. Gott sei gesegnet, der beste Schöpfer!" (23,12–14; vgl. 86,5–7; 75,36–39; 35,11; 22,5 usw.).

So entstand die ganze Menschheit durch ständige Weiterschöpfung aus dem ersten Menschen (6,98), aus dem im Übrigen auch seine erste Partnerin entstand (39,6; 4,1).

Wenn alles immer wieder neu dem Schöpfungsakt Gottes entspringt, so bedeutet das, dass alles in jedem Augenblick durch den schöpferischen, unbedingten und uneingeschränkten Willen Gottes bestimmt und bedingt wird (Atomismus).

Es folgt aus dieser Sicht der Dinge, dass die Welt keine innere Kontinuität aufweist. Ihre äußerliche Kontinuität ist lediglich die Zusammensetzung unendlich vieler Augenblicke, in denen Gott immer wieder die Welt neu erschafft. Was wir Menschen als eine Kontinuität der Existenz der Welt und eine Bestätigung ihrer Naturgesetze betrachten, ist in Wirklichkeit nur die Reihe der punktuellen und wiederholten Wirkungserscheinungen des freien Schöpferwillens Gottes. So besteht in der Natur keine innere Wahrheit der Dinge. Das Wesen jeder Erscheinung wird von Gott direkt in jedem Augenblick in Zusammenhang mit ihrer Erschaffung neu festgesetzt. Die Merkmale und auch die Ausdrucksformen der Dinge entspringen nicht ihrem Wesen und ihrer eigenen Kausalität, sie sind nur Zusammenhänge, die Gott in voller Verfügungsfreiheit setzt. Was die Dinge sind, wie sie wahrgenommen werden und wie sie aufeinander wirken, auch die so genannten Naturgesetze, dies alles sind letztlich nur Gewohnheiten des göttlichen Wirkens selbst, das in seinen Bestimmungen absolut frei bleibt. Somit verlieren eigentlich die metaphysischen und die logischen Grundsätze der menschlichen Vernunft ihre universale, innere Gültigkeit. Sie gelten nur, insofern feststellbar ist, dass Gott wieder einmal in diesem Augenblick in seinem freien Wirken so wirkt, wie er es vorher getan hat. Dieser Atomismus erstreckt sich auf alle Bereiche des Seins und des Daseins, er umfasst alle Ebenen der Welt und des menschlichen Lebens. Er ist die Konsequenz der Bejahung der alleinigen Wirksamkeit Gottes und der Verneinung jeder Kausalität außerhalb seines schöpferischen Tuns (vgl. 8,17; 56,71–72).

Was also den Menschen als Gesetzmäßigkeit der Welt erscheint, ist in Wirklichkeit nichts anderes als die Gewohnheiten Gottes, die nach dem freien Entschluss seines schöpferischen Willens eine gewisse Regelmäßigkeit aufweisen. Der gleiche Okkasionalismus beherrscht auch das Leben der Menschen. Was diese für eine Kontinuität in der Zeit, für Geschichte halten, ist in Wirklichkeit die Reihe der einzelnen Entscheidungen des freien Vorsehungswillens des Schöpfers in Bezug auf das Leben und das Geschick eines jeden Menschen.

Allmacht Gottes und Vorherbestimmung
Wie Gott alles in der Welt und im Menschen immer wieder neu erschafft, so bestimmt er in seiner unbegrenzten Allmacht und in seiner absolut freien Verfügung das Schicksal des Menschen. Die uneingeschränkte Allmacht Gottes und sein unbedingter Wille, der als Ursache und Norm jedes Geschehens in der Welt und im Leben ist, kommt in vielen Koranversen zum Ausdruck.

Gott kann tun, was er will (11,107; 22,6). Seine Wirkung umfasst alles, ihr sind keine Grenzen gesetzt: „Gott, es gibt keinen Gott außer Ihm, dem Lebendigen, dem Beständigen. Nicht überkommt Ihn Schlummer und nicht Schlaf. Ihm gehört, was in den Himmeln und was auf der Erde ist. Wer ist es, der bei Ihm Fürsprache einlegen kann, es sei denn mit seiner Erlaubnis? Er weiß, was vor ihnen und was hinter ihnen liegt, während sie nichts von seinem Wissen erfassen, außer was Er will. Sein Thron umfasst die Himmel und die Erde, und es fällt Ihm nicht schwer, sie zu bewahren. Er ist der Erhabne, der Majestätische" (2,255).

In solchen Versen kommt die schaudervolle Ehrfurcht vor dem heiligen, allmächtigen Schöpfer, der den Propheten Muhammad im ergreifenden Berufungserlebnis überwältigt hatte und der ihn mit seinen Offenbarungen immer wieder heimsuchte.

Lehre des Korans von der Vorherbestimmung: Es erhebt sich die Frage: Wird alles, auch im Leben des Menschen, vorherbestimmt, oder handelt der Mensch frei? Der Koran gibt auf diese Frage keine eindeutige Antwort.
- Für die Vorherbestimmung (Prädestination) sprechen viele Verse des Korans.
Der Wille Gottes ist unbedingt und uneingeschränkt. Gott ist die absolute und alleinige Ursache jedes Geschehens. Unglück, Katastrophen, Schicksalsschläge, alles im Leben ist dem Menschen von Gott bestimmt: „Kein Unglück trifft ein ..., ohne dass es in einem Buch stünde, bevor Wir es erschaffen. Dies ist Gott ein Leichtes" (57,22); „Sprich: Uns wird nur das treffen, was Gott uns bestimmt hat" (9,51; vgl. 15,60; 25,2; 27,57).
Noch mehr: Gott bestimmt die einen zum Unglauben und damit zur Verdammnis, und er bestimmt die anderen zum Glauben und zum Paradies: „Denen, die ungläubig sind, ist es gleich, ob du sie warnst oder ob du sie nicht warnst; sie glauben nicht. Versiegelt hat Gott ihre Herzen und ihr Gehör, und über ihrem Augenlicht liegt eine Hülle. Und bestimmt ist für sie eine gewaltige Pein" (2,6–7; vgl. 18,57; 32,13–14; 45,23; 6,25).
Zahlreiche Stellen des Korans sprechen von der Rechtleitung durch Gott, aber auch von der Irreführung durch ihn: „Gott führt irre, wen Er will, und wen Er will, den bringt Er auf einen geraden Weg" (6,39; vgl. 16,93; 14,4; 35,8; 7,178; 6,125; 2,26.142); „Wen Gott irreführt, der hat niemanden, der ihn rechtleiten könnte ..." (7,186; vgl. 18,17; 17,97; 39,23.37; 13,33).
Als Grundsatz für diesen Aspekt der koranischen Lehre kann folgender Vers gelten: „... wo doch Gott euch und das, was ihr tut, erschaffen hat" (37,96).
- Die Willensfreiheit des Menschen bejaht der Koran, indem er in vielen Versen den Ungläubigen androht, sie würden am Tage des Gerichts sich vor dem gerechten Richter für ihre Werke verantworten müssen: „Heute wird jeder Seele vergolten für das, was sie erworben hat. Heute geschieht kein Unrecht. Gott ist schnell im Abrechnen" (40,17; vgl. 99,7–8; 18,49; 41,46).
Der Mensch darf das Böse, das ihm widerfährt, nicht auf Gott zurückführen. Die Verantwortung dafür liegt bei ihm selbst, entweder weil er dieses Böse tut oder weil er es als Strafe verdient hat: „Was dich an Gutem trifft, ist von Gott. Und was dich an Schlechtem trifft, ist von dir selbst" (4,79).

Auch für seinen Unglauben ist der Mensch selbst verantwortlich: „Und sprich: Es ist die Wahrheit von eurem Herrn. Wer nun will, möge glauben, und wer will, möge ungläubig sein. Wir haben denen, die Unrecht tun, ein Feuer bereitet, dessen Zeltdecke sie umschließt" (18,29).

Zu diesen Stellen kommen noch alle Verse hinzu, die das Gute gebieten und das Böse verbieten. Denn Gebot und Verbot haben keinen Sinn, wenn nicht vorausgesetzt wird, dass der Mensch sich für das Gute oder das Böse entscheiden kann.

Man kann die zwiespältige Lehre des Korans aus den Umständen seiner Verkündigung erklären. Angesichts der Verstockung der Menschen und ihrer Unfähigkeit, die Zeichen Gottes zu begreifen und zum Glauben zu finden, schien Muhammad nur noch eine Erklärung plausibel zu sein: Es ist Gottes Einwirkung, die den einen den Weg zum Glauben ebnet und den anderen diesen Weg versperrt. Man kann auch darauf hinweisen, dass es eine arabische, vielleicht eine allgemein semitische Art ist, zunächst einmal alles pauschal auf Gottes Wirkung zurückzuführen, obwohl doch die Menschen ihre eigene Verantwortung für ihre Werke tragen müssen. Es hat nämlich den Anschein, als ob der Koran in Bezug auf die menschliche Handlung zwei Ebenen unterscheiden würde. Auf der menschlichen Ebene bringt der Mensch seine Taten frei zustande und ist folglich für sie verantwortlich. Auf der Ebene der göttlichen Wirkung ist alles von Gott vorherbestimmt und wird auch von ihm unbeachtet der Mitwirkung des Menschen herbeigeführt.

Es muss jedoch festgestellt werden, dass die Lehre des Korans zur Vorherbestimmung, wie sie in vielen verschiedenen Versen zum Ausdruck kommt und wie sie von den islamischen Theologen und vom Volk verstanden wurde, doch zweideutig bleibt. Sie kann in folgenden zwei gegensätzlichen Versen zusammengefasst werden:

18,29: Wer nun will, möge glauben, und wer will, möge ungläubig sein.

14,4: Gott führt dann irre, wen Er will, und Er leitet recht, wen Er will.

Die Lehre der islamischen Theologie
– Unter dem Einfluss der massiven Erklärungen des Korans in Bezug auf die absolute Allmacht Gottes hat die frühislamische Schule der Djabriten (von *djabr*, Zwang) die Meinung vertreten, der Mensch habe keine Freiheit, er habe keinen noch so geringen Anteil an seinen eigenen Handlungen. Gott sei es, der in ihm alle

Werke, ob gute oder böse, vollbringe, und zwar von der ersten Entscheidung zum Handeln bis zur Ausführung der Tat. Der unversöhnliche Determinismus vermochte nicht lange Zeit die Theologen zu überzeugen. Diese konnten nicht umhin, dem Menschen wenigstens das Bewusstsein der Freiheit anzuerkennen. Sie fragten nur, ob dieses Bewusstsein auch der Wirklichkeit entspricht, und wie man die menschliche Freiheit bejahen kann, ohne die Allmacht Gottes zu beeinträchtigen.

– Die rationalisierende Schule der Mu'taziliten (seit dem Anfang des 9. Jahrhunderts) schrieb dem Menschen Entscheidungs- und Handlungsfreiheit zu. Die Allmacht Gottes ist es eben, die dem Menschen diese seine Freiheit schenkt. So sind die Handlungen des Menschen in Gottes Vorsehungsplan einbezogen. Wenn dem nicht so wäre, dann würden Gebote und Verbote als der sinnlose Ausdruck einer unverständlichen Willkür erscheinen, und der Koran könnte bei der Vergeltung der menschlichen Werke nicht von der Gerechtigkeit Gottes sprechen.

– Die orthodoxe Lehre des Islams ist darauf bedacht, die Allmacht Gottes ungeschmälert und uneingeschränkt zu bewahren. Aus der unerträglichen Formulierung der Djabriten hat die Schule der Ash'ariten (seit dem 10. Jahrhundert) eine mildere Fassung der Lehre erarbeitet: Alles auf der Welt geschieht durch den allmächtigen Willen Gottes. Alle Werke des Menschen sind also Gottes Werke. Der Mensch hat sich trotzdem für diese Werke zu verantworten.

Man muss, so argumentieren die Ash'ariten, bei jedem Werk zwei Momente unterscheiden: Das Werk wird von Gott im Menschen erschaffen, weil es Gott von Ewigkeit her gewollt und eingeplant hat; auf der anderen Seite stimmt der Mensch dem in ihm von Gott vollbrachten Werk zu: Diese Zustimmung seines Willens vollzieht die so genannte „Aneignung" (*kasb* oder *iktisab*, siehe 2,281; 52,21), durch die der Mensch das jeweilige Werk zu seinem eigenen macht und so die Verantwortung dafür übernimmt.

Die Zustimmung des menschlichen Willens kann aber erst zustande kommen, wenn Gott die entsprechende Kraft im Menschen erschafft. Das Vorhandensein dieser Kraft lässt im Menschen das Bewusstsein aufkommen, dass er frei handelt, obwohl in Wirklichkeit Gott allein das ganze Werk vollbringt. Es ist ein Gesetz der Schöpfungsarbeit Gottes, diese Kraft jedes Mal im Menschen zu erschaffen, wenn das Werk getan wird. Das erinnert an die in der Geschichte der Philosophie wohl bekannte Theorie des Okkasionalismus.

In ihrer weiteren Entwicklung hatte die ashʻaritische Lehre auf verschiedene Einwände zu antworten. Was bedeutet diese Kraft, die eigentlich ohne Wirkung und folglich keine eigentliche Kraft ist? Außerdem, wenn die Aneignung selber auch Werk Gottes ist, so ist die menschliche Zustimmung bloß ein trügerischer Schein; wenn sie aber wirklich der Willensfreiheit des Menschen entspringt, so sind wir einer befriedigenden Lösung des Problems keinen Schritt näher gekommen.

Es würde uns zu weit führen, wollten wir den Entwicklungsprozess der islamischen Theologie in Bezug auf diesen Fragenkomplex weiter verfolgen und die verschiedenen Auffassungen anderer Schulen, wie z. B. der Maturiditen und der Zahiriten, gebührend berücksichtigen. Die neuere islamische Theologie neigt dazu, dem Menschen ein größeres Maß an Freiheit bei der Entstehung und der Ausführung seiner Werke einzugestehen. Sie gibt aber gerne zu, dass dieses Problem sich dem menschlichen Verstand entzieht. Der Kairoer Autor al-Didjwi bekennt: „Wir wissen, dass wir einen Gott haben, der keinen Gefährten hat, und in Anbetracht seines göttlichen Wesens ist es ausgeschlossen, dass irgendetwas außerhalb seines Machtbereiches ist. Und wir wissen, dass wir freiwillige Werke haben, und zweifeln nicht, dass sie mit unserem freien Willen geschehen. So glauben wir demnach an das erste Glied dieser Kette (an die uneingeschränkte Macht Gottes) und an das letzte (die Tätigkeit des Menschen), wir lassen aber außer Betracht das, was zwischen beiden ist".[9]

Gott sorgt für das Leben des Menschen
Die Vorsehung Gottes besteht auch darin, für das Leben des Menschen zu sorgen. Gott hat die Welt so ausgestattet, dass sie für den Menschen bewohnbar wird und sein Leben ermöglicht und fördert (17,70).

Wie Gott den Menschen umsorgt, zeigt sich deutlich in der Lebensweise z. B. der Araber im Allgemeinen, denn Gott stimmt auf deren Bedürfnisse die Gegebenheiten ihrer Umwelt ab: „Und Gott hat euch aus euren Häusern eine Ruhestätte gemacht, und Er hat euch aus den Häuten des Viehs Behausungen gemacht, die ihr am Tag eures Aufbrechens und am Tag eures Aufenthaltes leicht benutzen könnt, und aus ihrer Wolle, ihren Fellhärchen und ihrem Haar Ausstattung und Nutznießung für eine Weile. Und Gott hat euch aus dem, was Er erschaffen hat, Schatten spendende Dinge gemacht. Und Er hat euch aus den Bergen Verstecke gemacht. Und Er hat euch Gewänder gemacht, die euch vor der Hitze schützen, und Gewänder, die euch vor eurer Schlagkraft (gegeneinander) schützen. So vollendet Er seine Gnade an euch, auf dass ihr gottergeben seid" (16,80–81).

Solcher Stellen sind viele im Koran. Jede Einzelheit im Leben des Menschen wird auf Gott und seine Vorsehung zurückgeführt und als Zeichen seiner Güte und Barmherzigkeit verstanden und gedeutet.

Aber auch in den Zeiten der Not bleibt die Vorsehung treu und wacht über die Gläubigen, um sie zu schützen und ihnen den nötigen Beistand zu gewähren, wie es der Fall der bedrängten kleinen Gemeinde der ersten Muslime zeigt: "Und gedenket, als ihr auf der Erde waret und als Schwache behandelt wurdet und fürchtetet, dass euch die Menschen hinwegraffen würden. Da hat Er euch untergebracht und euch mit seiner Unterstützung gestärkt und euch (einiges) von den köstlichen Dingen beschert, auf dass ihr dankbar seid" (8,26).

Gott und das Leiden
Es gibt verschiedenen Arten von Leiden, die jeweils verschiedene Ursachen haben und durch entsprechende Mittel überwunden werden können.

Ursprung und Ursachen des Leidens: Der Teufel: Es gibt Leiden, die als Folge des Bösen in der Welt gelten. Das Böse rührt unter anderem von der Wirkung des Teufels und seinen hartnäckigen Nachstellungen her. Der Koran bezeichnet deswegen den Teufel als Feind der Menschen und der Gläubigen (35,6; 20,117; 2,168). Satan habe sich zuerst gegen die von Gott verkündete Erschaffung des Menschen ausgesprochen (vgl. 2,30) und danach sich auch geweigert, dem göttlichen Befehl zu entsprechen und vor Adam niederzufallen (20,116; 15,31–32; 38,74–75). Daraufhin habe Gott die Dämonen aus dem Paradies vertrieben und verflucht (15,34–35). Da habe der Satan vor Gott beteuert, er werde die Menschen abirren lassen (15,39; 38,82).

Die Art und Weise, wie Satan die Menschen verführt, wird im Koran in plastischen Bildern beschrieben: "Ich werde, ich schwöre es, ihnen auf deinem geraden Weg auflauern. Dann werde ich zu ihnen treten von vorn und von hinten, von ihrer rechten und von ihrer linken Seite ..." (7,16–17). Er bietet gegen sie seine Truppen auf, prüft sie an ihren Vermögen und an ihren Kindern und macht ihnen sogar Versprechungen (vgl. 17,63–64).

Der Mensch als Ursache von Leid: Neben dem Teufel ist der

Mensch selbst Ursprung und Ursache vieler böser Taten und bringt über sich selbst und über seine Mitmenschen mannigfaltiges Unheil. Hier wirken sich seine schlechten Eigenschaften aus: seine Unbeständigkeit (vgl. 30,36; 41,49), seine Unzuverlässigkeit (vgl. 16,53–54; 29,65), seine Torheit und seine Neigung, Unrecht zu tun (33,72), seine Streitsucht (16,4; 36,77) und die Verstrickung seiner Seele im Bösen (12,53).

Die Zahl ihrer Sünden zeigt auch überdeutlich, wie die Menschen sich selbst ins Verderben stürzen. Der Koran stellt fest: „Wie so manche Stadt, die Unrecht tat, haben Wir verderben lassen, so dass die bis zu den Dächern verödet war ..." (22,45). Er mahnt die Menschen eindringlich und ruft sie zur Abkehr von ihrer Boshaftigkeit: „Unheil ist auf dem Festland und auf dem Meer erschienen aufgrund dessen, was die Hände der Menschen erworben haben. Er will sie damit einiges kosten lassen von dem, was sie getan haben, auf dass sie (dann) umkehren" (30,41).

Gott bestimmt das Leiden: Über dem Teufel, der nur mit der Erlaubnis Gottes den Menschen nachstellen darf (vgl. 34,21: „Und er hatte keine Macht über sie"), und über dem Menschen, der im Endeffekt nur die Schöpfung Gottes ist (vgl. 50,16: „Wir haben doch den Menschen erschaffen und wissen, was ihm seine Seele einflüstert"), steht Gott, der Schöpfer des Alls, dem allein jede Ursächlichkeit in der Welt zusteht. Gott bestimmt im Leben des Menschen nicht nur das Gute und das Glück, sondern auch das Leiden, das Unglück, die Katastrophen und all das, was man allgemein Schicksalsschläge nennt: „Sprich: Uns wird nur das treffen, was Gott uns bestimmt hat" (9,51; vgl. 57,22). Leiden und Krankheit werden von Gott den Menschen bestimmt. Auch der Tod, dieses unentrinnbare Los eines jeden Menschen, ist eine Bestimmung des souveränen Willens Gottes: „Und Wir haben keinen Menschen vor dir bestimmt, ewig zu leben... Jeder wird den Tod erleiden" (21,34–35; vgl. 3,185).

Überwindung des Leidens: Um das Leiden annehmen zu können, muss ihm der Mensch einen Sinn abgewinnen. Für den gläubigen Muslim hat das Leiden einen doppelten Sinn: Es ist eine verdiente Strafe für den menschlichen Frevel, und es ist eine Prüfung vonseiten Gottes.

Wenn das Leiden als eine Strafe der Sünde verstanden wird, dann muss sich der Mensch zu Gott bekehren und von seinen verkehrten Neigungen abwenden und ein tugendhaftes Leben führen.

Wo das Leiden aber als Prüfung angesehen wird, da hilft die Geduld, diese zentrale Tugend im Islam, die im Koran in vielen Versen empfohlen wird: „O ihr, die ihr glaubt, seid geduldig und miteinander standhaft und einsatzbereit. Und fürchtet Gott, auf dass es euch wohl ergehe" (3,200). – „O ihr, die ihr glaubt, sucht Hilfe in der Geduld und im Gebet. Gott ist mit den Geduldigen" (2,153; vgl. 2,45). Gott wird die Geduld der Gläubigen belohnen: „Und verkünde frohe Botschaft denen, ... die das, was sie trifft, geduldig ertragen" (22,34–35; vgl. 28,54.80; 29,58–59).

Prüfung und Belohnung Gottes werden oft im Koran angesprochen. Eine besonders eindrucksvolle Stelle ist folgende: „Und wir werden euch sicher Prüfungen aussetzen mit ein wenig Furcht und Hunger und mit Verlust an Vermögen, Seelen und Früchten. Und verkünde den Gläubigen frohe Botschaft, die, wenn ein Unglück sie trifft, sagen: 'Wir gehören Gott, und wir kehren zu ihm zurück'. Auf sie kommen Segnungen und Barmherzigkeit von ihrem Herrn herab. Das sind die, die der Rechtleitung folgen" (2,155–157).[10]

Gott stellt die Menschen auf die Probe
Gott hat den Menschen erschaffen und mit guten Eigenschaften ausgestattet. Er lenkt sein Geschick und begleitet sein Leben mit seiner Allmacht. Er hat ihn zum Nachfolger auf Erden eingesetzt (2,30), Generation nach Generation (27,62; 10,14.73; 35,39; 6,165). So hat der Mensch inmitten seiner eigenen Leidenschaften und Schwächen („Die Seele gebietet ja mit Nachdruck das Böse": 12,53) und der Anfeindungen vonseiten des Teufels das ihm anvertraute Gut (33,72) zu bewahren und sich in seinem Leben und in seinem Umgang mit der Schöpfung Gottes zu bewähren.

Der Koran betont, dass Gott die Menschen nicht „zum sinnlosen Spiel erschaffen hat" (23,115). Im Gegenteil, er handelt nach folgendem Grundsatz: „Meinen die Menschen, dass sie in Ruhe gelassen werden, nur weil sie sagen: 'Wir glauben', ohne dass sie der Versuchung ausgesetzt werden? Wir haben schon diejenigen, die vor ihnen lebten, der Versuchung ausgesetzt. Gott wird gewiss in Erfahrung bringen, wer die Wahrheit sagt, und Er wird in Erfahrung bringen, wer die Lügner sind" (29,2–3).

Beispiele der Prüfungen und der Bewährungsproben gibt der Koran selbst. Die Schöpfung ist eine erste Gelegenheit, die Menschen auf die Probe zu stellen (11,7; 18,7). Das Gute und das Schlechte, das ihnen widerfährt, dient als Prüfung (21,35; vgl. 7,169). Auch die vielen Situationen des Lebens machen es möglich, sich in Bedrängnis und Leid zu bewähren. So hatte Abraham dem Befehl Gottes zu folgen und seinen Sohn zu opfern (37,105–106); die Kinder Israels wurden mannigfaltigen Prüfungen ausgesetzt (44,33; 14,6; 2,49), desgleichen die Muslime (2,155; 3,186); Gott prüft die einen Menschen durch die anderen (47,4); der Schmuck und die Güter der Erde stellen eine Prüfung dar, die zeigen soll, wer von den Menschen am besten handelt (18,7; 6,165); eine Bewährungsprobe stellen die Erfüllung der moralischen Pflichten (16,92) und auch die Aufteilung der Menschen in verschiedene Gemeinschaften (5,48; vgl. 7,168) dar. In jeder Situation soll der Mensch dies bedenken und sagen: „Dies ist von der Huld meines Herrn, damit Er mich prüft, ob ich dankbar oder undankbar bin" (27,40).

Wer die Bewährungsproben nicht besteht, zum Glauben nicht findet und das Gute nicht tut, „verliert das Diesseits und das Jenseits" (22,11). „Denjenigen, die glauben und die guten Werke tun, wird der Erbarmer Liebe bereiten" (19,96). Ihnen wird die Belohnung im Jenseits und die Huld Gottes im Diesseits verheißen (vgl. 16,30). Der Koran bestätigt es: „Wer Gutes tut, ob Mann oder Weib, und dabei gläubig ist, den werden Wir bestimmt ein angenehmes Leben leben lassen. Und Wir werden ihnen mit ihrem Lohn vergelten für das Beste von dem, was sie taten" (16,97; vgl. 16,41; 30,44–45; 10,64; 8,2–4; 3,148).

Gott leitet die Menschen recht
Um die Probe zu bestehen und Gott zu gefallen, muss der Mensch die Wahrheit finden und den Glauben annehmen. Er muss auch den rechten Weg gehen und den göttlichen Willen befolgen, wie er ihm in der Offenbarung Gottes kundgetan und in seinem Gesetz festgelegt findet. Wer auf diese Weise von Gott rechtgeleitet wird, ist ein echter Muslim. Er darf auf die Belohnung im Paradies hoffen. Er wird am Jüngsten Tag in Gott einen milden Richter finden.

Gott ist der Richter

Gott ist der Schöpfer der Welt und des Menschen. Er ist infolgedessen „der Herr der Welten" (40,64), „der Herr des Ostens und des Westens" (73,9).

Gott ist der einzige Sachwalter, der dem Menschen überhaupt von Nutzen sein und „Freundschaft gewähren" (18,44) kann, denn er ist der einzige Richter, der jeden für seinen Glauben und sein Tun zur Verantwortung ziehen wird. Gerade die Leichtfertigkeit, mit der der Mensch den Gedanken an das Gericht Gottes abtut, zeugt von einer Torheit ohnegleichen (vgl. 95,7; 82,6–7.9). In der ersten Predigt Muhammads werden deshalb die Schrecken des kommenden Gerichts Gottes in leidenschaftlicher Weise heraufbeschworen. Dieses Gericht sei nahe, ruft der Prophet aus: „Die nahende Stunde (des Gerichtes) steht bevor. Niemand außer Gott kann sie beheben" (53,56–58; vgl. 54,1–2).

Die Naherwartung des Gerichts schwächte sich ab, als Muhammad zum politischen Führer seiner Gemeinde wurde und nun dafür zu sorgen hatte, die Gläubigen zu einer festen Gemeinschaft zusammenzufügen. So fing er an, in vorsichtigeren Formulierungen auf das Gericht hinzuweisen: „Vielleicht steht die Stunde nahe bevor. Diejenigen, die nicht an sie glauben, wünschen, sie zu beschleunigen. Die aber, die glauben, sind erschrocken vor ihr und wissen, dass sie Wirklichkeit ist" (42,17–18).

Aber das Gericht Gottes trifft die Menschen nicht nur am Ende der Zeit, es unterscheidet schon in diesem Leben die Ungläubigen, die Gott verflucht hat und zur ewigen Strafe verurteilt (33,64–65), von den Gläubigen, die seine Freundschaft erfahren dürfen, denn „Gott ist der Freund der Gläubigen" (3,68). Gott wacht über alle Menschen und weiß sie auseinander zu halten, er ist ihnen näher als die Halsschlagader (50,16; vgl. 56,85).

Das Wesen Gottes

Der Islam ist eine streng monotheistische Religion. Die zentralen Lehrsätze dieses Monotheismus sind die Einzigkeit Gottes und die innere Einheit seines Wesens.

Die Einzigkeit Gottes

„Ich bezeuge: Es gibt keinen Gott außer Gott", so lautet der erste Hauptteil des islamischen Glaubensbekenntnisses. Unzählige Verse des Korans wiederholen es unentwegt: Gott ist ein Einziger (37,4; vgl. 52,43; 73,9; 20,14; 23,91–92.116; 41,6; 2,163.255; 3,2 usw.). Eine prägnante Formel des islamischen Monotheismus findet sich in der kurzen Sure 112: „Sprich: Er ist Gott, ein Einziger, Gott, der Undurchdringliche. Er hat nicht gezeugt, und Er ist nicht gezeugt worden, und niemand ist Ihm ebenbürtig" (112,1–4).

In feierlicher Form wird dieses monotheistische Zeugnis auf Gott, die Engel und die Offenbarungsempfänger zurückgeführt: „Gott bezeugt, dass es keinen Gott gibt außer Ihm, ebenso die Engel und diejenigen, die das Wissen besitzen. Er steht für die Gerechtigkeit ein. Es gibt keinen Gott außer Ihm, dem Mächtigen, dem Weisen" (3,18).

Der Monotheismus ist somit die Mitte des Korans sowie die Mitte jeder prophetischen Verkündigung und jedes Glaubensinhaltes. Die schwerste Sünde besteht darin, Gott andere Nebengötter beizugesellen (shirk); sie macht die Werke der Menschen hinfällig und setzt sie der göttlichen Strafe aus (39,65). Diese Sünde wird von Gott nicht vergeben: „Gott vergibt nicht, dass Ihm beigesellt wird, und Er vergibt, was darunter liegt, wem Er will. Und wer Gott (andere) beigesellt, hat eine gewaltige Sünde erdichtet" (4,48; vgl. 4,116).

Mit der Betonung der Einzigkeit Gottes reagiert der Koran vor allem gegen den Polytheismus der Altaraber, aber auch gegen einige Aspekte des christlichen Glaubens.

Polytheistische Vorstellungen
Der arabische Polytheismus: Das erklärte Ziel der koranischen Botschaft war, die Araber vom Kult ihrer verschiedenen Götter abzubringen und sie zur Anbetung des einzigen Gottes zu bekehren. In seiner ständigen Auseinandersetzung mit den Polytheisten greift Muhammad immer wieder dieses Thema auf: „Und setzt nicht Gott einen anderen Gott zur Seite. Ich bin euch von Ihm ein deutlicher Warner" (51,51).

Nur Gott ist der Ewige, der Unvergängliche, bei dem jede Entscheidung über das Schicksal des Menschen liegt und zu dem alle unterwegs sind: „Und rufe neben Gott keinen anderen Gott an. Es gibt keinen Gott außer Ihm. Alle Dinge werden untergehen, nur sein Antlitz nicht. Ihm gehört das Urteil, und zu Ihm werdet ihr zurückgebracht" (28,88).

Der arabische Polytheismus begegnete Muhammad unter verschiedenen Formen. Die Beziehungen des Hauptgottes der Araber zu seinen Nebengöttern wurden verschieden beschrieben. Es gibt im Koran Stellen, in denen von Beigesellung ohne nähere Angaben die Rede ist: „Unter den Menschen sind welche, die sich neben Gott andere als Gegenpart nehmen, die sie lieben, wie man Gott liebt. Doch diejenigen, die glauben, lieben Gott noch mehr" (2,165, vgl. 41,9; 28,62–63.74; 10,28; 34,27; 46,5–6; 6,22)

Einige Koranverse präzisieren, dass Teile der Geschöpfe und der Diener Gottes ihm beigesellt werden (43,15). Diese können Gegenstände oder Personen aus dem Bereich der Erde sein (21,21), sie können Djinn sein, die mit Gott eine Verwandtschaft verbindet (37,158) oder die man zu Teilhabern Gottes gemacht hat (6,100). Sie können aber auch Engel sein (37,150; 17,40).

Eine Form des Polytheismus, die bei Muhammad nur Entrüstung hervorruft, ist die Behauptung, Gott habe sich ein Kind zugelegt: „Und sie sagen: 'Der Erbarmer hat sich ein Kind genommen.' Ihr habt da eine ungeheuerliche Sache begangen. Die Himmel brechen bald auseinander, und die Erde spaltet sich, und die Berge stürzen in Trümmern darüber, dass sie dem Erbarmer ein Kind zuschreiben" (19.88–91; vgl. 2,116–117).

Die Polytheisten behaupten, dass Gott Kinder, Söhne und Töchter hat (6,100), dass er gezeugt hat (37,152). Der Koran entrüstet sich darüber, dass die Polytheisten Gott Töchter zuschreiben, während sie sich selbst nur Söhne wünschen (37,149; 16,57.62), und weibliche Engel als die Töchter Gottes bezeichnen (37,150; 17,40; vgl. den Vers über die behauptete Verwandtschaft zwischen den Djinn und Gott: 37,158).

Argumente des Korans: Was die Polytheisten da behaupten, entbehrt jeder Grundlage. Es sind nur Lügen und falsche Aussagen (37,151). Ohne sicheres Wissen um die religiösen Dinge gehen sie falschen Vermutungen nach (10,36.66; vgl. 6,100; 22,71). Wenn sie die Wahrheit kennten und das religiöse Wissen besäßen, würden sie sich anders äußern und zum Monotheismus bekennen (vgl. 21,24).

– Die Götter der Polytheisten sind gar keine. Wo sind diese angeblichen Teilhaber Gottes (34,27)? Sie vermögen doch nichts von dem zu vollbringen, was in Gottes Zuständigkeit liegt. Sie können nicht erschaffen und die Schöpfung ständig wiederholen und erneuern (10,34; vgl. 39,38; 13,16). Sie können auch dem Menschen seinen Lebensunterhalt nicht bescheren (16,73). „Gott ist es, der euch erschafft und dann versorgt. Dann lässt Er euch sterben, dann macht Er euch wieder lebendig. Gibt es unter euren Teilhabern einen, der überhaupt etwas von alledem tun kann? Preis sei Ihm, und erhaben ist Er über das, was sie (Ihm) beigesellen" (30,40). Die Götter können keine Entscheidung über Nutzen oder Schaden treffen (10,18; 5,76): „Habt ihr denn das, was ihr anstelle Gottes anruft, betrachtet? Wenn Gott für mich Schaden will, können sie denn seinen Schaden beheben? Oder wenn Er für mich Barmherzigkeit will, könnten sie seine Barmherzigkeit zurückhalten? Sprich: Mir genügt Gott" (39,38).

– Die Götter der Polytheisten können keine Hilfe am Tage des Gerichts leisten (28,62–63.74; 10,28; 6,22; vgl. 46,5–6). Gott richtet nach der Wahrheit, die Götzen haben keine Entscheidungsbefugnis (40,20). Sie dürfen nicht einmal Fürsprache einlegen, denn sie können nichts ausrichten und haben keinen Verstand (39,43).
– Es steht also fest, dass die angeblichen Götter der Polytheisten niemand rechtleiten können (10,35) und keine Sorge für die Menschen tragen. In einem Text des Korans unter vielen werden alle diese Motive in eindringlicher und erhebender Weise angesprochen (27,59–64).
– Gott, der das alles vollbringt, ist auf keinen angewiesen, er braucht sich nicht ein Kind zuzulegen, er besitzt die gesamte Schöpfung (10,68), und „alle sind Ihm demütig ergeben" (2,116). Gott hat kein Kind gezeugt, er hat keine Gefährtin gehabt (72,3; 6,101). So besteht keine Verwandtschaft zwischen ihm und den Djinn oder den Engeln. Und die Polytheisten sollen damit aufhören, törichte Aussagen zu machen und entsetzliche Vorstellungen zu vertreten. Wenn Gott etwas erschafft, so tut er es nicht durch Zeugung, sondern durch die Allmacht seines schöpferischen Wortes; er braucht nur zu sagen: Sei!, so ist das, was er will (19,35; 2,117).
– Die Vorstellung, dass neben Gott andere Götter existieren, ist auch deswegen unhaltbar, weil sie zu verschiedenen Widersprüchen führt. Denn die Nebengötter würden nach der Macht und der Herrschaft Gottes trachten (17,42), oder das Kind Gottes müsste als Teilhaber an seiner Herrschaft auftreten (25,2; 17,111). Das aber würde zu einer Konkurrenz zwischen den verschiedenen Göttern führen (23,91).
– Aus der Konkurrenz der Götter entspringt für die Schöpfung nur Unheil (21,22). Es gibt keine Götter neben Gott, die seine Konkurrenten sein können. Die Engel sind nur Diener Gottes, „Sie kommen Ihm im Sprechen nicht zuvor, und nach seinem Befehl handeln sie" (21,26–27).

Ganz allgemein und in Bezug auf alle Wesen in ihrem Verhältnis zu Gott gilt folgender Grundsatz: „Und sprich: Lob sei Gott, der sich kein Kind genommen hat, und der keinen Teilhaber an der Königsherrschaft hat und keinen Freund als Helfer aus der Erniedrigung! Und preise mit Nachdruck seine Größe" (17,111).

Die Einheit des Wesens Gottes

Gott ist nicht nur der Einzige, er ist auch der eine. Die Frage, wie man die innere Wesenseinheit Gottes auffassen soll, bereitete den Theologen des Islams lange Zeit ernste Schwierigkeiten.

Der Attributenstreit
Unter den Aussagen über Gott kann man zwischen solchen unterscheiden, die von Gott verneinen, was mit seinem Wesen unvereinbar ist (das sind die so genannten negativen Prädikate), und solchen, die Gott bestimmte Eigenschaften zuschreiben (das sind die positiven Prädikate). Die muslimischen Theologen hatten keine besonderen Bedenken, die negativen Prädikate anzumelden. So durfte man z. B. erklären, dass Gott ewig, d. h. zeitlos, anfangslos und endlos ist, dass er anders ist als alles Erschaffene, dass er nicht aus Teilen zusammengesetzt ist. Alle diese Prädikate widersprechen ja dem Glauben an die innere Wesenseinheit Gottes nicht.

Anders scheint es bei den positiven Prädikaten zu sein. Der Koran sagt, dass Gott alles weiß, sieht und hört, dass er alles macht, was er will, dass er zu den Propheten redet. Der Koran sagt allgemein: „Gott gehören die schönsten Namen" (7,180; vgl. 59,24).

Über das richtige Verständnis der koranischen Aussagen und das richtige Verhältnis der positiven Prädikate zum Wesen Gottes gab es unter den islamischen theologischen Schulen Meinungsverschiedenheiten.

Die *Muʿtaziliten* waren argwöhnisch bemüht, alles von Gott zu verneinen, was seiner inneren Einheit abträglich erscheinen und in sein Wesen eine Aufspaltung irgendwelcher Art einführen könnte. Die positiven Prädikate, so meinten sie, würden in dieser Hinsicht eine ernst zu nehmende Gefahr in sich bergen. Man solle sie zunächst nie ohne unmittelbare Beziehung zu Gott aussprechen, und man dürfe dabei nie den Eindruck erwecken, als ob man neben Gott eine seiner Eigenschaften bestehen ließe. Eigentlich sollte der fromme Gläubige von Gott nur mit folgender Aussage sprechen: „Er ist." Das ist die Methode der konsequent bis zum Äußersten geführten Negation (*taʿtil*).

Die *Ashʿariten* waren nicht weniger als die Muʿtaziliten darauf bedacht, die Einheit Gottes zu bewahren. Sie meinten aber dem Wortlaut der koranischen Offenbarung treu bleiben zu müssen, welche ja von einem Wissen Gottes, von einer Macht Gottes usw. spricht. Darum meinen sie, dass Gott zum Beispiel ein Wissen, eine Macht usw. hat, durch die er wissend, mächtig usw. ist. Diese Eigenschaften sind also nicht, wie die Muʻtaziliten meinten, das Wesen Gottes selber, sondern kommen zu seinem Wesen hinzu.

Die Anthropomorphismen
Noch mehr als die Prädikate, die Gott eine positive Eigenschaft zuschreiben, haben die anthropomorphen Aussagen des Korans der islamischen Theologie schwere Sorgen bereitet: Der Koran spricht nämlich von der Hand (48,10; 51,47), dem Gesicht (55,27), den Augen Gottes (11,37; 52,48; 54,14); er erklärt, dass Gott kommt (89,22), dass er sich auf den Thron gesetzt hat (20,5; 57,4).

Eine frühislamische Schule glaubte, diese Stellen wörtlich nehmen zu müssen, und meinte, der Gläubige müsse daran festhalten, dass Gott wirklich Hände und Augen hat, dass er sich bewegt und den Thron besteigt. Diesem groben Anthropomorphismus wurde kein langer Erfolg beschert. Die Muʻtaziliten deuten die erwähnten Koranstellen allegorisch: Der Thron Gottes sei als Zeichen seiner Herrschaft, seine Hand als Symbol seiner Macht, sein Auge als Hinweis auf seine Allwissenheit zu verstehen.

Die Orthodoxen um Ahmad Ibn Hanbal und später um al-Ashʻari lehnen den Anthropomorphismus ab: Der Koran verbietet es ja, Gott mit irgendetwas anderem zu vergleichen (42,11). Sie lehnen ebenso sehr die allegorische Auslegung der Muʻtaziliten ab, um nicht Gefahr zu laufen, die offenbarten Verse anders zu verstehen, als es Gott bestimmt hat. Dabei berufen sie sich auf eine Koranstelle, in der von dunklen, mehrdeutigen Versen, deren Sinn nur Gott kennt, die Rede ist (3,7). Darum soll die Haltung des Gläubigen die Annahme der koranischen Aussagen ohne weiteres Fragen nach dem Wie sein. In der Geschichte der Theologie wurde diese orthodoxe Haltung in zwei Worte zusammengefasst: *la tashbih*: nicht vergleichen! *bila kayf*: kein Wie! Die moderne islamische Theologie ist in Bezug auf all diese Fragen eher zurückhaltend. Sie verzichtet lieber darauf, Geheimnisse zu erforschen, die den menschlichen Verstand übersteigen, und Überlegungen anzustellen, die zu keinem zufrieden stellenden Ergebnis führen.

Die Transzendenz Gottes

Schon die Koranstellen, die die absolute Souveränität Gottes und seinen absolut unbedingten Willen betonen, weisen auf seine Transzendenz hin. Der Koran unterstreicht aber auch ausdrücklich diese

Transzendenz. Gott ist erhaben, wiederholt der Koran (vgl. u. a. 20,114; 23,92.116). „Er ist der Erhabene, der Majestätische" (2,255). „Die Blicke (der Menschen) erreichen Ihn nicht" (6,103). Auch wenn er sich erkennen lässt, so bleibt er dennoch verborgen (57,3). „Nichts ist Ihm gleich" (42,11).

Die strenge Beachtung der Transzendenz Gottes, dem nichts in der Schöpfung gleicht oder ähnlich ist, hatte für die islamische Theologie einige weitreichende Konsequenzen.

Die theologische Sprache

Gott bleibt der Transzendente, auch wenn er den Menschen eine Offenbarung mitteilt oder zukommen lässt. Daher haben die Theologen und Exegeten im Umgang mit der Offenbarung Gottes im Koran den notwendigen Respekt zu zeigen und zu ihrer Auslegung eine Sprache zu entwickeln, die ihrem Gegenstand und dessen besonderem Charakter entspricht.

Die strenggläubigen, traditionsgebundenen Hanbaliten, die die Lehre vom unerschaffenen Koran vertreten, vertreten zugleich die These, dass dieser Koran, eben wegen seiner eigenen Transzendenz, dem Menschen in seinem eigentlichen Inhalt unzugänglich bleibt. Der Gläubige kann nur seinen Wortlaut wiederholen, ohne zu seinem eigentlichen Inhalt vordringen zu können. Den Schlüssel zur göttlichen Offenbarung liefert die für den Menschen verständliche Sprache des Propheten Muhammad und seiner ersten Gemeinde. Überlieferung und Lebensweise des Propheten sind der dem Menschen angepasste Zugang zum Willen Gottes, wie er sich im Koran ausdrückt.

Die Mu'taziliten gehen nicht so weit. Sie vertreten jedoch eine konsequente negative Theologie. Sie verlangen, dass sich jedes Reden von Gott der göttlichen Transzendenz würdig erweist und dass die theologische Sprache alles verbannt, was dieser Transzendenz in irgendeiner Weise Abbruch tun könnte. Wie wir schon bei der Erörterung des Attributenstreites festgestellt haben, hätten es die Mu'taziliten am liebsten, dass man sich damit begnügt, von Gott nur zu sagen: Er ist. Alles andere sei nur gefährliche, ketzereianfällige Sprache. Die Betonung der Andersartigkeit Gottes im Koran (42,11; 112,4) hat bei einigen Theologen sogar nominalistische Tendenzen begünstigt: Jedes Reden von Gott sei nur ein logischer Zusammenhang menschlicher Wörter und Sätze, die jedoch die Wirklichkeit Gottes und die Realität der Welt, wie sie in der Offenbarung ausgesagt wird, nicht adäquat ausdrücken.

Der große Theologe al-Ash'ari hat eine subtilere und auf Ausgleich bedachte Ansicht entwickelt, um die Transzendenz Gottes, aber zugleich auch die direkte Verständlichkeit sowie die Realitätsrelevanz der in menschlicher Sprache verfassten Offenbarung zu gewährleisten. Die Sprache der Offenbarung ist die Grundlage und die Norm des theologischen Redens von Gott, betont al-Ash'ari. Außerdem bezieht sich die menschliche Sprache der Offenbarung auf die Realität Gottes und bringt sie auch zum Ausdruck, und zwar in verständlichen Aussagen, da eine gewisse Analogie zwischen Gott und der Welt besteht. Diese Analogie besagt jedoch nicht, dass der Mensch Gott ähnlich ist, sie besagt nur, dass die Sprache der Offenbarung, die Gott eine bestimmte Eigenschaft zuschreibt, dem Menschen verständlich machen kann, worum es geht. In der Realität des göttlichen Seins besitzt Gott diese Eigenschaft in einer Weise, die aufgrund ihrer Ewigkeit und Unerschaffenheit ganz anders ist als die menschliche Seinsweise. Denn das Wichtigste ist hier nicht die menschliche Sprache, die die göttlichen Eigenschaften ausdrücken, sondern eben die göttliche Wirklichkeit, die andeutungsweise zum Ausdruck kommen soll. So ist das Reden von Gott eine Sprache, die wirklichkeitsbezogen ist und reelle Eigenschaften Gottes zum Ausdruck bringt, so schwer diese auch definierbar sind.

Wenn dem so ist, so bedeutet das, gegen die extremen Hanbaliten, dass die Sprache der koranischen Offenbarung in einem bestimmten Sinn für die Menschen direkt verständlich ist und einen Zugang zu der für die Menschen letzten Endes schwer definierbaren göttlichen Realität und Seinssphäre eröffnet. Denn wenn Gott zu den Menschen spricht, so spricht er so, dass sie es verstehen können und damit sie es verstehen. Verstehen kann man die koranische Offenbarungssprache durch die Anwendung der Regeln der arabischen Sprache im Allgemeinen, wie es die Exegeten und die Theologen immer getan haben. Denn durch die Tatsache, dass Gott eine menschliche Sprache zur Verkündigung der koranischen Botschaft gebraucht hat, wird unweigerlich eine gewisse Entsprechung zwischen der göttlichen und der menschlichen Sprache bestätigt.

Eine ziemlich bedeutende Abweichung von dieser Theorie befindet sich bei dem großen Theologen der „modernen ash'aritischen Schule", al-Ghazzali (1058–1111). Er schwächt die Entsprechung zwischen Sprache und Wirklichkeit im Reden von Gott derart ab, dass nur noch die interne Logik der Sprache als entscheidender Aspekt bleibt. Denn alles, was man über Gott aussagt, das sind im Endeffekt unpassende Begriffe, leere Worte, deren Zusammenhang nicht durch die Wirklichkeit, sondern durch die Logik der Sprache selbst bedingt ist. Diese Meinung steht im Zusammenhang mit der gesamten Auffassung al-Ghazzalis von der Funktion der Offenbarung.[11]

Die Funktion der Offenbarung
Für al-Ghazzali ist die Offenbarung erste und letzte autoritative Quelle der Gotteserkenntnis. Sie ist die Norm der Beurteilung, der Maßstab der Richtigkeit jedes anderen Inhaltes, die Grundlage der Rechtfertigung jeder Lehre. Sie ist es um so mehr, als sie eigentlich keine Inhalte bringt, die den Bereich der menschlichen Vernunft grundsätzlich übersteigt. Sie gibt vor allem unfehlbar die Verfügungen seines Willens kund. Und was sie über die Attribute Gottes aussagt, ist schon dadurch, dass es offenbart ist, in seiner Richtigkeit bestätigt.

Was aber diese Attribute besagen, betrifft nicht die Realität des Wesens Gottes und gibt keine wirkliche Auskunft über seine Natur. Diese Attribute sollen den Gläubigen nicht zur reellen Erkenntnis des transzendenten, in seinem erhabenen Geheimnis verborgenen Gottes führen, sie sollen ihm die Pflicht des Gotteslobes ermöglichen und erleichtern. Durch das Aufsagen seiner Eigenschaften wird Gott in doppelter Weise verherrlicht. Zum einen wird der Mensch gewahr, wie vollkommen Gott ist, und so prägt sich das in sein Bewusstsein ein. Zum zweiten stellt der Mensch fest, wie erhaben über alle diese Eigenschaften Gott in seiner absoluten Transzendenz und Andersartigkeit eigentlich bleibt.

Die Offenbarungssprache ist also nicht eine Art supra-empirische Beschreibung Gottes und ein Weg zur wahren Erkenntnis, sie ist vor allem die Grundlage der Frömmigkeit und der religiösen Praxis. Sie erfüllt eine doppelte Funktion: Sie ermöglicht das Lob Gottes um Gottes willen, und sie ermöglicht das Lob Gottes um des Menschen willen. Denn dieses um des Menschen willen offenbarte Bild Gottes ermöglicht das religiöse Leben, das den Menschen an Gott bindet.

Jedes Reden von Gott vermittelt aufgrund der Analogie der Sprache der Offenbarung mit der menschlichen Sprache eine Idee von Gott. Diese enthält jedoch nicht eine Teilerkenntnis Gottes, sondern ermöglicht nur den Glauben und begründet die Frömmigkeit. Der Islam und die koranische Offenbarung sind für al-Ghazzali zunächst einmal ein Weg, ein Gesetz. Im Koran wird Gott nicht erschlossen durch kategoriale Erkenntnis, adäquate deskriptive Aussagen, informative Erläuterungen, sondern nur durch den Erlass seiner Willensdekrete und Verordnungen. Da aber dieser göttliche Wille als unbedingt, absolut frei in der Festsetzung seiner Gebote und Verbote bleibt, ist keine Schlussfolgerung über seine Natur zuverlässig und zulässig.

So wird der Islam in seinem Wesen bestätigt. Er ist in erster Linie nicht ein Zugang zur Gotteserkenntnis, sondern ein Weg für den Menschen, ein Weg der rechten Praxis. In seiner Mitte ist der Islam die Religion der Unterwerfung des Menschen unter den unbedingten Willen Gottes.

KAPITEL V

Der Islam und der christliche Glaube an Jesus Christus

Der Islam verehrt Jesus Christus als einen der größten Propheten der Religionsgeschichte. Der Koran verleiht ihm Titel, die seine hohe Stellung bei Gott verdeutlichen, und erzählt von ihm – seiner Geburt, seiner Sendung und seinem Wirken – Dinge, die seine Bedeutung unterstreichen.

Das Leben Jesu

Verkündigung und Geburt Jesu

Der Koran erzählt (in der Sure 19), dass Gott seinen Geist, der mit dem Engel Gabriel identifiziert wird, zur Jungfrau Maria sandte. Maria erschrak vor der plötzlichen Erscheinung. Der Engel verkündete ihr, Gott wolle ihr „einen lauteren Knaben" schenken, den er zu einem Zeichen seiner Barmherzigkeit für die Menschen machen werde. Maria wandte ein, sie sei eine unverheiratete, reine Jungfrau. Der Engel berief sich auf die Allmacht Gottes; außerdem sei es „eine beschlossene Sache". Durch einen göttlichen Schöpfungsakt, oder, nach einigen Kommentatoren, durch das Einhauchen des Geistes, empfing Maria das Kind Jesus. Um sich dem verleumderischen Verdacht ihrer Verwandtschaft zu entziehen, beschloss Maria, sich zu einem fernen Ort zu begeben, wo sie mit ihren schweren Sorgen einsam weilte. Da überkamen sie die Wehen. Göttlicher Trost wurde ihr dann durch den Mund eines Engels oder ihres gerade geborenen Kindes gespendet. Sie wurde auf das Wasser aufmerksam gemacht, das für sie zu fließen begann, und auch auf die Datteln einer dürren Palme, an deren Stamm sie sich gelehnt hatte. Gott habe sich ihrer Sache angenommen, er werde dafür sorgen, dass die Geburt ihres Kindes ihr nicht zur Schande, sondern zur Ehre gereiche. Maria solle schweigen und warten, bis Gott ihr seine Hilfe zeige. So kehrte Maria zu ihrer Familie zurück. Als diese ihre Vorwürfe und Verwunderung ausdrückten, wies sie auf das Kind hin. Da sprach das Kind Jesus vor aller Augen und bestätigte seinen

Der Islam und der christliche Glaube an Jesus Christus   73

göttlichen Auftrag: „Ich bin der Diener Gottes. Er ließ mir das Buch zukommen und machte mich zu einem Propheten."

Der Koran hält mit aller Bestimmtheit an der jungfräulichen Geburt Christi fest: Dies bekräftigt er an mehreren Stellen (21,91; 66,12; – 4,156).

Jesus Christus, der Prophet

Gott hat Jesus Christus, den Sohn Marias, mit dem Geist der Heiligkeit gestärkt (2,87) und beauftragt, den Kindern Israels das Evangelium zu verkünden, das Rechtleitung und Licht sowie Erleichterung der Bestimmungen des Gesetzes der Tora enthält. Jesus bringt auch mehr Klarheit über manche Glaubensinhalte. Zur Beglaubigung seiner prophetischen Sendung wirkte Jesus verschiedene Zeichen, sagt der Koran: „Und als Gott sprach: O Jesus, Sohn Marias, gedenke meiner Gnade zu dir und zu deiner Mutter, als Ich dich mit dem Geist der Heiligkeit stärkte, so dass du zu den Menschen in der Wiege und als Erwachsener sprachst; und als Ich dich das Buch, die Weisheit, die Tora und das Evangelium lehrte; und als du aus Ton etwas wie eine Vogelgestalt mit meiner Erlaubnis schufest und dann hineinbliesest und es mit meiner Erlaubnis zu einem Vogel wurde; und als du Blinde und Aussätzige mit meiner Erlaubnis heiltest und Tote mit meiner Erlaubnis herauskommen ließest; und als Ich die Kinder Israels von dir zurückhielt, als du mit den deutlichen Zeichen zu ihnen kamst, worauf diejenigen von ihnen, die ungläubig waren, sagten: 'Das ist nichts als eine offenkundige Zauberei'" (5,110).

Trotz dieser klaren Beweise glaubten die Juden an Jesus nicht. Nur die Jünger erkannten die göttliche Botschaft und schenkten ihr Glauben. Gegen die Ungläubigen und seine Widersacher wurde Jesus von Gott unterstützt.

Wie endete das irdische Leben Jesu Christi?

Jesus war, wie auch die anderen Menschen, dem Tod unterworfen. Wann und wie sein irdisches Leben endete, ist eine umstrittene Frage. Die meisten Kommentatoren des orthodoxen Islams wollen, dass Jesus nicht am Kreuze starb. In einer Stelle sagt der Koran: „… und weil sie (die Juden) sagten: 'Wir haben Christus Jesus, den Sohn Marias, den Gesandten Gottes, getötet.' – Sie haben ihn aber nicht getötet, und sie haben ihn nicht gekreuzigt, sondern es erschien ihnen eine ihm ähnliche Gestalt ... Und sie haben ihn nicht mit Gewissheit getötet, sondern Gott hat ihn zu sich erhoben. Gott ist mächtig und weise" (4,157–158).

So hat Gott, meinen einige Exegeten, Jesus aus den Händen seiner Widersacher errettet. Erst danach ist er gestorben und nach einer sehr kurzen Zeit wieder von den Toten auferweckt und in den Himmel erhoben worden. Andere meinen, dass die Erhebung in den Himmel ohne vorherigen Tod erfolgt sei; Christus werde aber am Ende der Zeit wiederkommen und erst dann sterben.

Was geschah aber am Kreuz? Die Antwort lautet: Entweder schien es den Juden damals, dass Jesus am Kreuz gestorben sei, es war aber ein Irrtum; Gott hatte ihn in Wirklichkeit zu sich in den Himmel erhoben. Oder, wie die meisten Kommentatoren meinen, gekreuzigt wurde zwar jemand, es war aber nicht Jesus, sondern ein anderer, der wie er aussah.

Die eschatologische Rolle Christi

Über die Rolle Christi in der Endzeit hat die Tradition einiges überliefert. Jesus wird am Ende der Zeit zunächst einmal vom Himmel ins heilige Land herabkommen. Dort wird er sich als vollkommener Muslim verhalten: Er vernichtet den Antichristen, verrichtet in Jerusalem das vorgeschriebene Morgengebet, indem er sich hinter dem Vorbeter in die Reihen der islamischen Gläubigen stellt. Er schafft sodann alles ab, was gesetzwidrig ist; er tötet das Schwein, beseitigt Zeichen, Dinge und Gebäude, die nicht in den Rahmen des strengen orthodoxen Islams hineinpassen (Kreuze, Kirchen und Synagogen), legt Zeugnis gegen Juden und Christen ab und tötet sogar alle Christen, die nicht an den Islam glauben. Sodann wird Jesus über ein vollkommen geeintes Reich herrschen, als gerechter König regieren und der ganzen Schöpfung einen vierzig Jahre andauernden Frieden schenken. Damit er den anderen Propheten in allem ähnlich wird, wird er auch heiraten und Kinder zeugen. Dann wird er sterben und in Medina neben Muhammad und den ersten Khalifen, Abu Bakr und Umar, beigesetzt werden.

Schließlich kommt die Stunde des Gerichts. Gott sitzt allein als Weltenrichter, er bestimmt in seiner unbeschränkten Allmacht, wem er erlauben will, für die Menschen Fürsprache einzulegen. Unter diesen begnadeten Menschen befindet sich Jesus, denn der

Koran spricht ihm prophetische Sendung auf Erden und Fürsprächerecht am Tage des Gerichts zu. Außerdem wird Jesus bei der Auferstehung und dem Gericht Zeuge über die Besitzer der Schrift sein.

In dieser Weise stellt der Koran die Lebensgeschichte Jesu, seine Sendung und seinen prophetischen Auftrag dar. Er erwähnt mit keinem Wort sein Erlösungswerk. Denn die Menschen brauchen nach islamischer Lehre nicht Erlösung, sondern Gottes Barmherzigkeit. Jeder ist Sünder vor Gott, und er hat nur seine eigenen Sünden zu verantworten. Desgleichen kann keiner stellvertretend für andere auftreten und ihnen Erlösung bringen. Jesus Christus ist also (nur) einer der größten Propheten der Geschichte, ein Prophet, den Gott mit einer besonderen Gnade und einer wunderbaren Auserwählung ausgezeichnet hat.

Die Person Jesu Christi

Die größten Schwierigkeiten in Glaubensfragen zwischen Christentum und Islam beziehen sich auf die Frage: Wer ist Jesus Christus? Der Islam ist eine streng monotheistische Religion, die die Einzigkeit Gottes stark betont. „Ich bezeuge: Es gibt keinen Gott außer Gott", so lautet der erste Hauptteil des islamischen Glaubensbekenntnisses. Der Monotheismus ist nach der Aussage des Islams auch die Mitte jeder prophetischen Verkündigung und jedes Glaubensinhaltes. So weist der Koran einige Aspekte des christlichen Glaubens zurück, die er als mit dem Monotheismus nicht vereinbar betrachtet.

Die koranische Deutung der Person Jesu Christi ist mit dem Kampf des Korans um die Bestätigung des Monotheismus gegen die polytheistische Vorstellung und Praxis der Altaraber eng verbunden. Über die Argumente des Korans gegen den altarabischen Polytheismus wurde im vorigen Kapitel berichtet. Hier sollen nur die Stellungnahme des Korans zu Jesus Christus und die Argumente gegen den christlichen Glauben an Jesus Christus erörtert werden.

Der Koran polemisiert nicht pauschal gegen die christliche Lehre, er greift, und dies zunächst einmal in milder Art, dann aber immer schärfer, nur das an, was er die Übertreibung der Christen nennt. In der Beurteilung der Person Jesu Christi stimmt er in vielen Punkten mit der Lehre des christlichen Glaubens überein, lehnt jedoch die Lehre von der Gottheit Christi ab.

Die koranischen Titel Jesu Christi

Jesus Diener, Prophet und Gesandter Gottes

Jesus, der Sohn der Maria, ist der Knecht Gottes. Als neugeborenes Kind bezeugt er selbst: „Ich bin der Diener Gottes ..." (19,30), und Gott sagt von ihm: „Er ist nichts als ein Diener (von uns)" (43,59). Der Koran stellt seinerseits in der Sicherheit, dass er dabei eine unumstrittene Aussage macht, fest: „Christus wird es sicher nicht aus Widerwillen ablehnen, Diener Gottes zu sein" (4,172).

Jesus ist ein Diener Gottes, dem besondere Gnade erwiesen wurde (43,59), ein lauterer Junge (19,19), ein Gesegneter (19,31), den Gott „zu einem Beispiel für die Kinder Israels gemacht" hat (43,59). Er wird sich großen Ansehens erfreuen im Diesseits und im Jenseits, und er wird zu denen zählen, die Gott nahe stehen (3,45).

Alle diese Auszeichnungen ergeben sich aus der Sendung Christi, denn Gott hat ihn auserwählt, um ihn zum Propheten zu machen (19,30). Der Koran nennt ihn in einer Liste, auf der nur die Namen der größten Propheten stehen: „Und als Wir von den Propheten ihre Verpflichtung entgegennahmen, und auch von dir und von Noach, Abraham, Mose und Jesus, dem Sohn Marias" (33,7).

Mehr noch als bloßer Prophet, ist Jesus als Religionsstifter von Gott gesandt. Ihm wurde der Auftrag erteilt, zu den Kindern Israels eine Schrift zu bringen: Wie Mose die Tora gebracht hatte und wie später Muhammad mit dem Koran kam, so sollte Christus das Evangelium verkünden. Seine Lehre, seine religiösen Kenntnisse und vor allem seine Offenbarungsschrift hat er unmittelbar von Gott erhalten. So ist Christus nicht nur ein Prophet, sondern auch ein großer Gesandter Gottes (3,48–49).

Jesus ist der Messias

Der Koran lässt die Engel bei der Verkündigung zu Maria sagen: „O Maria, Gott verkündet dir ein Wort von Ihm, dessen Name Christus (der Messias, der Gesalbte) Jesus, der Sohn Marias, ist" (3,45). Der Titel Messias, der Gesalbte, bedeutet Folgendes:
– Jesus wurde mit dem Segen Gottes gesalbt.
– Gabriel bedeckte ihn mit seinen Flügeln, so dass Satan an ihn nicht herankommen und ihn bei seiner Geburt nicht berühren konnte.
– Die Salbung Jesu bedeutet seine Sündenlosigkeit.
– Die Salbung ist der Segen, den er in der Nachkommenschaft Adams erhielt, vor allem aber durch seine wunderbare Geburt

aus der Jungfrau Maria, was sogleich eine Ausnahme vom Gesetz der menschlichen Zeugung bedeutet.
– Jesus wurde mit der Salbe der Propheten gesalbt.
– Im aktiven Sinne ist Jesus der Messias, der Salbende, weil er die Kranken und die Blinden salbte und heilte und weil er die Häupter der Waisen salbte als Opfer für Gott.

Jesus Christus ist das Wort Gottes
Wir haben eben einen Vers zitiert, in dem Jesus als ein Wort von Gott bezeichnet wird (3,45). An einer anderen Stelle sagt der Koran: „Christus Jesus, der Sohn Marias, ist doch nur der Gesandte Gottes und sein Wort, das Er zu Maria hinüberbrachte ..." (4,171).

Die Verteidiger des christlichen Glaubens haben immer wieder auf diese Stellen verwiesen, um daraus zu schließen, der Koran habe die Gottheit Jesu, des ewigen Logos, wenn auch indirekt, anerkannt. Dass ein Echo der christlichen Lehre hier zu hören ist, kann man nicht bezweifeln. Aber es scheint genauso sicher zu sein, dass Muhammad nur die Vokabel „Wort" übernommen hat, ohne einen dogmatischen Inhalt damit zu verbinden. Darum darf diese vage Erinnerung an das christliche Dogma nicht zu sehr betont und ausgenutzt werden; denn der Koran hat an zahlreichen Stellen ausdrücklich verneint, dass Jesus Sohn Gottes sei.

Wie verstehen aber die islamischen Kommentatoren diese Bezeichnung Jesu als Wort Gottes?
– Jesus wird ein Wort von Gott genannt, weil er kraft eines schöpferischen Wortes von Gott im Schoße Marias gebildet wurde. Der Koran sagt ja selber: „Mit Jesus ist es vor Gott wie mit Adam. Er erschuf ihn aus Erde, dann sagte Er zu ihm: Sei!, und er war" (3,59). Im gleichen Sinne antworten die Engel auf die Frage Marias nach dem Wie einer jungfräulichen Geburt: „So ist es; Gott schafft, was Er will. Wenn Er eine Sache beschlossen hat, sagt Er zu ihr nur: Sei!, und sie ist" (3,47).
– Ohne sich auf bestimmte koranische Stellen zu berufen, meinen andere Kommentatoren, dass Jesus das Wort Gottes ist, indem er durch das prophetische Wort, das von Gott ausging und von den vorangegangenen Propheten verkündet wurde, vorhergesagt worden ist.
– Jesus hat zu den Menschen das Wort Gottes gebracht. Als Verkünder dieser Botschaft wird er als Wort Gottes bezeichnet. Das ist die dritte Erklärung.
– Jesus ist auch in seiner eigenen Person eine Frohbotschaft von Gott an die Menschen.

Jesus Christus ist Geist von Gott
Die Gottheit Jesu folgt auch nicht aus dem Titel „Geist von Ihm (Gott)", den der Koran Jesus verleiht (4,171). Die Muslime sagen dazu, Jesus sei durch das Einhauchen des göttlichen Geistes von Maria empfangen worden: „Da bliesen Wir in sie von unserem Geist, und Wir machten sie und ihren Sohn zu einem Zeichen für die Weltenbewohner" (21,91). In dieser Hinsicht ist Jesus wiederum dem ersten Menschen Adam gleich, der durch die Einhauchung des Geistes Gottes erschaffen wurde (vgl. 15,29).

Die Gottheit Jesu Christi

„Christus wird es sicher nicht aus Widerwillen ablehnen, Diener Gottes zu sein, und auch nicht die in die Nähe (Gottes) zugelassenen Engel" (4,172), das ist die dezidierte Haltung des Korans. Er erhebt sich gegen die Übertreibung der Christen und fordert von ihnen, sie sollen nur die Wahrheit sagen und Jesus, dem Sohn der Maria, keine Eigenschaften zuschreiben, die ihm nicht zustehen (4,171). Denn alle Menschen stehen vor Gott wie Diener da, das ist die ihnen allen gehörige Haltung: „Niemand in den Himmeln und auf der Erde wird zum Erbarmer anders denn als Diener kommen können" (19,93).

Alle Argumente, die der Koran den Polytheisten entgegenhält und oben dargestellt wurden, können hier Anwendung finden: Gott ist auf niemand angewiesen (10,68; 2,116), und wenn er etwas will, so erschafft er es durch sein schöpferisches Wort (2,117) und nicht durch einen Akt der Zeugung (112,3). So hat er kein Kind und auch keine Gefährtin (72,3; 6,101). Der Koran sagt das auch deutlich in Bezug auf Christus: „Es steht Gott nicht an, sich ein Kind zu nehmen. Preis sei Ihm! Wenn Er eine Sache beschlossen hat, sagt Er zu ihr: Sei!, und sie ist" (19,35).

So verwirft der Koran die christliche Lehre, die Jesus Christus als Gottes Sohn betrachtet. Durch verschiedene zusätzliche Argumente versucht er, den Irrtum dieser Lehre nachzuweisen. Er stellt fest, dass Jesus und Maria, seine Mutter, doch wie normale Sterbliche „pflegten, Speise zu essen" (5,75). Im Übrigen hat Jesus selbst in seiner Botschaft, wie sie der Koran wiedergibt, immer wieder betont: „Und Gott ist mein Herr und euer Herr; so dienet Ihm" (19,36; 5,72). Das habe er auch selbst vor Gott im Himmel bezeugt, und zwar in feierlicher Form: „Und als Gott sprach: O Jesus, Sohn Marias, warst du es, der zu den Menschen sagte: 'Nehmt euch neben Gott mich und meine Mutter zu Göttern?' Er sagte: Preis sei dir! Es steht mir nicht zu, etwas zu sagen, wozu ich kein Recht habe. Hätte ich es gesagt, dann wüsstest du es ... Ich habe ihnen nichts anderes gesagt als das, was du mir befohlen hast, nämlich: 'Dienet Gott, meinem Herrn und eurem Herrn' ..." (5,116–117).

Der Koran stellt in diesem Zusammenhang fest: „Es steht keinem Menschen zu, dass Gott ihm das Buch, die Urteilskraft und die Prophetie zukommen lässt und dass er dann zu den Menschen sagt: Seid meine Diener anstelle Gottes" (3,79).

Wenn die Christen auf ihrer falschen Lehre beharren, so sind sie den Ungläubigen gleich: „Ungläubig sind diejenigen, die sagen: Gott ist Christus, der Sohn Marias, wo doch Christus gesagt hat: 'O ihr Kinder Israels, dienet Gott, meinem Herrn und eurem Herrn.' Wer Gott (andere) beigesellt, dem verwehrt Gott das Paradies" (5,72). – „Und die Christen sagen: Christus ist Gottes Sohn. Das ist ihre Rede aus ihrem eigenen Munde. Damit reden sie wie die, die vorher ungläubig waren. Gott bekämpfe sie! Wie leicht lassen sie sich doch abwenden! Sie nahmen sich ihre Gelehrten und ihre Mönche zu Herren neben Gott, sowie auch Christus, den Sohn Marias. Dabei wurde ihnen doch nur befohlen, einem einzigen Gott zu dienen. Es gibt keinen Gott außer Ihm. Preis sei Ihm! Erhaben ist Er über das, was sie (Ihm) beigesellen" (9,30–31).

Ähnliche und noch schärfere Töne hört man im folgenden Vers: „Ungläubig sind gewiss diejenigen, die sagen: 'Gott ist Christus, der Sohn Marias.' Sprich: Wer vermag denn gegen Gott überhaupt etwas auszurichten, wenn Er Christus, den Sohn Marias, und seine Mutter und diejenigen, die auf der Erde sind, allesamt verderben lassen will?" (5,17).

Für den Islam ist Jesus nicht Gottes Sohn. Er ist aber ein großer Prophet und ein Gesandter Gottes, der durch eine besondere Gnade ausgezeichnet wurde. Er ist und bleibt in seiner Botschaft, in seinem Leben und in seiner Person ein Zeichen der Barmherzigkeit Gottes für die Menschen in aller Welt.

KAPITEL VI

Der Gott des Islams und der Gott des Christentums

Der Koran und die Trinität

An zwei Stellen äußert der Koran direkt seine Kritik an der Trinität, die er als eine Art Tritheismus zu verstehen scheint:

4,171: So glaubt an Gott und seine Gesandten. Und sagt nicht: Drei. Hört auf, das ist besser für euch. Gott ist doch ein einziger Gott. Preis sei Ihm, und erhaben ist Er darüber, dass Er ein Kind habe. Er hat, was in den Himmeln und was auf der Erde ist. Und Gott genügt als Sachwalter.

5,73: Ungläubig sind diejenigen, die sagen: „Gott ist der Dritte von dreien", wo es doch keinen Gott gibt außer einem einzigen Gott. Wenn sie mit dem, was sie sagen, nicht aufhören, so wird diejenigen von ihnen, die ungläubig sind, eine schmerzhafte Pein treffen.

Diese Stellen bauen einen Widerspruch auf zwischen dem Monotheismus („Gott ist doch ein einziger Gott"; „wo es doch keinen Gott gibt außer einem einzigen Gott") und der Aussage der Christen über Gott als drei. Wie aber soll die Angabe „drei" näher verstanden werden. Darüber gehen die Meinungen der muslimischen Kommentatoren auseinander.

Die einen, vor allem in der ersten Periode der Koranexegese, denken an drei Götter und verstehen die christliche Trinitätslehre als Glauben an drei Götter. Einige dieser Kommentatoren meinen sogar, präzisieren zu können, welche Götter das seien. Al-Zadjjadj und al-Farra' zum Beispiel ziehen hier eine weitere Stelle des Korans heran: Im Himmel fragt Gott Jesus Christus: „O Jesus, Sohn Marias, warst du es, der zu den Menschen sagte: 'Nehmt euch neben Gott mich und meine Mutter zu Göttern?'" (5,116). Außerdem betont der Koran an die Adresse der Christen, dass Jesus und Maria wie gewöhnliche Sterbliche Speise zu sich nahmen (5,79). Durch die Heranziehung dieser Koranstellen könne man die Trinität identifizieren als Vater, Mutter (Maria) und Sohn (Jesus Christus).

Andere Kommentatoren und vor allem die Theologen der späteren Zeit, die eine bessere Kenntnis von der christlichen Trinitätslehre besaßen, beziehen die Aussagen des Korans eher auf die drei Hypostasen in Gott.

Die muslimischen Theologen und die Trinität

Der Glaube an drei Hypostasen wird von den Kommentatoren und den Theologen des Islams zurückgewiesen, weil diese Hypostasen – so lautet das Argument – nicht nur als Eigenschaften Gottes (die der Koran selbst anerkennt), sondern als drei subsistierende Wesen zu verstehen sind. Eine von ihnen (der Sohn) habe ja nach christlicher Auffassung in Jesus gewohnt und seine Menschheit angenommen, eine andere (der Heilige Geist) habe in Maria gewohnt.[12]

Damit wäre der christliche Glaube an die Trinität eine Beigesellung. Gott bekäme damit Teilhaber an seiner Göttlichkeit, an seiner Allmacht und an seiner Herrschaft. Dies muss zu den Unverträglichkeiten führen, die der Koran beim Polytheismus der Araber bereits entlarvt hat und die oben dargelegt wurden.

Außerdem beinhaltet die Rede von Vater und Sohn den Hinweis auf eine leibliche Zeugung, die der Koran zurückweist und die auf Gott in keinem Fall anwendbar ist. Auch bedeutet die Beziehung Vater-Sohn, dass der Vater zeitlich vor dem Sohn bestanden haben muss.

Wenn man zudem die Hypostasen als Attribute Gottes begreifen will, dann stellt sich die Frage, warum die Christen bei der Aufzählung dieser Attribute bei der Zahl drei stehen bleiben und nicht eine viel höhere Zahl annehmen.

Endlich weist der Begriff von Hypostase bzw. Person auf ein selbständiges Individuum hin, so dass mit der Zahl von drei Hypostasen die Zahl von dei Göttern unweigerlich gegeben ist.[13]

Die christlichen Apologeten haben seit den Anfängen versucht, die Vorwürfe der Muslime zurückzuweisen und ihre Argumente zu widerlegen.[14] Eine ihrer interessanten Bemühungen bestand darin, den Muslimen den Weg zu einem sachgerechteren und genaueren Verständnis der Aussagen christlicher Theologie zur Trinität zu eröffnen. Diese Bemühungen werden auch in unserer Zeit fortgesetzt, und da und dort kann man feststellen, dass einige aufgeschlossene Muslime die Aussage des Korans wieder zur Geltung bringen: „Unser Gott und euer Gott ist einer" (29,46). Sie sind nun bereit, der vom Autor dieses Beitrags formulierten Auffassung zu folgen und den Unterschied im Glauben an Gott zwischen dem Islam und dem Christentum nicht mehr als den Unterschied zwischen Monotheismus und (verkapptem) Polytheismus zu begreifen, sondern als den Unterschied zwischen einem nicht differenzierten (und nicht differenzieren wollenden) Monotheismus im Islam und einem differenzierten Monotheismus im Christentum.

Beten Christen und Muslime denselben Gott an?

Die Frage, ob Christen und Muslime denselben Got anbeten, lässt sich erst sachgerecht beantworten, wenn ein Vergelich zwischen der christlichen und der islamischen Lehre von Gott durchgeführt worden ist.

Unterschiede zur christlichen Lehre

Die Hauptunterschiede zwischen islamischer und christlicher Gotteslehre betreffen die Aussagen, die die spezifisch christliche Vorstellung von Gott ausmachen.

Differenzierter oder nicht differenzierter Monotheismus?
- Der Islam bekennt sich zu einem strengen, nicht näher differenzierten Monotheismus. Alles, was ihm als eine Gefährdung dieses Monotheismus erscheint, lehnt er ab.
- Das Christentum bekennt sich – aufgrund der Aussagen der kanonischen Offenbarungsurkunden und deren verbindlicher Deutung durch die autorisierten Organe der Kirche – zu einem differenzierten Monotheismus. Die Christen glauben an den einen Gott, und dieser eine Gott, diese eine göttliche Natur besteht jedoch in drei Hypostasen, ohne dass dies eine Vervielfältigung der göttlichen Natur nach sich zieht. Dreifaltigkeit und Monotheismus stehen damit im christlichen Verständnis nicht im Widerspruch zueinander.

Jesus Christus: Wer ist er?
Der große Streitpunkt zwischen Islam und Christentum bezieht sich auf die Deutung der Person Jesu Christi und seine Heilsrolle in der Geschichte. Während die Muslime in ihm einen begnadeten Menschen, einen großen Propheten und den Verkünder des Evan-

geliums sehen und dabei betonen, dass er nur ein Mensch sei, bekennen sich die Christen über seine menschliche Natur hinaus zu seiner göttlichen Person. Als menschgewordener Gottes Sohn ist er der Heiland der Menschen und der gesamten Schöpfung.

Verschiedene Akzente in der Gottesvorstellung
– Wegen ihrer Lehre von der absoluten Transzendenz Gottes betonen die Muslime eher die Souveränität Gottes und seinen absoluten Willen. Die Grundhaltung des Menschen ist dann die des gehorsamen Knechtes, der auf die Barmherzigkeit seines Herrn vertraut.
– Die Christen – die ja an die Menschwerdung des Sohnes Gottes und an die Berufung der Christen, am Leben Gottes teilzunehmen, glauben – unterstreichen eher die Liebe Gottes zu den Menschen und die Entfaltungsmöglichkeiten der Liebe des Menschen zu Gott. Die Haltung des Menschen ist die des Kindes und des Freundes.

Gemeinsamkeiten mit der christlichen Lehre

Die meisten Aussagen der islamischen Gotteslehre stimmen mit den allgemeinen Aussagen der christlichen Gotteslehre überein: Gott ist der Schöpfer, die Vorsehung, der Richter, der Eine und Einzige, der Transzendente und der, der durch die Propheten gesprochen hat.

Diese grundlegenden Gemeinsamkeiten haben eine entsprechende Würdigung durch das Zweite Vatikanische Konzil erfahren: „Der Heilswille umfasst auch die, welche den Schöpfer anerkennen, unter ihnen besonders die Muslime, die sich zum Glauben Abrahams bekennen und mit uns den einen Gott anbeten, den barmherzigen, der die Menschen am Jüngsten Tag richten wird" (Lumen gentium, Nr. 16). Die Päpste nach dem Konzil haben diese Aussage in ihren Reden und Erklärungen immer wieder aufgenommen und bekräftigt: Christen und Muslime beten denselben Gott an.

Bereits der Koran äußerte sich in ähnlicher Weise: „Und streitet mit den Leuten des Buches (Juden und Christen) nur auf die beste Art, mit Ausnahme derer von ihnen, die Unrecht tun. Und sagt: Wir glauben an das, was zu uns herabgesandt und zu euch herabgesandt wurde. Unser Gott und euer Gott ist einer. Und wir sind Ihm ergeben" (29,46).

Auch wenn Christen und Muslime nicht in jedem Punkt die gleichen Vorstellungen und Aussagen über Gott haben, so zeigen dennoch die vielen Gemeinsamkeiten zwischen ihrer jeweiligen Gottesvorstellung, dass sie denselben Gott meinen, wenn sie ihn anbeten und zu ihm beten.

Teil III
Was ist gut, was ist böse?

KAPITEL VII

Grundsätze der islamischen Ethik

Der Islam mit seinen verschiedenen Richtungen und Schulen, mit den verschiedenen Kulturkreisen, in die das Leben der Muslime eingebettet ist, ist keine einheitliche Größe. Gleichwohl kann man bestimmte Lehren und Verhaltensmuster überall erkennen, wo Muslime leben, Verhaltensmuster, deren Grundlage bzw. Hintergrund in den Lehren und ethischen Normen des Islams zu suchen ist. Gerade diese Lehren und Normen, die sich auf die Aussagen des Korans, der heiligen Schrift des Islams, und der Überlieferung des Verkünders des Islams Muhammad berufen, bilden den Gegenstand der folgenden Ausführungen.

Weltverständnis des Islams

Weltabgewandtheit

In der mekkanischen Periode (610–622) beschreibt der Koran eindringlich die Schrecken des nahen Gerichts Gottes, das über die Menschen hereinbricht, die ein gottloses Leben führen. Der Zorn Gottes kann nur durch eine reumütige Umkehr abgewendet werden. Der Koran verurteilt die Torheit der Menschen, die „für den Besitz eine allzu große Liebe" hegen (89,20). Er erinnert sie mit Nachdruck daran, dass die kommende Welt besser ist als das Diesseits (vgl. 87,16–17; 28,60). Die natürliche Habsucht des Menschen lässt ihn aber selten die Probe (18,7) bestehen. Der Mensch glaubt, durch seinen Reichtum alles Nötige erlangt zu haben. Diese Selbsttäuschung führt zu einem schlimmen Ende (vgl. 92,8–11; 194,1–4; 96,6–7).

Wer sich also von dieser Welt verblenden und sich dadurch von der Suche nach dem Willen Gottes und dem jenseitigen Lohn ablenken lässt, der hat eine schwere Strafe zu erwarten (vgl. 11,15–16). Diejenigen dagegen, die den Versuchungen dieser Welt widerstehen, werden bei Gott reichen Lohn erhalten (64,15–16). Als Vorbild scheint die Haltung der Asketen in den Gotteshäusern (sind es die christlichen Klöster gewesen?) vorzuschweben: „in Häusern, für die

Gott erlaubt hat, dass sie errichtet werden und dass darin seines Namens gedacht wird. Ihn preisen darin, am Morgen und am Abend, Männer, die weder Handel noch Kaufgeschäft ablenken vom Gedenken Gottes, von der Verrichtung des Gebets und der Entrichtung der Abgabe, die einen Tag fürchten, an dem Herzen und Augenlicht umgekehrt werden, damit Gott ihnen das Beste vergelte von dem, was sie getan haben, und ihnen von seiner Huld noch mehr gebe ... (24,36–38; vgl. zu den entsprechenden Eigenschaften frommer muslimischer Männer: 9,112, und Frauen: 66,5).

Weltzugewandtheit

Nach der Auswanderung von Mekka nach Medina im Jahr 622 musste Muhammad die Aufgabe eines politischen Führers übernehmen. Damit war eine intensivere Beschäftigung mit den Dingen dieser Welt verbunden und auch die Bemühung, sie so zu regeln, dass das Leben der Muslime geschützt und gefördert wurde. Darüber hinaus wurden Erfolge und Siege über die Widersacher als Zeichen des Wohlwollens Gottes und als Belohnung für die Gläubigen gedeutet (vgl. 48,28). Muhammad musste jedoch fürchten, dass die Muslime sich der Selbstgefälligkeit hingeben könnten. So mahnte sie der Koran zu steter Aufrichtigkeit. Sie dürfen im Streben nach den Gütern des diesseitigen Lebens den Menschen nicht Unrecht tun (4,94). Die Muslime laufen Gefahr, zu sehr nach dem Diesseits zu trachten, während Gott für sie das Jenseits will (vgl. 8,67). Sie sollen bedenken: „Was bei euch ist, geht zu Ende; was bei Gott ist, hat Bestand" (16,96; vgl. 87,16–17). Sie sollen umkehren und sich bußfertig wieder Gott zuwenden (25,71), auch wenn sie die köstlichen Dinge, die ihnen Gott beschert, genießen dürfen (vgl. 5,4.5.87).

So sieht der Koran die Welt und ihre verschiedenen Güter als eine Versuchung an, die den Gläubigen von der Suche nach Gott und seinem Willen abbringen kann, und auch als ein Hindernis, das den Frommen den Weg des Gehorsams und der Treue erschwert. Der Koran betrachtet aber auch die Welt als ein Geschenk der Barmherzigkeit Gottes an die Gemeinschaft der Gläubigen. Diese Gnade wird jedoch nur denen verheißen und erwiesen, die ihre Pflicht erfüllen und im Einsatz für die Sache Gottes und die Interessen des Islams und im Streit an der Seite des Propheten Muhammad stehen.

Für solche Gläubige ist die Welt die gute Schöpfung Gottes. Er,

„der Beste der Schöpfer" (37,125) hat bei seinem Werk „alles sorgfältig gemacht" (27,88); er hat „alles, was Er erschaffen hat, gut gemacht" (32,7). Denn er hat diese Welt nicht wahllos erschaffen, er hat sie für den Menschen bestimmt: Sie dient seinem Leben (vgl. 20,53–55; 16,79–83; 27,60–64) und enthält die guten Dinge, die Gott ihm beschert hat (40,64; 45,16; 17,70; 8,26).

Eine solche Welt, für den Menschen bestimmt und auf die Bedürfnisse seines Lebens vorzüglich abgestimmt, in der kein Mangel feststellbar ist (67,3), ist ein Zeichen, das auf ihren Schöpfer hinweist.

Die Welt als Ort der Glaubensfindung

In unzähligen Versen bestätigt der Koran, dass die Welt den einsichtigen Menschen auf die Existenz und das Wirken ihres Schöpfers hindeutet: „In den Himmeln und auf der Erde sind Zeichen für die Gläubigen" (45,3). Die harmonische Einrichtung der Welt ist ein „Zeichen für die Wissenden" (30,22), „für Leute, die verständig sind" (2,164). Eine besonders nachdrückliche Erklärung befindet sich im folgenden Text:

16,10–13: Er ist es, der vom Himmel Wasser hat herabkommen lassen. Davon habt ihr etwas zu trinken, und davon wachsen Sträucher, in denen ihr weiden lassen könnt. Er lässt euch dadurch Getreide sprießen, und Ölbäume, Palmen, Weinstöcke und allerlei Früchte. Darin ist ein Zeichen für Leute, die nachdenken.

Und Er hat euch die Nacht und den Tag, die Sonne und den Mond dienstbar gemacht. Auch die Sterne sind durch seinen Befehl dienstbar gemacht worden. Darin sind Zeichen für Leute, die verständig sind.

Und (da ist) auch, was Er euch auf der Erde in verschiedenen Arten geschaffen hat. Darin sind Zeichen für Leute, die es bedenken (siehe auch den weiteren Text 16,14–18; vgl. 2,163–165; 3,190; 6,99; 13,2–4; 24,43–45; 30,17–25; 41,37).

Die Welt als Ort der Bewährung und der Vergeltung

Die Schöpfung ist auch der Ort der Bewährung und der diesseitigen Vergeltung und Belohnung. Es gehört nämlich zu den Erscheinungsformen der Vorsehung Gottes, dass er die Menschen auf die Probe stellt. Denn der Mensch muss das ihm anvertraute Gut (u. a.

die Schöpfung: 33,72) bewahren und sich in seinem Leben und in seinem Umgang mit seiner Umwelt bewähren.

Der Koran betont, dass Gott die Menschen nicht „zum sinnlosen Spiel erschaffen hat" (23,115). Im Gegenteil, er handelt nach folgendem Grundsatz: „Meinen die Menschen, dass sie in Ruhe gelassen werden, nur weil sie sagen: 'Wir glauben', ohne dass sie der Versuchung ausgesetzt werden? Wir haben schon diejenigen, die vor ihnen lebten, der Versuchung ausgesetzt. Gott wird gewiss in Erfahrung bringen, wer die Wahrheit sagt, und Er wird gewiss in Erfahrung bringen, wer die Lügner sind" (29,2–3).

Weltverantwortung

In dieser Welt hat Gott den Menschen als Nachfolger eingesetzt (2,30), Generation nach Generation (27,62; 10,14.73; 35,39; 6,165). Der Mensch muss nun das schwere, ihm anvertraute Gut (33,72) bewahren. Er darf die Welt gebrauchen, ja auch genießen, aber er muss bemüht sein, sie zu pflegen und zu erhalten. Denn als Diener und Statthalter Gottes ist er zur Verantwortung für seine Welt befähigt, und er wird vor Gott am Tag des Gerichts Rechenschaft ablegen müssen. Er soll der Mahnung des Korans stets eingedenk sein: „Und stiftet nicht Unheil auf der Erde, nachdem sie in Ordnung gebracht worden ist" (7,56.85); – „Und gehorcht nicht dem Befehl der Maßlosen, die Unheil auf der Erde stiften und keine Besserung bringen" (26,151–152); – „Gott weiß den Unheilstifter zu unterscheiden von dem, der Ordnung schafft" (2,220).

Menschenbild des Islams

Der Islam ist die Religion des kompromisslosen Monotheismus. Dies bezieht sich nicht nur auf die Gottesvorstellung, sondern auch auf die Glaubensgrundlage, die das islamische Menschenbild bestimmt. Der kompromisslose Monotheismus des Islams beinhaltet das Bekenntnis zum einen, einzigen Gott, dessen Transzendenz absolut ist, dessen Wille in nicht hinterfragbarer Souveränität seine Dekrete diktiert, jedoch sich von seiner Weisheit und Barmherzigkeit leiten lässt.

Der Mensch als Geschöpf Gottes

Der Mensch ist in seinem Wesen das Geschöpf Gottes. Er ist damit das Wesen, das ganz von Gott abhängt, und zwar nicht nur in seinem Dasein, sondern auch in allen Bereichen seines Lebens. Der Mensch ist am Anfang seiner Existenz von Gott ins Dasein gerufen worden. In seinen Dienst wurden Himmel, Erde und Luftraum gestellt (7,54; 55,10; 6,97; 13,2; vor allem 20,53–55; 16,79–83; 27,60–64). Denn der Mensch ist das Geschöpf, das Gott vor allen anderen ausgezeichnet und bevorzugt hat (17,70). Aus Erde hat Gott den Menschen erschaffen (u. a. 18,37), aus Ton und Schlamm (23,12; 15,26) hat er ihn gebildet und ihm von seinem Geist eingeblasen (15,28–29). Damit hat er ihm eine schöne Gestalt gegeben (95,4; 40,64) und ihn mit „Gehör, Augenlicht und Herz" (67,23; 23,78; 32,9; 16,78), mit Augen, Zunge und Lippen (90,8–9) ausgestattet. Aus dem ersten Menschen ließ Gott auch dessen Partnerin entstehen (39,6; 4,1).

Der Mensch als schwaches Geschöpf

Der Mensch ist zwar eine gute Schöpfung Gottes, er trägt jedoch in sich Schwachheit und Sündhaftigkeit. Bereits Adam und seine Gattin übertraten im Paradies das Verbot Gottes. Sie ließen sich vom Satan irreführen und wurden ungehorsam gegen Gott. So wurden sie aus dem Paradies vertrieben; aber sie zeigten Reue, erbaten Gottes Vergebung und erhielten diese Vergebung (20,115–122; 7,19–25; 2,35–37).

Die Geschichte von Sünde, Umkehr und Vergebung wiederholt sich im Leben der Menschen, denn der Mensch ist nach den Aussagen des Korans ständig mit seinen Schwächen konfrontiert.
– Der Mensch ist von Natur aus schwach (4,28; vgl. 8,66). Wie bereits dem ersten Menschen Adam, fehlt ihm die Entschlossenheit (20, 115).
– Er ist unbeständig. Sein Vertrauen in Gott ändert sich je nach der Situation, in der er sich gerade befindet. Wenn es ihm gut geht, freut er sich; wenn es ihm schlecht geht, ist er gleich verzweifelt (30,36) und gibt jede Hoffnung auf (41,49). Seine Unbeständigkeit macht ihn unzuverlässig. Er wendet sich zu Gott, wenn er eine Bitte vortragen will. Sobald er die Not überwunden hat, wendet er sich wieder von Gott ab (16,53–54; 39,8.49 usw.).

- „Der Mensch ist als kleinmütig erschaffen. Wenn das Böse ihn trifft, ist er sehr mutlos" (70,19–20).
- Der Mensch ist ungeduldig. „Würde Gott den Menschen das Böse so beschleunigen, wie sie das Gute zu beschleunigen wünschen, wäre für sie die Frist erfüllt" (10,11). „Der Mensch ist aus Eilfertigkeit erschaffen worden" (21,37).
- Der Mensch ist unwissend, er neigt zur Ungerechtigkeit (33, 72). Er ist „ein offenkundiger Widerstreiter" (36,77), „offenkundig streitsüchtig" (16,4).
- Die Menschen zeigen wenig Neigung, sich dem Gehorsam des Glaubens zu unterwerfen; die meisten unter ihnen glauben nicht (11, 17; 12,106). „Doch bestehen die meisten Menschen auf dem Unglauben", klagt der Koran (17,89).

Zusammenfassend stellt der Koran fest: „Die Seele gebietet ja mit Nachdruck das Böse" (12,53). Er lässt Gott erklären: „Wir haben doch den Menschen erschaffen und wissen, was ihm seine Seele einflüstert. Und Wir sind ihm näher als die Halsschlagader" (50,16).

Die Feststellung des Bösen im Leben des Menschen bedeutet jedoch im Kontext der islamischen Lehre nicht, dass die Menschen an der Last der Ursünde Adams zu tragen hätten. Der Koran sagt: „Und keine lasttragende (Seele) trägt die Last einer anderen" (39, 7). „Jede Seele erwirbt (das Böse) nur zu ihrem eigenen Schaden. Und keine lasttragende (Seele) trägt die Last einer anderen" (6,164). Der Islam hat aus diesen Stellen herausgelesen, dass der Koran die christliche Lehre von der Erbsünde nicht übernimmt.

Der Mensch als Nachfolger auf Erden

Ausgestattet mit guten Eigenschaften, aber auch belastet mit etlichen Schwächen und den Anfeindungen des Satans ausgesetzt wurde der Mensch von Gott zum Nachfolger auf Erden eingesetzt (2,30), Generation nach Generation (27,62; 10,14.73; 35, 39; 6,165). So hat er das ihm anvertraute Gut (33,72) zu bewahren und sich in seinem Leben und seinem Umgang mit der Schöpfung Gottes zu bewähren.

Das Gesetz und die Rechtleitung Gottes

Der Mensch wird nach der Auffassung des Korans durch das Gesetz geleitet, das Gott erlassen hat.

Das Gesetz ist Ausdruck der Weisheit Gottes

Das Gesetz ist der Ausdruck des Willens, aber auch der Weisheit Gottes. Denn Gott ist zwar der absolute Herr, dessen Wille an keine Grenze gebunden, sondern selbst der letzte Maßstab und die letzte Norm ist. Aber Gott ist kein unerbittlicher Despot, er ist der weise und barmherzige Gott. Gott weiß um die vielen konkreten Umstände, die das Leben des Menschen bedingen und mitbestimmen, er weiß um die schwache Natur des Menschen, deswegen hat er ihm ein Gesetz erlassen, das seiner Veranlagung angemessen ist. „Er ist weise und weiß Bescheid", wiederholt immer wieder der Koran (6,139; 4,11.24.26.92; 24,18.58.59; 60,10; 9,60.97 usw.). So darf der Gläubige auf Gottes Weisheit vertrauen, und er kann in der Tat erkennen, dass auch in den harten Entscheidungen des Korans immer noch eine höhere Weisheit zum Ausdruck kommt und wenigstens eine verborgene Verhältnismäßigkeit der Mittel vorhanden ist: „Und hackt dem Dieb und der Diebin die Hände ab zur Vergeltung für das, was sie erworben haben, dies als abschreckende Strafe vonseiten Gottes. Und Gott ist mächtig und weise" (5,38).

Wer sich also auf Gottes Weisheit verlässt, wird von Gott eine Einsicht bringende Weisheit verliehen bekommen, er wird viel Gutes erfahren und in seinem Leben unter der Führung Gottes zurechtkommen: „Er schenkt die Weisheit, wem Er will. Und wem die Weisheit geschenkt wird, dem wird viel Gutes geschenkt. Jedoch bedenken es nur die Einsichtigen" (2,269).

Das Gesetz ist Ausdruck der Barmherzigkeit Gottes

Das koranische Gesetz ist das Ergebnis des Zusammenwirkens der Weisheit und der Barmherzigkeit Gottes. Denn Gott bleibt den Menschen nicht fern, hinter einem undurchdringlichen Vorhang, und er lenkt nicht ihre Geschicke mit unbeteiligter Souveränität und Erhabenheit. Er ist der gütige und barmherzige Gott: „Und Gott besitzt große Huld" (62,4). Er ist der nahe Gott, der das Rufen seiner Gläubigen hört: „Wenn dich meine Diener nach Mir fragen, so bin Ich nahe, und Ich erhöre den Ruf des Rufenden, wenn er Mich anruft. Sie sollen nun auf Mich hören, und sie sollen an Mich glauben, auf dass sie einen rechten Wandel zeigen" (2,186).

Die Barmherzigkeit Gottes zeigt sich in seinem Gesetz darin, dass er die Gläubigen keiner ungerechten Behandlung unterzieht. Der

Erlass seiner Verordnungen dient der Läuterung der Menschen (2,129.151; 62,2; 3,164; 5,6). Vor allem aber berücksichtigt Gott die Schwachheit der Menschen und gewährt ihnen bei der Erfüllung ihrer Pflichten eine durchgreifende Erleichterung.

Die Erleichterung der gesetzlichen Bestimmungen rührt aus zwei Eigenschaften Gottes her. Er ist in seinem Verhalten dem Menschen gegenüber ein feinfühliger, gütiger Gott, der immer Mittel und Wege findet, um seine Nachsicht und seine Huld zu zeigen (42,19; 33,34). Auf der anderen Seite weiß Gott über den Menschen Bescheid, er weiß, wie irdisch und wie schwach er ist (53,32). Deshalb gilt für das koranische Gesetz immer wieder folgender Grundsatz: „Und Gott will sich euch zuwenden ...Gott will euch Erleichterung gewähren. Der Mensch ist ja schwach erschaffen worden" (4,27–28).

So wie an dieser Stelle die vorherigen strengen Bestimmungen bezüglich des Geschlechtsverkehrs erleichtert werden (vgl. auch 2,187), so werden auch die Anforderungen des Heiligen Krieges mit derselben Begründung erleichtert (8,66; vgl. 22,78). Das Gleiche gilt in Bezug auf das Fasten („Gott will für euch Erleichterung, Er will für euch nicht Erschwernis": 2,185), die rituelle Waschung („Gott will euch keine Bedrängnis auferlegen ...": 5,6) und die Sühne für den Totschlag („Dies ist eine Erleichterung vonseiten eures Herrn und eine Barmherzigkeit": 2,178). Dies alles zeigt: „Gott hat Mitleid mit den Menschen und ist barmherzig" (2,143). Denn „Gott fordert von niemandem mehr, als er vermag" (2,286; 7,42; vgl. 65,7).

Das Gesetz ist gut für die Menschen

Als Ausdruck der Weisheit und der Barmherzigkeit Gottes ist das koranische Gesetz für die Menschen gut. Der Islam ist die Religion, die in ihrer Wahrheit und ihrer Gesetzgebung der Natur des Menschen am besten entspricht (30,30). „Und wer hat eine schönere Religion als der, der sich völlig Gott hingibt und dabei rechtschaffen ist ..." (4,125). So tut der Mensch gut daran, sich nach den Bestimmungen des Korans zu richten (2,110.184; 62,9; 58,12). Denn „dieser Koran leitet zu dem, was richtiger ist ..." (17,9). Das gilt, auch wenn die Menschen nicht immer das Gute an den erlassenen Vorschriften erkennen können. Die verborgenen Seiten des Gesetzes bleiben für Gott offenkundig, denn „Gott weiß, ihr aber wisst nicht Bescheid" (2,232). Und der Koran gibt den Gläubigen zu bedenken: „Aber vielleicht ist euch etwas zuwider, während es gut für euch ist. Und vielleicht liebt ihr etwas, während es schlecht für euch ist. Und Gott weiß, ihr aber wisst nicht Bescheid" (2,216).

So sollen die Gläubigen auf Gott vertrauen: „Wie trefflich ist das, womit Gott euch ermahnt!" (4,58), „wer hat denn eine bessere Urteilsnorm als Gott für Leute, die Gewissheit hegen?" (5,50).

Um die Güte des Gesetzes deutlicher zu erkennen, muss man folgende Aspekte berücksichtigen: Das Gesetz hilft den Menschen, zwischen Gut und Böse zu unterscheiden (vgl. 5,100), denn wer dem Gesetz Gottes folgt, wandert nicht in den Fußstapfen des Satans (24,21), der das Abscheuliche befiehlt (2,169) und die Menschen zur „Urteilsnorm der Zeit der Unwissenheit" (5,50) zurückführen will. Im Gegensatz dazu führt das Gesetz zum Guten (vgl. 7,28.33).

Weiterhin will Gott durch den Erlass seines Gesetzes die Menschen läutern (2,232; 58,12), sie die Gerechtigkeit lehren (7,29; 2,282; 57,25 ...), für den Schutz ihres Lebens sorgen (8,24).

Diese Aussagen beziehen sich zwar jeweils auf bestimmte Situationen und konkrete Anordnungen, sie haben jedoch einen allgemeinen Aussagewert, denn sie treffen die tiefere Intention der gesetzlichen Bestimmungen im Allgemeinen. So bezeichnet der Koran das verheißene erfüllte Leben als Quell des Trostes und Erweis der göttlichen Barmherzigkeit: „Und Wir senden vom Koran hinab, was den Gläubigen Heilung und Barmherzigkeit bringt" (17,82), „Wohnstätte des Friedens" (10,25), „Heilung für euer Inneres, eine Rechtleitung und Barmherzigkeit" (10,57), 20,123: „... dann wird der, der meiner Rechtleitung folgt, nicht irregehen und nicht unglücklich sein" (20,123; vgl. 20,2).

Die Rechtleitung Gottes

„Fürchtet nun Gott, soviel ihr eben könnt. Und hört zu und gehorcht" (64,16), fordert der Koran. Der Glaube und die Bemühung um ein Leben in der Furcht Gottes lassen die Gläubigen die Funktion des Gesetzes als Rechtleitung Gottes besser erkennen und die Handhabung seiner Bestimmungen richtig gestalten.

Das Gesetz ist ein Licht, das Einsicht bringt und die Urteilsbildung ermöglicht. In unzähligen Versen wiederholt der Koran, dass die göttliche Botschaft ein offenkundiges Licht (4,174), eine Rechtleitung und ein gerader Weg (u. a. 1,6; 2,2.97) ist. Es sei hier eine Stelle für alle anderen zitiert: „... Gekommen ist zu euch von Gott ein Licht und ein offenkundiges Buch, mit dem Gott diejenigen, die seinem Wohlgefallen nachgehen, die Wege des Friedens leitet und sie aus den Finsternissen ins Licht herausbringt mit seiner Erlaubnis; und Er leitet sie zu einem geraden Weg (5,15–16; vgl. 14,1; 65,11).

Dieses Licht ist nicht nur ein Licht von oben, das den Weg der Gläubigen deutlich macht, so dass diese in Sicherheit wandeln können (57,28), sondern es lässt auch im Innern des Menschen ein Licht aufkommen, das ihn verständig macht (u. a. 2,242) und Einsicht als Hilfe zur Urteilsbildung bringt: „Zu euch sind nun Einsicht bringende Zeichen von eurem Herrn gekommen. Wer einsichtig wird, ist es zu seinem eigenen Vorteil, und wer blind ist, ist es zu seinem eigenen Schaden" (6,104).

Das Gesetz ist die Grundlage der richtigen Entscheidung, die Richtschnur der praktischen Ausführung der getroffenen Entscheidungen und die Norm des Handelns. So wie die Tora für die Juden (21,48; 2,53, vor allem 5,43–45) und das Evangelium für die Christen (5,46–47), so ist der Koran die Entscheidungsnorm für die Muslime (5,48; vgl. 3,3; 4,127.176).

Um seine Funktion als Entscheidungsnorm und Schiedsrichter genau erfüllen zu können, bemüht sich das koranische Gesetz, alle Bereiche des persönlichen und des gesellschaftlichen Lebens, wie es sich damals darstellte, zu erfassen. Es enthält detaillierte Bestimmungen (vgl. 7,32.52; 6,126; 9,11), „um alles deutlich zu machen" (16,89).

Das Gesetz ist somit die Grundlage und das Band der Einheit der Glaubensgemeinschaft. Nachdem die ursprüngliche Einheit der Menschen (u. a. 23,52–53; 21,92–93; 10,19; 2,213) verloren gegangen war, wurden die Propheten damit beauftragt, zwischen den verschiedenen Parteien zu entscheiden und ihnen Klarheit über die unter ihnen strittigen Fragen zu bringen (2,213). So mahnt der Koran die Gläubigen: „Und haltet allesamt am Seil Gottes fest und spaltet euch nicht (in verschiedene Gruppen) …" (3,103; vgl. 3,105).

Zusammenfassend kann man feststellen, dass der Islam im Hinblick auf das religiöse Gesetz glaubt, dass Gott in seiner unbedingten Freiheit das erlassen hat, was ihm beliebt. Sein Gesetz ist aber das Werk seiner Weisheit, seiner Barmherzigkeit und Gnade. Gott fordert von den Gläubigen einen unbedingten Gehorsam. Aber es ist nicht ein unverständiger Gehorsam, eine einsichtslose Gefolgschaft. Gott beansprucht den ganzen Menschen: seinen Verstand und seinen Willen, seine Urteils-, Entscheidungs- und Tatkraft. Denn das Gesetz Gottes ist Licht, Rechtleitung und Leben, und die einzig passende Antwort des Menschen sind die offene Annahme und die dankbare Hingabe (*islam*).

KAPITEL VIII

Gut und Böse – Gebote und Verbote

Die Grundsätze der islamischen Moral bestimmen die Qualität des menschlichen Tuns. Sie sagen dem Gläubigen, wann und unter welchen Bedingungen er das Gute tun und das Böse verwerfen soll, um der Norm der Sittlichkeit zu entsprechen.

Das Gute und das Böse

Die Orthodoxie des Islams betont die absolute Souveränität des Willens Gottes, ja sie stellt sich Gott selbst als unbedingten Willen vor, dem der Mensch sich zu ergeben hat. Sie weist daher die Auffassung der Muʻtaziliten zurück, die eine innere moralische Qualität der menschlichen Handlung annahmen, die nicht direkt und ausschließlich von der positiven Festsetzung Gottes abhängt. Eine Tat ist gut oder böse, sagten die Muʻtaziliten, aufgrund einer ihr innewohnenden Qualität, die der menschlichen Vernunft erkennbar ist. Die Vernunft erkennt diese moralische Qualität der Taten entweder unmittelbar oder nach einiger Überlegung oder endlich erst nach Bestätigung durch die Offenbarung Gottes.

Die Ashʻariten lehren hingegen, dass Gott in seiner freien Entscheidung festsetzt, was als gut und was als böse zu gelten hat. Gut und Böse sind demnach keine objektiven Qualitäten einer menschlichen Tat und sind nicht im Vergleich mit objektiven Normen erkennbar. Sie sind die positive Festsetzung des göttlichen Willens. Die Verfügungen Gottes sind die einzigen Normen von Gut und Böse. Die Rolle der Vernunft besteht lediglich darin, die Dekrete Gottes festzustellen, zu beschreiben und in ihren Konsequenzen für das praktische Handeln auszulegen.

So ist die Moral hauptsächlich ein Kapitel des islamischen Gesetzes, und die Haupttugend des Gläubigen besteht im Gehorsam gegen Gott und die Verordnungen seines Willens. Man darf aber hier nicht von Formalismus sprechen, da ja dieser Gehorsam der lebendige Ausdruck des Glaubens an Gott und der religiösen Bereitschaft ist, sich seinem barmherzigen Willen zu unterwerfen: „Die aber, die glauben und die guten Werke tun, sind die besten unter den Geschöpfen. Gott hat Wohlgefallen an ihnen, und sie haben Wohlgefallen an Ihm. Das ist für den bestimmt, der seinen Herrn fürchtet" (98,7–8).

Klassifizierung der Taten

Nach ihrer Bezeichnung durch das Gesetz Gottes und nach ihrem Bezug zu diesem Gesetz werden die menschlichen Handlungen in folgende Kategorien eingeteilt:
– Gebotene Handlungen, die den Menschen als Pflicht auferlegt werden. Wer Gott gehorcht und diese Handlungen verrichtet, wird belohnt. Wer gegen diese Pflicht handelt, setzt sich der Strafe Gottes aus.
– Empfohlene Handlungen, die dem religiösen Leben des Einzelnen und der Gemeinschaft förderlich sind. Ihre Vernachlässigung wird nicht bestraft; ihre Verrichtung wird jedoch belohnt.
– Erlaubte Handlungen, deren moralische Qualität neutral ist. Deswegen ist für deren Erfüllung keine Belohnung und für deren Unterlassung keine Strafe vorgesehen.
– Missbilligte Handlungen, die dem Gehorsam gegen Gott hinderlich sind. Wer sie unterlässt, wird belohnt, wer sie tut, wird jedoch nicht bestraft.
– Verbotene Handlungen, deren Unterlassung geboten ist und belohnt wird, während ihre Verrichtung Strafe nach sich zieht.

Da die Feststellung der moralischen Qualität der menschlichen Handlung mit dem positiven Inhalt des Gesetzes zusammenhängt, ist der durchschnittliche Muslim auf die religiöse Hilfe der Fachkundigen (*'ulamā'*) angewiesen, um seinen Weg vor Gott erkennen und sich danach richten zu können.

Die Theologen des Islams betonen in diesem Zusammenhang, dass das menschliche Tun daran gemessen wird, ob es den Bestimmungen des göttlichen Willens entspricht, aber auch ob es in guter oder böser Absicht erfolgt. Ein bekannter Grundsatz lautet: Die Taten hängen mit der Absicht zusammen, sie haben erst durch die Absicht Bestand.

Weil die Moral vor allem vom Gesetz her bestimmt ist, hat das Kind im Islam, solange es das verantwortliche Alter nicht erreicht hat (bis zum Alter von 13 oder 14 Jahren), keine moralischen Pflichten; es begeht daher keine Sünden. Das Kind muss zwar zur Erfüllung der gesetzlichen Bestimmungen herangeführt werden, es muss entsprechend erzogen werden, aber es hat im strengen Sinne keine Pflichten.

Die Sünden

Große und kleine Sünden

Die islamischen Theologen teilen die Sünden in große und kleine ein. Sie berufen sich dabei auf die Aussage des Korans: „Diejenigen, die die schweren Sünden und die schändlichen Taten meiden, abgesehen von leichten Verfehlungen ... Wahrlich, dein Herr hat eine umfassende Vergebung" (53,32; vgl. 42,37; 4,31).

Was man aber als große und was man als kleine Sünde betrachten soll, ist umstritten. Auch die Kriterien zur Beurteilung der Handlungen der Menschen sind nicht bei allen Theologen gleich. Ghazzali (1059–1111) nimmt Bezug auf die drei Ebenen, die für das religiöse Leben von Bedeutung sind: Gott, seine Erkenntnis und der Glaube an ihn; das menschliche Leben; was dieses Leben sichert und fördert. Am schwersten sind also die Sünden, die sich gegen Gott und den Glauben richten, denn sie machen das Heil des Menschen direkt unmöglich. Dann kommen die Sünden, die sich gegen das Leben des Menschen richten, es vernichten oder wenigstens beeinträchtigen (Mord, Totschlag, Verstümmelung, Gewaltanwendung, Unzucht, Homosexualität ...). Zur letzten Kategorie gehören die Sünden, die sich gegen die Mittel richten, die das Leben ermöglichen (Vergehen gegen Eigentum, den guten Ruf, die Wahrheit als Mittel der notwendigen Verständigung ...).

Vergebung der Sünden

In unzähligen Versen wiederholt der Koran, dass Gott barmherzig und reich an Vergebung ist (u.a. 2,173.182.192.199.218.225.226. 235 ...). Gott ist bereit, alle Sünden des Menschen zu vergeben (39,53), wem er will (u.a. 2,284; 3,129 ...). Eine Ausnahme bildet der Unglaube in seinen verschiedenen Varianten. Wer ungläubig ist und frevelt, wird keine Vergebung finden (4,168; 9,80). Desgleichen werden die Heuchler, die ihren Unglauben verbergen und versuchen, andere vom Glauben abzubringen (63,2), und die Ungläubigen, die zudem in ihrem Unglauben sterben, keine Vergebung von Gott erfahren (47,34; 4,18). Eine besonders schwere Variante des Unglaubens, der nicht vergeben wird, ist die Beigesellung, die Anerkennung anderer Gottheiten neben dem einzigen Gott (4,48.116). Endlich ist der Abfall vom Glauben eine so schwere Abwendung von Gott, dass Gott ihn nicht vergibt (4,137; vgl. 16,106–107; 2,217; 3,86–91). Nicht einmal die Fürbitte des Propheten Muhammad wird Gott dazu bewegen, allen diesen Ungläubigen zu verzeihen (63,6; 9,80).

Die Vergebung der übrigen Sünden ist grundsätzlich möglich. Bedingung zur Erlangung der göttlichen Vergebung ist zunächst der Glaube. Wer glaubt, kann mit der Verzeihung seiner Sünden rechnen (vgl. 20,73; 26,51; 46,31). Desgleichen darf auf Vergebung hoffen, wer dem Propheten folgt (3,31) und sonst seine religiösen Pflichten erfüllt.

Der gläubige Sünder erlangt die Vergebung seiner schweren Sünden vor allem durch Reue und Umkehr (42,25; 4,17). Denn Buße und gute Werke versöhnen mit Gott (5,39; vgl. u. a. 25,71). Deswegen mahnt der Koran die Gläubigen zur Reue und zur Buße (24,31; 66,8; 5,74; vgl. 11,3.52.61.90). Die Sünder sollen auch Gott um Vergebung bitten: „... und die, wenn sie etwas Schändliches begangen oder sich selbst Unrecht getan haben, Gottes gedenken und um Vergebung für ihre Sünden bitten – und wer vergibt die Sünden außer Gott? – und auf dem, was sie getan haben, nicht beharren, wo sie es doch wissen. Deren Lohn ist Vergebung von ihrem Herrn und Gärten, unter denen Bäche fließen" (3,135–136).

Was die Vergebung der kleineren Sünden anbelangt, so vergibt sie Gott dem reuigen Gläubigen. Gott erklärt den kleinen Sündern, dass sie Vergebung finden werden, wenn sie die größeren Sünden vermeiden (53,32; 4,31). „... dem, der umkehrt, glaubt und gute Werke tut; Gott wird ihnen ihre schlechten Taten gegen gute eintauschen; und Gott ist voller Vergebung und barmherzig" (25,70). Endlich wird dem frommen Gläubigen, der z. B. das vorgeschriebene Gebet verrichtet, versichert: „... die guten Taten vertreiben die Missetaten" (11,114).

Die Gebote und Verbote

Der Koran bezeichnet die „gläubigen Männer und Frauen" als diejenigen, die „das Rechte gebieten und das Verwerfliche verbieten" (9,71). In unzähligen Versen lobt er die Menschen, die glauben und das Gute tun, und verheißt ihnen die sichere Belohnung bei Gott. Gott wird ihnen ein gutes Leben bescheren (16,97), er wird ihnen im Diesseits Gutes gewähren (16,30; 30,44–45), mehr als ihnen zusteht (42,23). Desgleichen wird Gott das Gute, das die Menschen tun, im Jenseits belohnen (41,46; 16,97; 28,84; 13,29; 98,7–8; 3,115; 4,40.114.124.173; 5,9) und den Gläubigen ein Mehr an Belohnung gewähren (10,26). Denn Gott liebt die Rechtschaffenen, die das Gute tun (2,195).

Parallel zu diesen Texten und oft im selben Kontext betont der Koran, dass Gott das Böse verwirft, denn „nicht gleich sind das Verdorbene und das Köstliche" (5,100). „Wer Böses tut, dem wird danach vergolten" (4,123; vgl. 30,10; 28,84; 10,27 ...).

Im Folgenden werden die moralischen Gebote im Islam parallel zu den Geboten Gottes im biblischen Dekalog dargestellt.

Beziehungen zu Gott

Der Koran gebietet den Menschen, an Gott allein zu glauben, ihm allein zu dienen. Der Gehorsam und die Erfüllung der religiösen Pflichten, besonders die Verrichtung des Gebetes, sind der vorzügliche Ausdruck des ungeheuchelten Glaubens. Wer das versteht und sich bemüht, seinen Glauben zur vollen Entfaltung zu bringen, erweist sich als einer, der sich an die Wahrheit hält (vgl. 103,3) und dem die Weisheit und damit „viel Gutes" gegeben wurde (2,269).

Der Gläubige findet auch in seiner Demut immer leichter den Zugang zum tiefen Glauben (vgl. 32,15), im Gegensatz zum Hochmütigen, der in seiner Selbstzufriedenheit den Glauben nicht annimmt und sich vom Dienste Gottes abwendet (40,35; 4,172–173). Gott „liebt die nicht, die sich hochmütig zeigen" (16,23), er liebt auch nicht den, „der eingebildet und prahlerisch ist" (31,18; 4,36). Die Hochmütigen wird Gott in der Hölle bestrafen (16,27; 40,76; 39,60.72; 4,172–173).

Wie den Hochmut, so verurteilt der Koran die *Undankbarkeit* der Menschen, die in der Not Gott anrufen und sich undankbar zeigen, wenn die Gefahr vorbei ist (41,51; 17,67.83; 16,53–55; 30,33–34; 11,9; 39,8.49; 10,12). Den Dankbaren aber erklärt er: „Gott wird (es) den Dankbaren vergelten" (3,144). Die dankbare Annahme des eigenen Schicksals von der Hand Gottes bedingt die Haltung der Geduld und der Beharrlichkeit, die der Koran den Gläubigen empfiehlt: „O ihr, die ihr glaubt, seid geduldig und miteinander standhaft und einsatzbereit. Und fürchtet Gott, auf dass es euch wohl ergehe" (3,200; vgl. 103,3; 2,45.153).

„Gott ist mit den Geduldigen" (2,153.249; 8,46). Die Propheten sind ein Beispiel der geforderten Geduld (21,85), und Muhammad selbst wird wiederholt zur Geduld ermuntert (73,10; 76,24; 50,39; 20,130; 16,127; 40,55). Die Geduld der Gläubigen wird ihre Belohnung bei Gott finden (41,35; 28,54,80; 29,59; 2,155–157; 3,17; 22,34–35).

(Dies alles entspricht etwa dem 1. und dem 3. Gebot im biblischen Dekalog: Glaube, religiöse Pflichten.)

Der Koran verurteilt die Gewohnheit, leichtfertig beim Namen Gottes zu schwören (2,224), sowie den Missbrauch der Eide für allerlei Intrigen (16,92.94). Er droht dem Missbrauch mit der Strafe Gottes (16,94), übt aber Nachsicht mit denen, die unbedachte Eide leisten (2,225), fordert jedoch von ihnen eine Sühne dafür: zehn Arme beköstigen oder drei Tage fasten (5,89; vgl. 66,2).

Grundsätzlich aber verlangt der Koran die Erfüllung der Gelübde (22,29) und die Einlösung der durch Eid bekräftigten Versprechen: „Und haltet den Bund Gottes, wenn ihr einen Bund geschlossen habt, und brecht nicht die Eide nach ihrer Bekräftigung, wo ihr Gott zum Bürgen über euch gemacht habt. Gott weiß, was ihr tut" (16,91; vgl. 5,89).

(Vgl. das 2. Gebot des biblischen Dekalogs.)

Beziehungen zu den Menschen

Der Koran verurteilt das Böse in der Welt und die Menschen, die auf Erden nur Unheil anrichten, statt für Frieden und Ordnung zu sorgen (26,152; 2,27; 5,33), denn solche Menschen liebt Gott nicht (5,64). Sie treiben auf Erden ihr Unwesen und richten Unheil an, statt an die Wohltaten Gottes zu denken (vgl. 7,56.74.85; 47,22).

Im Gegenteil dazu empfiehlt der Koran die Güte und die Brüderlichkeit, die sich in den verschiedenen Bereichen des persönlichen und des gesellschaftlichen Lebens auswirken. „Die einen von euch stammen ja von den anderen" (4,25), denn Gott hat durch den Glauben aus den Feinden der alten Zeit Freunde, sogar Brüder gemacht (3,103). „Die Gläubigen sind ja Brüder" (49,10), sie sind, Männer und Frauen, untereinander Freunde (9,71). Deswegen gebietet ihnen der Koran: „Helft einander zur Frömmigkeit und Gottesfurcht, und helft einander nicht zur Sünde und Übertretung. Und fürchtet Gott. Gott verhängt eine harte Strafe" (5,2).

Die Brüderlichkeit drückt sich so aus: „... vergesst die Großmut untereinander nicht" (2,237), und „sprecht freundlich zu den Menschen" (2,83), denn „freundliche Worte und Verzeihen sind besser als ein Almosen, dem Ungemach folgt" (2,263).

Auch die Vergebung soll die Beziehungen der Gläubigen zueinander auszeichnen. Auch wenn man das Böse mit Bösem vergelten darf, so ist die Verzeihung doch besser (16,126; 4,149). Und wer bereit ist zu verzeihen, wird auch bei Gott Verzeihung finden: „Sie sollen verzeihen und nachlassen. Liebt ihr es selbst nicht, dass Gott euch vergibt? Gott ist voller Vergebung und barmherzig" (24,22; vgl. 64,14)

Die gläubige Entschlossenheit, die durch dieses Verhalten gezeigt wird (42,43), wird von Gott belohnt werden.

Noch mehr, als seinen Zorn zu unterdrücken und den Menschen zu verzeihen (3,134), soll der Fromme Böses mit Gutem vergelten: „Nicht gleich sind die gute und die schlechte Tat. Wehre ab mit einer Tat, die besser ist, da wird der, zwischen dem und dir eine Feindschaft besteht, so, als wäre er ein warmherziger Freund" (41,34; vgl. 23,96; 28,54; 13,22).

Brüderlichkeit verpflichtet auch dazu, den Spott zu vermeiden (49,11) und den Neid zu bannen (113,5). Der Gläubige soll vielmehr „zur Aussöhnung zwischen den Menschen" auffordern (4,114) und mit den geeigneten Mitteln Frieden zwischen ihnen stiften: „Und wenn zwei Gruppen von den Gläubigen einander bekämpfen, so stiftet Frieden zwischen ihnen. Wenn die eine von ihnen gegen die andere in ungerechter Weise vorgeht, dann kämpft gegen diejenige, die in ungerechter Weise vorgeht, bis sie zum Befehl Gottes umkehrt. Wenn sie umkehrt, dann stiftet Frieden zwischen ihnen nach Gerechtigkeit und handelt dabei gerecht. Gott liebt die, die gerecht handeln" (49.9).

Endlich zeigt sich die Solidarität und die Brüderlichkeit der Gläubigen miteinander darin, dass sie für die Schwachen Sorge tragen, den Armen und Waisen beistehen und ihnen zu essen geben (107,1-2; vgl. 74,44; 90,12-17; 89,17-19) und den Reisenden Gastfreundschaft anbieten (2,215; 9,60).

2,177: Frömmigkeit besteht nicht darin, dass ihr euer Gesicht nach Osten und Westen wendet. Frömmigkeit besteht darin, dass man an Gott, den Jüngsten Tag, die Engel, das Buch und die Propheten glaubt, dass man, aus Liebe zu Ihm, den Verwandten, den Waisen, den Bedürftigen, dem Reisenden und den Bettlern Geld zukommen lässt und (es) für den Loskauf der Sklaven und Gefangenen (ausgibt), und dass man das Gebet verrichtet und die Abgabe entrichtet.

Beziehungen zu den Eltern

Unter Verheißung der göttlichen Belohnung (46,16) empfiehlt der Koran den Gläubigen, sie sollen zu ihren Eltern gut sein, dies in Anbetracht der Fürsorge und der Erziehung, die sie ihrem Kinde angedeihen ließen (29,8; 31,14; 6,151; 46,15; 4,36). Der Koran wird sogar konkret in der Beschreibung der Haltung der erwachsenen Kinder ihren Eltern gegenüber: „Und dein Herr hat bestimmt, dass ihr nur Ihm dienen sollt, und dass man die Eltern gut behandeln soll. Wenn eines von ihnen oder beide bei dir ein hohes Alter erreichen, so sag nicht zu ihnen: 'Pfui!', und fahre sie nicht an, sondern sprich zu ihnen ehrerbietige Worte. Und senke für sie aus Barmherzigkeit den Flügel der Untergebenheit und sag: 'Mein Herr, erbarme dich ihrer, wie sie mich aufgezogen haben, als ich klein war'" (17,23–24).

Trotz aller Ehrerbietung darf aber der Mensch seinen Eltern nicht gehorchen, wenn sie versuchen, ihn vom Glauben abzubringen (29,8; 31,15). Wenn sie im Gegenteil ihr Kind zum Glauben aufrufen, darf dieses sie nicht zurückweisen (46,17).

Der Koran verpflichtet die Kinder dazu, für ihre Eltern und Verwandten zu sorgen, wenn diese in Not geraten sind (2,177.215).

(Vgl. das 4. Gebot des biblischen Dekalogs.)

Respekt des Lebens

Der Koran gebietet den absoluten Respekt des Lebens. Denn, so lautet der allgemein gültige Grundsatz: „Wenn einer jemanden tötet, jedoch nicht wegen eines Mordes oder weil er auf der Erde Unheil stiftet, so ist es, als hätte er die Menschen alle getötet. Und wenn jemand ihn am Leben erhält, so ist es, als hätte er die Menschen alle am Leben erhalten" (5,32).

So verbietet der Koran mit Entschiedenheit den Mord (4,29.92), und er mahnt die Eltern, ihre Kinder nicht aus Verarmung zu töten, denn Gott wird für sie und für ihre Kinder sorgen (6,151). Der vorsätzliche Mörder wird von Gott dem Zorn, dem Fluch und der Hölle ausgeliefert (4,93).

Außerdem ist ein solcher Mörder der Vergeltung durch die Verwandten des Ermordeten ausgesetzt: „O ihr, die ihr glaubt, vorgeschrieben ist euch bei Totschlag die Wiedervergeltung: der Freie für den Freien, der Sklave für den Sklaven, das Weib für das Weib" (2,178).

Nur in solchen Fällen ist man berechtigt, Rache zu nehmen und zu töten (17,33; 6,151; 5,32). Aber, so schärft der Koran ein, man darf dann „nicht maßlos im Töten sein" (17,33). Im Gegenteil, man sollte bereit sein, die von Gott gewährte Erleichterung des *ius talionis* anzunehmen, auf die Blutrache zu verzichten und sich mit einem Blutgeld zufrieden zu geben (2,178).

Die Blutrache ist im Fall eines aus Versehen verübten Totschlages sogar verboten. Dafür muss der Täter eine Sühne leisten: Blutgeld, Befreiung eines Sklaven oder Fasten während zweier aufeinander folgender Monate. Die Aufhebung der Blutrache in diesem Fall wird im Koran als eine Erleichterung des strengen *ius talionis* und ein Gnadenerweis vonseiten Gottes bezeichnet (4,92).

Außer dem Töten verbietet der Koran auch die Gewalttätigkeit (16,90; 7,33; vgl. 40,35; 10,23).

(Vgl. das 5. Gebot des Dekalogs.)

Sexualität und Familie

Der Koran bejaht ohne Vorbehalt die menschliche Liebe und die menschliche Sexualität, die er als Gabe Gottes betrachtet: „Und es gehört zu seinen Zeichen, dass Er euch aus euch selbst Gattinnen erschaffen hat, damit ihr bei ihnen wohnet. Und Er hat Liebe und Barmherzigkeit zwischen euch gemacht" (30,21).

Der Koran bezeichnet die Frauen als ein Saatfeld für die Männer (2,223). Männer und Frauen sind füreinander eine Bekleidung (2,187), sie brauchen einander und passen zueinander. Der Geschlechtsverkehr muss während der Menstruation der Frau (2,222), am Tag in der Fastenzeit (2,187) und im Weihezustand während der Wallfahrt nach Mekka (2,197) unterbleiben. Auch ist der Geschlechtsverkehr nur Eheleuten gestattet (70,31).

„Diejenigen, die keine Möglichkeit zum Heiraten finden, sollen keusch bleiben, bis Gott sie durch seine Huld reich macht" (24,33). Die Männer können aber auch Umgang mit ihren Konkubinen unter ihren Sklavinnen haben (70,29–30; 23,5–6). In allen anderen Fällen gebietet der Koran den Männern die Keuschheit (70,29; 23,5; 24,30) sowie den Frauen (24,60).

Auf der anderen Seite verurteilt der Koran die Homosexualität und fordert die Züchtigung der Schuldigen (4,16; vgl. 7,80–81: Geschichte des Lot). Er verbietet die Prostitution: „Und zwingt nicht eure Sklavinnen, wenn sie sich unter Schutz stellen wollen, zur

Hurerei im Trachten nach den Gütern des diesseitigen Lebens" (24,33).

Desgleichen verurteilt der Koran die Unzucht: „... und nähert euch nicht den schändlichen Taten, was von ihnen offen und was verborgen ist" (6,151; vgl. 16,90; 7,28.33).

Die Strafe der Unzucht wird im Koran auf hundert Peitschenhiebe festgesetzt. Außerdem darf ein solcher Mann oder eine solche Frau keinen gläubigen Partner mehr heiraten (24,2–3).

Die Strafe des Ehebruchs wird erst verhängt, wenn vier glaubwürdige Zeugen den Tatbestand bestätigen (4,15; 24,4), sonst muss es der Ehemann viermal bezeugen und sich beim fünften Mal dem Fluch Gottes aussetzen, wenn er lügt (24,6–7). Desgleichen kann die beschuldigte Frau durch ähnliche Bezeugung der Strafe entgehen (24,8–9). Die Strafe selbst ist sehr streng, aus Sorge um die einwandfreie Legitimität der Kinder: „Gegen diejenigen von euren Frauen, die Schändliches begehen, müsst ihr vier von euch zeugen lassen. Wenn sie es bezeugen, dann haltet sie in den Häusern fest, bis der Tod sie abberuft oder Gott ihnen einen Ausweg verschafft" (4,15).

(Vgl. das 6. und 9. Gebot des Dekalogs.)

Gerechtigkeit und Eigentum

Der Koran tritt entschieden für die Gerechtigkeit ein, die er zu einer besonderen Tugend der Muslime erhebt: „O ihr, die ihr glaubt, tretet für Gott ein und legt Zeugnis für die Gerechtigkeit ab. Und der Hass gegen bestimmte Leute soll euch nicht dazu verleiten, nicht gerecht zu sein. Seid gerecht, das entspricht eher der Gottesfurcht. Und fürchtet Gott. Gott hat Kenntnis von dem, was ihr tut" (5,8; vgl. 7,29; 49,9).

Die Gerechtigkeit besteht darin, einem jeden zu geben, was ihm zusteht. So dürfen die Gläubigen sich nicht untereinander in betrügerischer Weise um ihr Vermögen bringen (2,188; 4,29). Auch im Geschäft müssen Betrug und Unehrlichkeit verbannt werden: „Und gebt volles Maß und Gewicht nach Gerechtigkeit" (6,152; vgl. 55,8–9; 83,1–3; 26,181–182; 17,35; 11,85; 7,85). Desgleichen gilt es, das Zinsnehmen, das der Koran als Wucher bezeichnet, abzuschaffen: „O ihr, die ihr glaubt, fürchtet Gott und lasst, was künftig an Zinsnehmen anfällt, bleiben, so ihr gläubig seid. Wenn ihr es nicht tut, so erwartet Krieg von Gott und seinem Gesandten" (2,278–279; vgl. 30,39; 2,275.276; 3,130; 4,161).

Auch muss man das anvertraute Gut nach Ablauf der festgesetzten Frist treu zurückgeben (70,32; 23,8; 2,283; 8,27; 4,58). Der Koran regelt die juristischen Formalitäten zur Sicherung solcher Güter (2,282–283). Auf jeden Fall muss der Gläubige die von ihm eingegangenen Verpflichtungen erfüllen (2,177).

Die Gerechtigkeit fordert auch, dass man den Verwandten ihr Recht gibt, ebenso den Armen und den Reisenden (30,38). Man darf also ihre Situation nicht ausnutzen, um sie um ihr Recht zu betrügen. Nicht einmal gegen sonst friedliche Ungläubige darf man ungerecht handeln (60,8).

Endlich soll die Gerechtigkeit walten bei jedem Schiedsspruch und jedem Richterurteil (4,58), auch wenn es um Verwandte geht (6,152).

So soll keiner den Leuten abzwacken, was ihnen gehört (vgl. 26,183; 11,85; 7,85). Wer dennoch, Mann oder Frau, einen Diebstahl begeht, wird hart bestraft: „Und hackt dem Dieb und der Diebin die Hände ab zur Vergeltung für das, was sie erworben haben, dies als abschreckende Strafe vonseiten Gottes" (5,38). Wer jedoch umkehrt und sich bessert, wird verschont (5,39). Auf Räuber und Gewalttätige wendet das islamische Strafrecht die Drohung des Korans an: Sie sollen „getötet oder gekreuzigt werden, oder dass ihnen Hände und Füße wechselseitig abgehackt werden, oder dass sie aus dem Land verbannt werden" (5,33), es sei denn, sie kehren um, bevor man sie gefasst hat (5,34).

Nicht nur den Diebstahl und das Unrecht verurteilt der Koran. Er verwirft auch die allzu große Liebe zum Reichtum. Der Reichtum ist von Gott gegeben worden, um die Menschen auf die Probe zu stellen (18,7), aber die Reichen verlassen sich auf ihren Besitz (vgl. 104,3), werden widerspenstig und weigern sich, an die Gesandten Gottes zu glauben (34,34–37). So empfiehlt der Koran den Gläubigen, von ihrem Besitz für die Sache Gottes zu spenden und den Geiz abzulegen (47,38), denn „Gott liebt die nicht, die geizen und den Leuten befehlen, geizig zu sein, und die verschweigen, was Gott ihnen von seiner Huld hat zukommen lassen" (4,37). Aber „diejenigen, die vor ihrer eigenen Habsucht bewahrt bleiben, sind die, denen es wohl ergeht" (59,9).

(Vgl. das 7. und 10. Gebot des Dekalogs.)

Pflege der Wahrheit

Der Koran gebietet den Gläubigen: „Sprecht zutreffende Worte", dann wird Gott ihnen ihre Werke gedeihen lassen und ihnen ihre Schuld vergeben (33,70–71). Verboten ist es, „falsche Aussage" zu machen (22,30) und falsches Zeugnis abzulegen (25,72). Auch werden die Gläubigen gewarnt, die ihr Versprechen nicht einhalten und nicht für die Sache Gottes mit dem Propheten kämpfen: „... Warum sagt ihr, was ihr nicht tut? Großen Abscheu erregt es bei Gott, dass ihr sagt, was ihr nicht tut" (61,2–3). Außerdem verurteilt der Koran die Heuchelei (vgl. u. a. 2,264; 4,38; – 8,47) und die Unaufrichtigkeit derjenigen, die „es lieben, für das gelobt zu werden, was sie nicht getan haben ... Bestimmt ist für sie eine schmerzhafte Pein" (3,188).

Was das Zeugnis anbelangt, so legt der Koran großen Wert darauf, dass es der Wahrheit entspricht, damit jedem sein Recht zukommt, auch wenn das Zeugnis „gegen euch selbst oder gegen die Eltern und die Angehörigen sein sollte" (4,135).

Energisch wendet sich der Koran gegen Mutmaßungen und Verdächtigungen, denn „manche Mutmaßung ist Sünde" (49,12). Er gibt den Gläubigen folgenden heilsamen Rat: „O ihr, die ihr glaubt, wenn ein Frevler mit einer Nachricht zu euch kommt, so stellt es eindeutig fest, damit ihr nicht (einigen) Leuten in Unwissenheit etwas antut und dann bereuen müsst, was ihr getan habt" (49.6).

Auch wenn dieser Rat durch die damaligen Kriegsumstände bedingt war, so hat er dennoch bleibende Bedeutung.

Endlich verurteilt der Koran die üble Nachrede (24,19), es sei denn, man wahrt sich dadurch gegen ein Unrecht (4,148).

Noch strenger geht er mit den Verleumdern ins Gericht: „Und wer eine Verfehlung oder eine Sünde erwirbt und sie dann einem Unschuldigen vorwirft, der lädt auf sich eine Verleumdung und eine offenkundige Sünde" (4,112).

„Diejenigen, die den unter Schutz gestellten, nichts ahnenden gläubigen Frauen Untreue vorwerfen, sind verflucht im Diesseits und Jenseits" (24,23). Im Jenseits erwartet sie eine gewaltige Strafe (24,23), und im Diesseits soll man sie „mit achtzig Hieben geißeln. Nehmt von ihnen nie mehr eine Zeugenaussage an" (24,4).

(Vgl. das 8. Gebot des Dekalogs.)

Zum Vergleich mit dem biblischen Dekalog können übrigens besonders folgende Koranstellen herangezogen werden: Suren 17,22–39; 6,151–15.

Teil IV
Traditioneller Islam und moderne Welt

KAPITEL IX

Islam und Demokratie

Die Führer der islamischen Welt sehen in der heutigen Renaissance des Islams nicht nur ein Wiedererwachen des religiösen Gefühls bei den Gläubigen, sondern auch die Grundlage für den Anspruch, der Islam habe eine bestimmende Rolle in Gesellschaft und Politik zu spielen und darüber hinaus einen universalen Auftrag zu erfüllen. Denn, so die religiöse Auffassung des Islams, die Menschen sind auf Gott, auf seine Offenbarung und seine praktische Rechtleitung angewiesen, um leben zu können. Nicht nur in dem Sinne, dass es Gott ist, der das Leben schenkt, bewahrt, sichert, fördert und auch wieder nimmt, sondern auch in dem Sinne, dass der Mensch von sich aus nicht fähig ist, die Leben spendende Wahrheit zu finden und anzunehmen und den rechten Weg zu finden und zu befolgen. „Und wem Gott kein Licht verschafft, für den gibt es kein Licht", sagt der Koran (24,40); und: „Gott sagt die Wahrheit, und Er führt den (rechten) Weg" (33,4). So ist der Gehorsam der Heilsweg des Muslims. Wer diesen Weg geht, erreicht das Ziel, wohin Gott seine Gemeinde führen will, und erlangt die Barmherzigkeit des gütigen Gottes. Denn Gott hat seinen Willen kundgetan, um die Menschen rechtzuleiten. Das Gesetz des Korans, als Ausdruck des Willen Gottes, ist ein Licht, das Einsicht bringt und die rechte Urteilsbildung ermöglicht. Es ist die Grundlage der richtigen Entscheidung, die Richtschnur der praktischen Ausführung der getroffenen Entscheidungen und die Norm des Handelns auf allen Gebieten des Lebens. So ist der Koran auch die letzte Instanz in Streitfragen; er liefert die Grundsätze der Rechtsprechung und die Richtlinien der schiedsrichterlichen Funktion des Islams.

Der Weg Gottes, wie er im Koran festgelegt ist, wird den gläubigen Muslimen durch den Propheten Muhammad verkündet und verbindlich erklärt. Denn Muhammad ist auch der beste und authentische Interpret der göttlichen Offenbarung. So gilt der Weg des Propheten (*sunna*) als die zweite Hauptquelle des Islams und als eine verbindliche Grundlage des islamischen Gesetzes. Die Art und Weise, wie er inmitten seiner Gemeinde lebte und sie auf den Wegen Gottes führte, seine Sprüche, durch die er lobte und tadelte, sein Schweigen, all das wurde nach seinem Tod durch verschiedene

Gewährsmänner erzählt. Ihre Erzählungen und Berichte (*hadith*) wurden gesammelt und bilden seitdem die Grundlage der islamischen Überlieferung.

Absolutheitsanspruch des Islams

Ausgehend von der koranischen Offenbarung und der prophetischen Tradition, erhebt der Islam den Anspruch, die letztgültige Gestalt der Religion zu sein. Nach dem Judentum, das Mose im Tora-Gesetz verkündet und gestaltet hat, und nach dem Christentum, das im Evangelium Jesu Christi verankert ist, sei nun der Islam der endgültige Höhepunkt der Prophetengeschichte. Er stelle die reine Form der Religion dar, wie er sie von Abraham, dem Vater aller Gläubigen, geerbt habe (vgl. Koran 3,68). Muhammad sei „das Siegel der Propheten" (33,40), und der Islam die einzig wahre Religion (3,19). Alle anderen Religionen haben damit ihre universale Geltung verloren.

Totalitätsanspruch und Theokratie

Der Islam erhebt auch einen Totalitätsanspruch, das heißt, er beansprucht, Gottes Recht in allen Bereichen des Lebens durchzusetzen, und zwar im Hinblick auf die Einzelnen wie auf die Gemeinschaft und den Staat. So kennt der Islam keine Trennung von Religion und Staat, von Glaubensgemeinschaft und politischer Gesellschaft. Die islamische Gemeinschaft und auch alle Gemeinschaften, die im islamisch regierten Staat leben, stehen unter dem Gesetz Gottes und haben nach seinen Bestimmungen zu handeln. Gottes Recht dient als Richtschnur der politischen Entscheidungen der Regierung, als Grundsatzung staatlicher Institutionen und als Maßstab zur Bestätigung der Autorität des Staates oder zur Verurteilung seiner Abweichungen beziehungsweise seiner Willkür.

Das Gesetz Gottes, das im Koran grundgelegt ist und in der Sunna seine authentische Interpretation und vorbildliche Anwendung gefunden hat, ist das Grundgesetz des islamischen Staates. Legislative und Regierung haben sich daran zu halten und zu orientieren. Ihre Zuständigkeit und ihre Handlungsmöglichkeit bestehen lediglich darin, Anwendungsgesetze zu verabschieden zur Regelung konkreter Anliegen, und zwar auch nur in den Fällen, für die der Koran und die Sunna nicht bereits konkrete Lösungen festgelegt haben. Desgleichen ist die Rechtsprechung an die Inhalte des Korans und der Sunna gebunden. Einen Ermessensraum hat der Richter nur dort, wo Koran und Sunna keine genauen Aussagen enthalten. Eine wichtige Funktion im islamischen Staat übernimmt der Rechtsgelehrte. Er ist Berater, aber auch Kontrollinstanz für die verschiedenen Ämter in Staat, Verwaltung und Justiz.

Aufgrund dieser Bindung des politischen Lebens in der islamischen Gesellschaft an das von Gott in seiner Offenbarung erlassene und von Muhammad in seiner Überlieferung zur Anwendung gebrachte und authentisch interpretierte Gesetz wird der islamische Staat als Theokratie bezeichnet.

Ziel der politischen Struktur dieser islamischen Theokratie ist, die Rechte Gottes zur Geltung zu bringen und die Rechte und Interessen der islamischen Gemeinschaft, wie sie das Gesetz Gottes sieht und festlegt, zu sichern. Der Staat hat auch die Aufgabe, von den Untertanen Gehorsam gegen das Gesetz Gottes zu fordern und die Bestimmungen dieses Gesetzes im praktischen Leben durchzusetzen. Den Regierenden ist dafür Autorität und Vollmacht verliehen, um die Herrschaft Gottes und die Vorherrschaft des Islams zu festigen und auszudehnen.

So erhebt der Leiter der islamischen Gemeinschaft, der Khalif, den Anspruch, Nachfolger des Propheten Muhammad als Haupt der religiösen Gemeinschaft und zugleich politischer Führer des islamischen Staates zu sein. Daher kann er von den Gläubigen Gehorsam und von allen Untertanen politische Loyalität fordern. Er selbst aber muss die Vorschriften des Korans und die gesetzlichen Bestimmungen kennen oder sich dieses Wissen bei fachkundigen Beratern (Rechtsgelehrten) holen. Auch bei sonstigen Entscheidungen, die das konkrete Leben und die politischen Interessen der Gemeinschaft betreffen, ist der Regierungschef verpflichtet, andere Mitglieder der Gemeinschaft zu Rate zu ziehen (vgl. Koran 3,159; 42,39). Der Koran präzisiert nicht, wie diese Beratung erfolgen soll, er schreibt daher keine näher bestimmte Staatsform vor. Er hat aber mit dieser Maßnahme die Autorität und die unentbehrliche Rolle der Rechtsgelehrten festgestellt und verankert. In dieser Pflicht zur Beratung wollen einige islamische Autoren einen Ansatz zur demokratischen Struktur des Staates sehen.

Der Anspruch des Islams, „die beste Gemeinschaft ... unter den Menschen" (3,110) hervorzubringen und den Gottesstaat auf Erden zu errichten, hat zur Gestaltung eines Lebensmodells geführt, in dem Gottes Autorität konkrete Institutionen und konkrete Entscheidungen sanktioniert und die freie Initiative und die Gestaltungsfreiheit des Menschen stark einengt.

Ansätze zur Entwicklung dieses Systems zu einer demokratischen Struktur sehen einige Autoren in der vom Koran festgelegten Pflicht zur Beratung und in der in frühester Zeit ausgeübten Wahl der ersten Khalifen, welche dann mit der Bejahung durch die Gemeinde bestätigt wurde.

Universalitätsanspruch des Islams

Noch schwerwiegender wirkte sich der Universalitätsanspruch des Islams auf die Beziehungen des islamischen Staates zu anderen Staaten aus. Kraft dieses Anspruchs proklamiert der Islam sein Modell eines Gottesstaates als universal gültig und als grundsätzlich und von Rechts wegen verbindlich für alle Gemeinschaften und Staaten. So fühlt sich der Islam dazu aufgerufen, den Herrschaftsbereich des islamischen Staates auszudehnen, die Normen der islamischen Gesellschaftsordnung zu universaler Geltung zu bringen, die Institutionen der politischen Struktur des Islams überall in der Welt zu etablieren und somit eine einheitliche Gesellschaft unter islamischem Gottesrecht zu bilden, die möglichst alle Menschen umgreift. Dieser Universalitätsanspruch wird heute im Zuge der islamischen Wiedererweckungsbewegung ausdrücklich proklamiert. Die traditionelle Maxime lautete ja: „Der Islam herrscht, er wird nicht beherrscht." In den Vorstellungen militanter Gruppen unter den Muslimen haben Koran und Rechtstradition des klassischen Mittelalters deutlich gemacht, mit welchen Mitteln die Universalherrschaft des Islams errichtet und gefestigt und wie die Beziehungen des Islams zu den nichtislamischen Staaten gestaltet werden sollen.

Der „Heilige Krieg" als Einsatz für den Islam *(djihad)*

In der Medina-Periode der koranischen Verkündigung, zwischen 622 und 632, sieht sich Muhammad mit Widersachern konfrontiert, die die Muslime mit ihrer Feindseligkeit verfolgen, ihnen den Zugang zu der heiligen Stätte in Mekka verwehren und sonst keine Abmachungen mit ihnen respektieren. Nach einer Zeit, in der der Koran nur einen bedingten Defensivkrieg gegen die Feinde vorschrieb, erklärte er dann doch den totalen Krieg gegen die unerbittlichen Gegner der islamischen Gemeinde. Die Muslime, so der Koran, sollen kämpfen um ihr Leben (vgl. 8,30), um ihren Glauben (61,8) und um die Einheit ihrer Gemeinschaft (2,217). „Und kämpft gegen sie, bis es keine Verführung mehr gibt und bis die Religion gänzlich nur noch Gott gehört" (8,39; vgl. 2,193). Denen, die sich für die Sache des Islams einsetzen, wird der Lohn bei Gott verheißen (vgl. 4,74). Friede wird es geben, wenn die Ungläubigen endlich den Islam annehmen (vgl. 48,16) und wenn der Islam den Sieg davon trägt (vgl. 9,33). Bis dahin gilt der totale Krieg: „Und kämpft gegen die Polytheisten allesamt, wie sie gegen euch allesamt kämpfen" (9,36). Auf diese Weise wird die den Muslimen angetane Gewaltanwendung vergolten. Damit erfüllen die Muslime auch ihre Pflicht, sich für die Rechte Gottes und für die Sicherung der Vorherrschaft des Islams einzusetzen. Dieser Einsatz ist von großer Bedeutung, denn er dient zugleich der Wahrung und Festigung der Einheit der islamischen Gemeinschaft und der Wahrung und Ausbreitung der islamischen Lebensordnung, so dass am Ende nur noch eine Gemeinschaft in der Welt besteht, oder wenigstens der Islam allein die Oberhoheit über alle übrigen Religionen und Gemeinschaften erlangt (vgl. 9,33; 61,9; 48,28).

Das klassische Rechtssystem des Islams, ausgehend von diesen Bestimmungen, teilt die Welt in zwei Gebiete auf: das Gebiet des Islams und das Gebiet des Krieges. Das Gebiet des Islams ist Gottes Staat, das Reich des Friedens, in dem das islamische Gesetz und die vom Islam festgelegte Gesellschaftsordnung und politische Struktur herrschen. Das Gebiet der Nicht-Muslime wird grundsätzlich als das Gebiet des Krieges bezeichnet. Darin herrscht das Gesetz der Ungläubigen und der Nicht-Muslime vor, das in einigen oder gar zahlreichen Punkten den Bestimmungen des göttlichen Gesetzes widerspricht. Die Muslime haben die Pflicht, ihr eigenes Gebiet gegen die Angriffe der Feinde zu verteidigen. Darüber hinaus haben sie sich aktiv einzusetzen, um auch im Gebiet der Nicht-Muslime dem Gesetz Gottes zum Sieg zu verhelfen und die Rechte Gottes zur Geltung zu bringen.

In den Fällen, in denen der islamische Staat schwere Angriffe abzuwehren hat, werden die kampftauglichen Männer vom muslimischen Regierenden aufgerufen, in den Kampf zu ziehen. In weniger dramatischen Situationen geht man davon aus, dass die Pflicht zum Heiligen Krieg dem Staat und der Gemeinschaft als solcher obliegt und dass dieser Pflicht Genüge getan wird, wenn an einem Ort, irgendwo in der Welt, Bemühungen um die Ausbreitung des Machtbereichs des Islams unternommen werden. Dabei muss gewährleistet sein, dass der Kampf um die Sache des Islams geführt wird, nicht wegen wirtschaftlicher oder politischer Vorteile.

Diese Pflicht der Gemeinschaft ist eine ständige Pflicht. Der Einsatz für den Islam hört grundsätzlich erst dann auf, wenn alle Menschen den Glauben an Gott angenommen oder gar sich zum Islam bekehrt haben. Das Endziel des Kampfes „auf dem Weg Gottes", wie sich der Koran ausdrückt (z. B. 2,190 usw.), wird erst erreicht, wenn auch das Gebiet der Feinde dem Gebiet des Islams angegliedert wird, wenn der Unglaube endgültig überwunden ist, wenn die Nicht-Muslime sich der Oberherrschaft des Islams unterworfen haben. Solange die alleinige Herrschaft des Islams nicht die ganze Welt umfasst hat, bleibt der Heilige Krieg ein Dauerzustand, und zwar ein solcher, der entweder durch militärische Aktionen oder wenigstens durch politische Versuche oder auf irgendeine Weise erfolgen muss.

Friedenszeiten

Was den Frieden betrifft, so ist er nach der Intention des islamischen Gesetzes der zu erreichende Endzustand der Auseinandersetzung zwischen dem islamischen Staat und den nicht-muslimischen Gemeinschaften. Denn der Heilige Krieg wird geführt, damit die Menschen allesamt als Muslime oder wenigstens als tolerierte Enklaven von Schutzbürgern (*dhimmi*) in den Grenzen und unter der Vorherrschaft des islamischen Staates in Frieden und Gottesfurcht leben können. Der Friede wird erst erreicht und gilt erst als endgültig, wenn die Grenzen des islamischen Staates bis an die Grenzen der Erde gelangen, wenn also nur noch ein Staat bestehen bleibt: der islamische Staat. Solange dieses Ziel nicht erreicht ist, lebt der islamische Gottesstaat in einem ständigen Konfliktzustand mit den nicht-islamischen Staaten; seine Beziehungen zu den fremden Ländern bleiben die der legalen Auseinandersetzung. Dieser Zustand bedeutet jedoch nicht, dass der Islam sich in ständigem aktiven Kampf gegen die Nicht-Muslime befindet oder einen Dauerkrieg gegen die fremden Völker führen muss. Das bedeutet auch nicht, dass der islamische Staat keine Beziehungen irgendwelcher Art mit ihnen unterhalten darf. Verträge und Abkommen dürfen geschlossen, Vereinbarungen getroffen und kulturelle und wirtschaftliche Beziehungen aufgenommen und gepflegt werden. Aber diese

Kontakte und Beziehungen beinhalten in der Einschätzung des klassischen Rechtssystems des Islams keineswegs die Anerkennung der Legitimität der fremden Staaten. Mit der Aufnahme solcher Beziehungen wird lediglich die Tatsache anerkannt, dass auch in den nicht-islamischen Staaten, so lange sie bestehen, eine gewisse Autorität und eine gewisse soziale und politische Ordnung notwendig sind. So ist man bereit, die bestehende Obrigkeit und die herrschende Gesellschaftsordnung sowie die staatlichen Institutionen zur Kenntnis zu nehmen und mit der jeweiligen Regierung im Interesse der Muslime in Kontakt zu treten und vorübergehend friedliche Beziehungen zu vereinbaren.

Diese friedlichen Beziehungen heben aber die grundsätzliche Aufteilung der Welt in ein „Gebiet des Islams" und ein „Gebiet des Krieges" nicht auf. Für die Dauer der Friedenszeit bezeichnen Rechtsgelehrte das Gebiet des Krieges als „Gebiet des Friedens" oder „Gebiet des Vertrags". Betont wird jedoch, dass die Zulässigkeit ausgehandelter Verträge und vereinbarter Friedenszeiten nicht die Gleichstellung nicht-islamischer Länder mit dem islamischen Staat bedeutet. Vorübergehende und befristete Friedenszeiten sind nur eine Pause auf dem Weg zur Islamisierung der ganzen Welt. Dieses Ziel ist zwar schwer zu erreichen und muss in der Alltagspraxis ein frommer Wunsch bleiben, und man muss davon ausgehen, dass im Normalfall der Heilige Krieg in seinem aktiven Ausdruck nur zu einer ruhenden, also nicht positiv betriebenen und erfüllten Pflicht wird. Aber die theoretische Zielsetzung bleibt bestehen und konfrontiert die Praxis immer wieder mit dem von Gott gewollten Idealzustand und Ziel.

Man kann die Vorstellungen des islamischen Rechtssystems der klassischen Zeit in Bezug auf den Heiligen Krieg und die heute noch beziehungsweise wieder von militanten Gruppen in der islamischen Welt vertretenen Lehre wie folgt zusammenfassen: Friede ist der Zustand innerer Ordnung des Staates, wenn dieser nach den Gesetzen Gottes regiert wird und Ungläubigen, Abtrünnigen, Aufständischen und ähnlichen existenzgefährdenden Gruppen keinen Freiraum gibt, sondern sie beseitigt oder bekehrt. Nach außen hin bedeutet Frieden den Endzustand, der nach der siegreichen Bekämpfung und Niederwerfung der nicht-muslimischen Gemeinschaften erreicht wird, so dass nur noch der islamische Staat besteht, in dem Nicht-Muslime, sofern sie Anhänger einer vom Islam anerkannten Offenbarungsreligion und Besitzer heiliger Schriften sind, den Rechtsstatus von Schutzbefohlenen des Islams haben.

Damit erfüllt die politische Gemeinschaft der Muslime (*umma*) ihre Aufgabe, Trägerin und Wahrerin der Rechte Gottes und Hüterin der nach Maßgabe der Rechte Gottes festgesetzten Rechte der Menschen zu sein.

Neue Akzentsetzung in der modernen Zeit

Gegenüber dieser klassischen Position betonen andere Denker in der islamischen Welt die Priorität des Friedens nicht nur als Endzustand, sondern als normalen Zustand der Beziehungen der Menschen und der Gemeinschaften zueinander. Im zeitgenössischen Islam erheben sich nicht nur die Stimmen derer, die eine islamische Weltrevolution im Namen Gottes und seiner Religion fordern und von einer Vorherrschaft des Islams in der Welt träumen. Zahlreiche Gelehrte, deren Verankerung im traditionellen Islam keinem Zweifel unterliegt, sprechen sich aus für den Vorrang des Friedens und für eine grundlegende Reform der klassischen Theorie des Heiligen Krieges im islamischen Rechtssystem. Gegenüber den militanten Staaten und Gruppen, die ihren Traum von einem islamischen Gottesreich mittelalterlicher Prägung laut verkünden, melden sie sich unmissverständlich zu Wort und verlangen eine neue Sicht der Beziehungen der Völker zueinander, in der folgendes Koranwort sich verwirklicht und in seinen Auswirkungen alle Gemeinschaften erfasst: „Gekommen ist zu euch von Gott ein Licht und ein offenkundiges Buch, mit dem Gott diejenigen, die seinem Wohlgefallen nachgehen, die Wege des Friedens leitet ..." (5,16–17).

Frage an die theokratische Staatsordnung des Islams

Christen werden im islamischen Staat in den Rechtsstatus von Schutzbürgern (*dhimmi*) verwiesen. Kraft des Dhimmi-Abkommens garantiert ihnen der Islam innerhalb seiner Grenzen den Schutz ihres Lebens und ihres Eigentums, ihre Religionsfreiheit, eine relative Verwaltungsautonomie und eine eigene Rechtsprechung im Bereich des Personen-, Ehe-, Familien- und Erbrechtes. Was das Zivilrecht, das Strafrecht und das Prozessrecht anbelangt, so sind die Christen den Muslimen nicht ganz gleichgestellt. Auch haben sie im Prinzip keinen Zugang zu Regierungsämtern und zum Militärdienst, denn dies würde ihnen Macht über muslimische Bürger verleihen.

Für den Schutz, den ihnen der islamische Staat gewährt, haben sie Abgaben zu entrichten und sich gegenüber dem Staat loyal zu verhalten. Damit sieht das klassische Rechtssystem des Islams die Bildung einer Gesellschaft mit zwei Klassen von Bürgern vor. Die einen, die Muslime, sind die eigentlichen Bürger; die anderen werden toleriert, ihnen wird ein Lebensraum verschafft, aber ihre Rechte sind nur die, die ihnen der muslimische Staat gewährt. Und diese gewährten Rechte gehen von einer grundsätzlichen Ungleichheit und Ungleichwertigkeit von Muslimen und den ihnen unterworfenen Schutzbefohlenen aus. So sind Muslime und Nicht-Muslime nicht alle Träger der gleichen Grundrechte und der gleichen Grundpflichten. Sie sind auch nicht grundsätzlich gleichgestellt vor dem Gesetz. Die Nicht-Muslime sind zwar in den Augen des Islams nicht recht- und schutzlos, sie werden nicht den Muslimen als freie Beute preisgegeben. Dennoch werden sie im eigenen Land als Bürger zweiter Klasse behandelt.

Es stellt sich also die Frage, ob es heute tragbar ist, einen Staat nach diesem Modell zu errichten beziehungsweise wiederzuerrichten. Erforderlich ist wohl eine Staatsstruktur, die den Gemeinschaften und allen Bürgern ermöglicht, loyal zum gemeinsamen Land zu leben und den unabweisbaren Anspruch zu erheben, in diesem Land, das heißt in ihrem eigenen Land, nicht als Fremde leben zu müssen, sondern als gleichberechtigte Bürger zu gelten und die gleichen Grundrechte und Grundpflichten zuerkannt zu bekommen. Nur so kann verhindert werden, dass in einer pluralistischen Gesellschaft die einen den Staat für sich konfiszieren und die anderen zu Schutzbürgern deklassiert werden, welche dann dem Willen und Entgegenkommen, wie auch der Willkür und dem Gutdünken der Mehrheit ausgeliefert sind. Und nur so kann verhindert werden, dass die „nur tolerierten" Bewohner Angst haben müssen, eine aufgezwungene Leidensgeschichte zu durchleben. Vielleicht ist es doch nicht vermessen zu hoffen, dass der zeitgenössische Islam eine Gesellschafts- und Staatsstruktur findet, durch die er ohne Identitätsverlust seine wahre Rolle in der Welt erfüllen kann, als 'Zeuge für die Gerechtigkeit' (5,8) und als mitwirkender Faktor bei der Verwirklichung der universalen Solidarität der Menschen und bei der Herstellung einer Gesellschaftsordnung, in der alle Bürger vor dem Gesetz grundsätzlich gleichgestellt und im praktischen Leben gleichberechtigt sind, in der über eine geschenkte Toleranz hinaus die unverzichtbaren Menschenrechte für alle vorbehaltlos anerkannt werden.

KAPITEL X

Religionsfreiheit

Die Forderung nach Toleranz und Religionsfreiheit ist in der heutigen pluralistischen Gesellschaft ein zentrales Anliegen. Die Geschichte des Christentums und des Islams weisen eine spannungsvolle Beziehung zu dieser Forderung auf. Im Christentum konnte erst nach dem Kampf der Aufklärung die Notwendigkeit und die praktische Anerkennung der Toleranz erreicht werden, während die Religionsfreiheit (im katholischen Bereich) erst in der entsprechenden Erklärung des Zweiten Vatikanischen Konzils eine offizielle Anerkennung vonseiten der katholischen Kirche, und dies nicht ohne zähes Ringen, erfahren hat. Im Islam, dessen Lehre im Rahmen einer einheitlichen Gesellschaft und für eine solche Gesellschaft entwickelt worden ist, sind Toleranz und Religionsfreiheit nur zum Teil anerkannt und noch mit vielen Vorbehalten verbunden.

Religionsfreiheit im Islam

Für den Islam entsprechen der Glaube an Gott und der Gehorsam gegen seinen Willen der schöpfungsmäßigen Anlage des Menschen. Der Glaube ist jedem Menschen zugänglich. Er ist von den Propheten der verschiedenen Völker verkündet worden. Endlich stellt der Islam selbst, wie er es in seinem Absolutheitsanspruch bekräftigt, die letztgültige Form des Monotheismus und des religiösen Gesetzes dar. So gibt es für keinen Menschen und unter keinen Umständen eine Entschuldigung für die Verweigerung des Glaubens sowie für den Abfall vom einmal angenommenen Glauben und die Abkehr vom Islam.

Verweigerung des Glaubens

Die Haltung des Korans zur Verweigerung des Glaubens durch die Menschen und zur Religionsfreiheit im Allgemeinen ist durch zwei scheinbar gegensätzliche Feststellungen und durch zwei entsprechende Entscheidungsrichtungen gekennzeichnet.

Muhammad musste immer wieder erleben, dass er trotz Argumente und Ermahnungen, die ihm eindeutig und einsichtig erschienen, nicht in der Lage war, die Polytheisten und die „Leute des Buches" (Juden und Christen) zum Islam zu bekehren. Er kam daher immer stärker zu der Überzeugung, dass die Annahme bzw. die Verweigerung des Glaubens von der Allmacht Gottes bestimmt sei. Diese Überzeugung fand ihren Ausdruck in vielen koranischen Versen: „Wenn dein Herr wollte, würden die, die auf der Erde sind, alle zusammen gläubig werden. Bist du es etwa, der die Menschen zwingen kann, gläubig zu werden?" (10,99; vgl. 32,13; 16,19; 6,35.149; 13,31). – „Denen, die ungläubig sind, ist es gleich, ob du sie warnst oder ob du sie nicht warnst; sie glauben nicht. Versiegelt hat Gott ihre Herzen und ihr Gehör, und über ihrem Augenlicht liegt eine Hülle. Und bestimmt ist für sie eine gewaltige Pein" (2,6–7; vgl. 18,57; 32,13–14; 45,23; 6,25).[15] Von der Rechtleitung und der Irreführung durch Gott sprechen viele Koranstellen: „Gott führt irre, wen Er will, und wen Er will, den bringt Er auf einen geraden Weg" (6,39; vgl. 16,93; 14,4; 35,8; 7,178; 6,125; 2,23.142). – „Wen Gott irreführt, der hat niemanden, der ihn rechtleiten könnte" (7,186; vgl. 18,17; 17,97; 39,23.37; 13,33).

Wenn also die Menschen gegen die deutlichen Zeichen Gottes in seiner Schöpfung sowie in der Botschaft seiner Propheten und im Leben der früheren Generationen Widerstand leisten und sich weigern, die Wahrheit der koranischen Verkündigung anzunehmen und sich unter das Gesetz Gottes zu stellen, so ist dies als Bestimmung Gottes zu verstehen, d.h. als das Geheimnis der Beziehung zwischen der Allmacht Gottes und dem Gewissen des Menschen. Daher gilt der allgemeine Grundsatz: „Es gibt keinen Zwang in der Religion…" (2,256). Dieser Grundsatz gilt als Fundament der islamischen Toleranz in Sachen des Glaubens und der religiösen Praxis. Die islamische Tradition hat diesen Satz als Verbot verstanden, die Menschen zur Annahme des Glaubens zu zwingen, nicht nur als Feststellung, dass niemand außer Gott in der Lage sei, die Menschen zum Glauben zu zwingen.[16]

Der Koran stellt jedoch auf der anderen Seite fest, dass der Zugang zum Glauben offen und die Annahme des Glaubens möglich ist (vgl. 18,29: „Wer nun will, möge glauben, und wer will, möge ungläubig sein"), und dass alle Menschen die Pflicht haben, zu glauben und dem Willen Gottes zu gehorchen.

Die Muslime, denen Gott seine Offenbarung und die Sache seiner Religion anvertraut hat, sind daher gehalten, diejenigen, die sich weigern zu glauben und auf ihrem Unglauben beharren, zur Annahme des Islams zu bewegen. Bekehren sie sich, so gelten sie als Glaubensbrüder. Verweigern sie weiterhin den Glauben, so sind sie zu bekämpfen (vgl. u. a. 9,11–12).

Was die Andersgläubigen wie Juden und Christen betrifft, so werden sie im Hinblick auf die ihnen geschenkten Offenbarungsschriften „Leute des Buches" genannt. Sie sind im Grundsatz Gläubige, verweigern aber den vollständigen Glauben an den Islam als die von Gott gewollte endgültige Religion. Die vielen Streitgespräche zwischen Muhammad und den Juden und Christen, die vom Koran bezeugt werden[17], machen deutlich, dass der Koran den Juden und den Christen einen gültigen Teil-Glauben bescheinigt, dass er aber sie auch des Teil-Unglaubens bezichtigt. Wegen ihres Teil-Glaubens werden sie nicht wie die Ungläubigen behandelt, sondern wie Andersgläubige. Wegen ihres Teil-Unglaubens trifft sie jedoch eine schwere Schuld, sie werden einer entsprechenden Strafe unterworfen: Kämpft gegen sie, „bis sie von dem, was ihre Hand besitzt, Tribut entrichten als Erniedrigte" (9,29).[18]

Abkehr vom Islam

Noch weniger entschuldbar als Ungläubige und Andersgläubige sind Muslime, die ihren Glauben ablegen und die schwerste Sünde der Apostasie begehen: „Diejenigen von euch, die sich von ihrer Religion abwenden und als Ungläubige sterben, deren Werke sind im Diesseits und im Jenseits wertlos. Das sind die Gefährten des Feuers; sie werden darin ewig weilen" (2,217).

Der Koran entrüstet sich über die Abtrünnigen, „die ungläubig geworden sind, nachdem sie gläubig waren ... Die Vergeltung für sie ist, dass der Fluch Gottes und der Engel und der Menschen allesamt über sie kommt ... Ihre Reue wird nicht angenommen werden" (3,86–90; vgl. 2,217; 4 137; 5,5; 16,106–107).

Für diesen Abfall vom Glauben, der keine Entschuldigung hat, übergibt der Koran die Renegaten dem Zorn Gottes. Außer der jenseitigen Vergeltung und der gelegentlich auftretenden diesseitigen Strafe, die mit dem Zorn Gottes zusammenhängt, legt der Koran dafür direkt keine weitere Strafe fest. Die Rechtsgelehrten berufen sich jedoch auf die Koranstelle 4,88–89, in der befohlen wird, irregeführte Heuchler als Gefahr für die Gemeinschaft zu betrachten und, „wenn sie sich abkehren", sie zu greifen und zu töten, wo immer die Muslime sie finden. Dieser Fall wird auf die Apostasie angewandt.[19]

Auch Muhammad hat sich nach der islamischen Überlieferung in diesem Sinn geäußert: „Wer seine Religion wechselt, den tötet" (bei Bukhari und Abu Dawud). Und: „Das Blut eines Muslims ist nur in drei Fällen freigegeben: bei Apostasie nach dem Glauben, bei Unzucht nach legitimer Eheschließung und bei einem nicht als Blutrache verübten Mord" (bei Bukhari, Muslim u. a.).

So sind sich die Rechtsgelehrten über das Strafmaß für die Apostasie einig. Es sind zwar einige Fälle bekannt geworden, bei denen unter besonderen Umständen oder aus besonderen Gründen die Todesstrafe nicht vollstreckt oder die Abtrünnigen nicht hingerichtet wurden. Die Todesstrafe als gesetzliche Strafe für die Abkehr vom Islam behält jedoch ihre Gültigkeit. Denn das islamische Gesetz hält den Abfall vom Glauben für die schwerste Sünde und darüber hinaus für eine direkte Gefährdung der Existenz der Gemeinschaft, so dass der Renegat gleich einem Kämpfer gegen die Muslime behandelt wird: Er soll hingerichtet werden.

Für die Muslime also, die den Status von Mitgliedern der Gemeinschaft besitzen, gibt es im Prinzip keine Religionsfreiheit. Der offizielle Islam billigt dem Muslim nicht mehr die Freiheit zu, den einmal angenommenen Glauben weiter zu behalten oder auch abzulegen.

Es gibt jedoch heute einige muslimische Denker, die sich kritische Fragen über die Gültigkeit solcher Bestimmungen in einer veränderten Situation stellen. Mahmud Shaltut, früherer Shaykh der Azhar in Kairo und heute weiterhin eine anerkannte Autorität im Islam, wendet z. B. ein: „Viele Rechtsgelehrte meinen, dass solche Strafen durch die Überlieferungen, die von einzelnen Gewährsmännern tradiert werden, nicht bestätigt werden können und dass der Unglaube allein kein Grund ist, das Blut (des Ungläubigen) freizugeben, sondern der Grund zur Freigabe des Blutes ist die Bekämpfung der Gläubigen, der Angriff gegen sie und der Versuch, sie von ihrem Glauben abzubringen."[20]

Die Religionsfreiheit der Schutzbürger

Der Islam respektiert die Gewissensfreiheit der Schutzbürger und garantiert ihnen ihre Religionsfreiheit. So dürfen sie nicht dazu gezwungen werden, ihre eigene Religion zu verlassen und den Islam anzunehmen. Darüber hinaus beinhaltet die Religions- und Kultfreiheit der Schutzbürger das Recht, ihre Kinder und ihre Glaubensgenossen in der eigenen Religion bzw. Konfession zu unterweisen. Auch steht ihnen das Recht zu, die Kulthandlungen ihrer Religion zu vollziehen. Der Staat erlegt ihnen jedoch die Einschränkung auf, die Zeremonien ihres Kultes nur innerhalb der Kultgebäude und in einer Weise zu vollziehen, die dem religiösen Empfinden und dem Überlegenheitsgefühl der Muslime nicht widerstrebt.

Die Bestimmungen in Bezug auf die Kultgebäude selbst sehen folgende Regelung vor. Wo das Interesse der islamischen Gemeinschaft keine andere, entgegenkommende Maßnahme empfiehlt, wird den Schutzbürgern verboten, in größeren Ortschaften und in deren nahem Umland neue Kultgebäude zu errichten. Was die Renovierung und Restaurierung bestehender Kultgebäude und den Wiederaufbau zerfallener Kirchen und Synagogen betrifft, so wird sie von den Gründern der großen Rechtsschulen erlaubt. Spätere Juristen treten für harte Maßnahmen ein. Sie würden am liebsten jede Restaurierung bestehender Kirchen überhaupt nicht zulassen. Wo sich dies aber nicht durchsetzen lässt, stellen sie fest, dass die Instandsetzung der jüdischen bzw. christlichen Kultgebäude wie Synagogen, Kirchen, Klöster, Privatkapellen, Einsiedeleien nicht der Anlass werden darf, den Altbau zu erweitern. Es darf nur der alte Zustand wiederhergestellt werden, und zwar ohne die kleinste Änderung.

Dass auch heute einige Länder der islamischen Welt die Religionsfreiheit der Christen unter Androhung schwerer Strafen drastisch einschränken, gehört zu den Auswüchsen einer streng fundamentalistischen Deutung der Angaben der islamischen Rechtstradition, welche den Nutzen des Islams nicht gerade mehren.

KAPITEL XI

Der Islam und der Westen

Wir erleben heute immer wieder und vielerorts in der islamischen Welt den Ausbruch von blutigen Konflikten zwischen Regierungen und Gruppen, die sich auf den Islam berufen, um ihre politischen Ansprüche zu rechtfertigen und ihre Haltung zum Westen zu definieren. Sorge macht vielen Menschen die zunehmende Radikalisierung dieser militanter Gruppen in den Reihen der Islamisten (geläufig Fundamentalisten genannt) und die Bereitschaft vieler Kontrahenten in der Welt, ihre Auseinandersetzungen mit Gewalt zu lösen.

Die Menschen in der westlichen Welt stellen sich überdies die bange Frage, ob wir nun eine Renaissance des Islams erleben, die aus einer in die Krise treibenden Religion eine neue weltpolitische Kraft – und dies nicht nur für die Muslime – machen und somit eine neue Gefahr für die internationale Ordnung heraufbeschwören wird. In diesem Zusammenhang ist es sinnvoll, sich eine Vorstellung von dem zu machen, wie konservative Muslime über den Westen urteilen.

Ausgangspunkt

Der religiöse Rahmen

Der traditionelle Islam lebt im Bewusstsein einer einheitlichen Gesellschaft, deren Grundstrukturen theokratisch sind. Gottes Rechte, welche durch die Offenbarung Gottes im Koran und durch die Tradition seines bevollmächtigten Gesandten Muhammad positiv festgelegt worden sind, bilden die Fundamente der islamischen politischen Gesellschaft (*Umma*). Diese Gesellschaft wird im Koran als die beste unter den Menschen bezeichnet (vgl. 3,110). Daher gilt sie in den Augender muslimischen Gelehrten als die bessere Alternative zu allen Ordnungsvorstellungen, die sich die Menschen ausdenken können. Denn Gott „sagt die Wahrheit, und Er führt den (rechten) Weg" (Koran 33,4); sein Koran „leitet zu dem, was richtiger ist" (17,9). Daher ist es folgerichtig, dass die Menschen dem Be-

fehl des Korans Folge leisten: „Dies ist mein Weg, er ist gerade. Folgt ihm" (6,153).
Darauf gründet auch die Forderung muslimischer Gelehrter nach einer Islamisierung bzw. Re-Islamisierung der Gesellschaft in den Ländern der islamischen Welt und darüber hinaus die Unterstreichung der Pflicht der islamischen Gemeinschaft, sich für die Ausdehnung des Herrschaftsbereichs der Rechte Gottes und der islamischen Rechtsordnung einzusetzen.

Der geschichtliche Zusammenhang

Wenn muslimische Denker am Westen Kritik üben, dann betrachten sie den Westen immer wieder im Zusammenhang mit der Kolonialgeschichte, die sie als Geschichte der Unterdrückung islamischer Werte und Tradition während der Kolonialzeit sehen. Sie reagieren gegen diese langjährige Entfremdung, die ihre Völker in ihrer Identität angegriffen und verschiedenartigen Demütigungen ausgesetzt hat. Auch die Erlangung der politischen Selbständigkeit hat diesen Völkern keine neue eindeutige Identität beschert und sie nicht sogleich zu gleichberechtigten Partnern im Kontext der internationalen Beziehungen gemacht.

Die islamische Welt spürt immer noch und vielleicht zunehmend die Überlegenheit des Westens in fast allen Bereichen des praktischen Lebens: im wissenschaftlichen, technischen, wirtschaftlichen und politischen Bereich.

Dies hat in der Vergangenheit dazu geführt, dass eine teilweise Verwestlichung des Lebens islamischer Völker sich als unentrinnbar erwies.[21] Bereits im 19. Jahrhundert gelangten die Muslime zu der Überzeugung, dass sie nur dann ihre Selbständigkeit erhalten bzw. wiedererlangen könnten, wenn sie sich die europäischen militärischen Methoden aneigneten. Heute noch herrscht die Vorstellung, dass Staaten nur dann überleben bzw. gedeihen können, wenn sie die richtigen und wirksamen Methoden der modernen Wissenschaft und Technik anwenden. Und da diese Methoden vor allem in Europa und Amerika und im westlich geprägten Japan entwickelt werden, geriet die islamische Welt und gerät sie heute noch in die Einflusssphäre des Westens.

Im Zusammenhang von Wissenschaft und Technik hielten weitere Vorstellungen der westlichen Zivilisation und Kultur Einzug in die Lebensweise und Vorstellungswelt islamischer Intellektueller und Gruppen.

Das traditionelle Selbstverständnis des Islams

Der Islam sieht sich als den Schlusspunkt der Prophetengeschichte, als die endgültige Gestalt der offenbarten Religion, die reine Form des Monotheismus, aber auch als eine umfassende Lebensordnung, die alle Bereiche des Lebens nach religiös autorisierten Grundsätzen regelt. Daher pochen die Traditionalisten darauf, dass der Islam die Lösung aller Probleme der islamischen Gemeinschaft besitzt und dass er auf religiösem, ethischem und allgemein zwischenmenschlichem Gebiet keine Entlehnungen von anderen Gesellschaftssystemen nötig hat. Denn der Islam sei beste Alternative zu allen anderen bestehenden Systemen.

Anliegen der Muslime

Die Anliegen der Muslime werden heute am prägnantesten durch die Islamisten formuliert.

Lösung der sozialen und wirtschaftlichen Probleme

In den meisten Ländern der islamischen Welt leidet die Bevölkerung unter oft drückenden sozialen Umständen und wirtschaftlichen Krisen. Diese ungelösten Probleme begünstigen oft die Bildung von Bewegungen, die aus der Unzufriedenheit der vielen um so verstärkter Nahrung erhalten. Die Enttäuschung über die Pläne und die Durchsetzungskraft der Regierenden, über das Versagen auch der dahinter stehenden jeweiligen Ideologie und des entsprechenden politischen Regimes bewirkte den Rückzug eines beachtlichen Teiles der Bevölkerung aus der offiziellen Ideologie und eine Rückbesinnung auf Alternativen, wobei dann auch die Tradition des Islams zum neuen Fundament der wieder entdeckten Identität wurde. Deswegen wird der Islam für solche Gruppen der Bevölkerung als das Mittel betrachtet, alle Probleme zu lösen, auch die Probleme, die in den westlichen Denkkategorien nicht unmittelbar mit der Religion zusammenhängen. Dies hat allerdings mit der Eigenart des Islams zu tun, denn der traditionelle Islam lehnt bekanntlich jede Trennung von Religion, Gesellschaft und Staat ab.

Befreiung von der Entfremdung

Die heutige Renaissance des Islams erscheint manchmal in ihrer Wucht als eine kämpferische Reaktion gegen die Unterdrückung der islamischen Tradition in den islamischen Ländern selbst während der Kolonialzeit. So reagieren die militanten Führer der Islamisten gegen diese langjährige Entfremdung. Sie reagieren auch wie Menschen und Gemeinschaften, die lange Zeit in ihrer Identität angegriffen und verschiedenartigen Demütigungen ausgesetzt waren. So suchen nun die Muslime, sich von den Überbleibseln der Kolonialzeit zu befreien: von den fremden Wertevorstellungen, den fremden Erziehungsmethoden, den fremden politischen Strukturen, wie Demokratie und westlich gedachten Menschenrechten.

Damit geht die Suche nach den Grundlagen der eignen Identität einher. Hier spielt die religiöse Tradition des Islams eine bedeutende Rolle. Denn der Islam betont, dass er als Religion und als Gesellschaftsordnung eine universale Aufgabe zu erfüllen hat. Wenn sich also die Muslime gegen die kulturelle Entfremdung auflehnen und gegen die religiöse Verarmung stemmen, so bedenken sie, dass der Islam sich als die Religion versteht, die für alle Menschen bestimmt ist und ihnen allen als die verpflichtende Grundlage ihrer Kultur und ihrer Frömmigkeit dienen soll.

Die Islamisten suchen, die Hemmungen, die die mindere Stellung der islamischen Völker gegenüber den überlegenen Kolonialherren und den übrigen Industriestaaten in Ost und West verankert hatten, nach und nach mit mehr oder weniger Eile und Wucht zu überwinden. Gegenüber den anderen Völkern und Staaten, Religionen und Kulturen heben sie ihr eigenes Erbe hervor, sie streben an, ihre eigene Geschichte wieder zur Geltung zu bringen, ihre eigene Identität auf der Grundlage der islamischen Tradition zu betonen. Dazu kommt die Sicherheit, die der islamische Glaube ihnen verleiht, die Zusicherung, dass sie, unter der Leitung Gottes und im Licht des Korans, „die beste Gemeinschaft (seien), die je unter den Menschen hervorgebracht worden ist" (Koran 3,110). Es gibt viele Muslime und muslimische Gruppen, die aus Überreaktion gegen die Demütigungen der jüngsten Vergangenheit und gegen die dadurch bei ihnen entstandenen Minderwertigkeitsgefühle nun übermäßige Überlegenheitsgefühle mit ihren komplexen Folgen entwickeln.

Gestärkt durch die Gewissheit und Zuversicht des Glaubens, erheben die Islamisten heute den Anspruch, auf der Weltebene und als Alternative zum Christentum und zu allen anderen Weltanschauungen und politischen Systemen die bessere Alternative zu sein und das neue Gewissen der Menschheit zu werden.

Einheit der islamischen Gemeinschaft (*Umma*)

Die islamische Welt ist heute zerrissener denn je in ihrer Geschichte. Nach der Idealvorstellung des Korans ist die islamische Gemeinschaft „die beste Gemeinschaft unter den Menschen", denn sie „gebietet das Rechte und verbietet das Verwerfliche und glaubt an Gott" (3,110). Auch sollte sie das Bild der ursprünglichen Einheit der Menschheit (2,213) widerspiegeln und das Instrument zur Wiederherstellung dieser Einheit sein. „Dies mein Weg, er ist gerade. Folgt ihm. Und folgt nicht den verschiedenen Wegen, dass sie euch nicht in verschiedene Richtungen von seinem Weg wegführen" (6,153; vgl. 30,31–32; 21,93; 42,13–14; 6,159; 3,103.105). Zeichen dieser Einheit war seinerzeit der Khalif, der „Befehlshaber der Gläubigen", wie sein Amt traditionell näher bezeichnet wurde. Dieses Khalifenamt, Träger der Gesamtführung der islamischen Gemeinschaft und Zeichen ihrer Einheit, besteht nun nicht mehr. Die türkische Nationalversammlung unter Atatürk, der der Türkei eine laizistische Verfassung verpasste, hat das Khalifat am 3. März 1924 offiziell abgeschafft. Damit ging die Einheit der Umma, der islamischen Gemeinschaft, verloren; diese spaltete sich in verschiedene, politisch unabhängige und souveräne Einzelstaaten.

Heute lebt die Einheit der islamischen Welt nur noch in den Herzen derer, die von frühen Zeiten träumen. Die Nationalstaaten zeigen einen wachen Eifer bei der Wahrung und Verteidigung ihrer politischen Souveränität. Keiner von ihnen ist bereit, Ansprüche anderer Staaten oder Staatsführer auf die Gesamtleitung der islamischen Welt ernsthaft zu erörtern, geschweige denn zu akzeptieren.

Um dennoch den Gedanken an die Einheit der islamischen Welt nicht endgültig aufzugeben, wurden verschiedene Organisationen ins Leben gerufen, um die Aktivitäten der verschiedenen Länder, deren Bevölkerung mehrheitlich islamisch ist, nach Möglichkeit zu koordinieren.

Eine islamische Wirtschaftsordnung

Es gibt muslimische Wirtschaftswissenschaftler, die über eine islamische Wirtschaftsgemeinschaft nach dem Vorbild der Europäischen Wirtschaftsgemeinschaft laut nachdenken. Da jedoch auf politischem Gebiet die bestehenden Organisationen nicht über die Rolle von Beratungsgremien hinausgehen, wird man solche Gedanken über eine wirtschaftliche Gemeinschaft als eine erste Phase der Entwicklung von geeigneten Vorstellungen bewerten. Ein Ausdruck dieser Vorstellungen findet sich z. B. in der sogenannten „Universellen Islamischen Deklaration" vom April 1980:

- „Die muslimische Welt soll einen Islamischen Fonds für gegenseitige Hilfe gründen, durch welchen Mittel für muslimische Länder bereitgestellt werden sollen.
- Die muslimische Welt soll ihre eigenen Geldreserven aufbauen und verwalten; außerdem soll sie geeignete Maßnahmen ergreifen, um ein gemeinsames Währungssystem zu gründen.
- Unter den muslimischen Ländern soll ein gemeinsamer Markt ins Leben gerufen werden.
- Die muslimische Welt soll ihre eigenen Institutionen gründen, um den Dienstleistungssektor (z. B. Banken, Versicherungen, Reisen, Schifffahrt, Verpackung, Transport, Werbung und Verkauf) in eigener Regie zu kontrollieren.
- Die muslimische Welt soll die Produktionspolitik und die vertraglich abgesicherten Programme zur Entwicklung und Verbesserung von Qualität und Technik der landwirtschaftlichen und industriellen Produktion in den verschiedenen Ländern koordinieren ...
- Die muslimische Welt soll eine gemeinsame Politik ausarbeiten, um stabile Preise für ihre Rohstoffe und Bodenschätze zu erhalten ...
- Die muslimische Welt soll versuchen, eine grundlegende Änderung des gegenwärtigen internationalen Wirtschafts- und Währungssystems zu erreichen, so dass auch die Entwicklungsländer ein gerechtes und angemessenes Wort beim Entscheidungsprozess mitreden können."[22]

Konsolidierung des Islams in der Diaspora und Verbreitung des Islams

Eine der Sorgen der islamischen Gemeinschaft gilt der Situation der Muslime in der Diaspora. Die Liga der Islamischen Welt hat sich u. a. zur Aufgabe gemacht, diese Muslime im Glauben zu stärken und für sie funktionierende Gemeinden aufzubauen. Darüber hinaus versucht sie, auch die religionspolitischen Maßnahmen dieser Gemeinden zu dirigieren und sie unter ihren Einfluss zu bringen. Es gibt jedoch, vor allem unter den Türken, Gemeinden, die sich selbst ihre Organisation und die nötigen Finanzmittel zum Aufbau und zum Funktionieren der Gemeinden besorgen.

In der weiten Welt versuchen die Verkünder des Islams, ihre Religion zu verbreiten und ihr zu ihren religiösen und politischen Zielen zu verhelfen. Sie verzeichnen dabei einigen Erfolg. Die Gründe für diesen Erfolg z.B. in Schwarzafrika können folgendermaßen angedeutet werden.

Der Islam stellt sich in Afrika als eine Religion vor, die eine solidarische Gemeinschaft begründet, die in einer ersten Phase sich mit der Tradition und den Bräuchen der Stämme arrangiert. Er tastet die Familien- und Verwandtschaftsstruktur, die in Afrika eine überaus große Bedeutung haben, kaum an. In einer weiteren Phase, wenn sie eine gewisse soziale Größe erreicht haben, verlangen die Muslime eine Beteiligung an der Staatsmacht, an der Gestaltung des gesellschaftlichen Lebens, und zwar nach Maßgabe des islamischen Gesetzes, bis hin zur völligen Übernahme der Macht im Staat.

Außerdem stellt sich der Islam, im Gegensatz zum Christentum, als die Religion der Nicht-Weißen, als die Religion der Dritten Welt vor.

Da auch reiche islamische Länder ihre Möglichkeiten zur Ausbreitung und zur Festigung des Islams einsetzen, gewinnt mancher den Eindruck, dass der Islam zum kräftigen sozialen und wirtschaftlichen Aufstieg seiner Anhänger und zur Entwicklung ihrer Gemeinschaften und Länder beiträgt.

Unterstützung findet die missionarische Tätigkeit des Islams durch Organisationen und Fonds, die Entwicklungshilfe leisten und islamische Ziele tatkräftig fördern. Genannt seien die Arabische Bank für die wirtschaftliche Entwicklung Afrikas (1974 von der Arabischen Liga gegründet), die Islamische Bank für die Entwicklung (auf Vorschlag Saudi-Arabiens 1974 gegründet), der Arabische Fonds zur technischen Hilfe für Afrika (1974), der Arabische Spezialfonds zur Hilfe für Afrika (von den arabischen Ölländern 1974 beschlossen).

Richtungen in der islamischen Welt

Heute sind also die Muslime, nachdem ihre Länder die politische Unabhängigkeit wiedererlangt haben, damit beschäftigt, vor allem die Spuren der demütigenden Vergangenheit zu beseitigen. Sie suchen über die Festigung und den Ausbau ihrer politischen Unabhängigkeit hinaus die Befreiung von der Entfremdung zu erreichen, die ihnen die Kolonialzeit gebracht hatte. Wie aber dieses Ziel erreicht werden und welche Gestalt der Islam nun annehmen soll, ist unter den verschiedenen, miteinander konkurrierenden Richtungen in der islamischen Welt umstritten und umkämpft.

Islamisten und Traditionalisten

Eine dieser Richtungen – die heute immer mehr Anhänger gewinnt und immer militanter auftritt – erstrebt eine vollständige Islamisierung der Gesellschaft und des Staatswesens. Sie lehnt jede Gesellschaftsordnung, die nicht die islamische ist, ab. Innerhalb dieser Richtung kann man verschiedene Tendenzen ausmachen. Die eine ist bereit, die Wiederherstellung der traditionellen Gestalt des islamischen Staates und der islamischen Gesellschaftsordnung so lange aufzuschieben, bis die Lebensumstände einen solchen Schritt ermöglichen. Andere bestehen auf der sofortigen Islamisierung von Gesellschaft und Staat und sind bereit, alle verfügbaren Druckmittel anzuwenden, um dieses Ziel zu erreichen. Ob nun geduldig oder zum sofortigen Handeln entschlossen, diese Gruppen scheinen immer deutlicher die Oberhand in der islamischen Welt zu gewinnen. Sie bieten die islamische Lebensordnung in Religion und Staat als die bessere Alternative zum westlichen politischen Modell an. Der Islam sei die einzige Möglichkeit, die Menschen aus der Sackgasse der heutigen Weltlage hinauszuführen und ihnen eine Zukunft zu geben.

Eine Islamisierung bzw. Re-Islamisierung von Gesellschaft und Staat bedeutet die Rücknahme der Gesetzgebung und der Lebensformen, die in manchen Ländern der islamischen Welt den Beginn einer Anpassung an die Erfordernisse der modernen Welt signalisieren. Gerade diese Anpassung an die moderne Welt wird von den Vertretern des so genannten Islamismus (oder auch, weniger glücklich: Fundamentalismus) als Verlust der islamischen Identität und unbillige Bevorzugung von Normen und Vorstellungen, die sich seit der Aufklärung im Westen durchgesetzt haben. Die Re-Islamisierung bedeutet auch die Rückkehr zu den politischen und wirtschaftlichen Ordnungsvorstellungen, die im islamischen Reich im Mittelalter ausgearbeitet worden sind, oder – noch radikaler – die Rückkehr zu den gesellschaftlichen Strukturen und den politischen Institutionen der frühislamischen Gemeinde in Medina. Nur so

– das betonen die Islamisten – kann der reine Islam wieder eine alles bestimmende Rolle in Gesellschaft und Staat spielen. Von diesem Verständnis der islamischen Lebensordnung rührt die Ablehnung des Laizismus (z. B. türkischer Art), der die islamische Religion aus der Gesellschaft und dem Staat zurückdrängen will, her. Auch tun sich die Verfechter der oben beschriebenen Position schwer mit den demokratischen Vorstellungen der pluralistischen Gesellschaft des Westens.

Reformisten

Es gibt in der islamischen Welt eine andere Richtung, deren Verfechter zwar die Vorherrschaft des Islams in Gesellschaft und Staat erstreben, jedoch bereit sind, Kompromisse mit den konkreten Lebensumständen und mit den Forderungen der nicht-muslimischen Gemeinschaften und Gruppen zu schließen. Ihr Hauptziel bleibt jedoch, dass die Grundlagen des Staates auf dem Koran und der Überlieferung des Propheten Muhammad beruhen, dass das islamische Gesetz (*shari'a*) in seinen Grundzügen zumindest von den Muslimen befolgt wird und dass der Islam eine gewisse Förderung erfährt.

Säkularisten

Endlich ist eine Richtung zu erwähnen, die dem Islam in seiner heutigen Renaissance einen neuen Weg im Kontext der Weltgemeinschaft weisen will. Diese Richtung wird hauptsächlich von Personen und Gruppen getragen, die mit der westlichen Kultur und Zivilisation nicht in Konflikt stehen, sondern sie in ihrer Grundgestalt als ein erwägenswertes Modell auch für muslimische Staaten ansehen. Hier wird die Bildung eines Staates gesucht und gefordert, in dem alle Bürger, gleich welcher Religion sie auch angehören, die gleichen Grundrechte und die gleichen Grundpflichten haben. Favorisiert wird die moderne Vorstellung von Demokratie und eine teilweise Säkularisierung des Gemeinwesens; gesucht wird eine Form des Zusammenlebens aller Gemeinschaften und Gruppen, in der die Grundtugend der koranischen Moral und die Grundnorm des islamischen Gesetzes: die Gerechtigkeit, die peinliche und universale Gerechtigkeit, sich für alle verwirklicht.

Zwar steht diese Richtung in der Minderheit, bemerkenswert

dabei ist jedoch die Überzeugung, dass der Islam fähig ist, aus seiner Rechtstradition heraus einer modernen Gestalt des Staates zuzustimmen, ja sie sogar mitzutragen. Denn erst, wenn der Islam es versteht, sich nicht länger selbst in der Isolation zu verschanzen und gegen alle anderen zu stellen, sondern sich im wiedergewonnenen Selbstbewusstsein öffnet und der Herausforderung der modernen Welt stellt, kann er die ihm zustehende Rolle im Konzert der Völker spielen.

Auf die verschiedenen Länder der islamischen Welt bezogen, lässt sich feststellen, dass in der Türkei ein abbröckelnder Laizismus und im Irak und in Syrien ein grundsätzlicher Säkularismus anzutreffen sind. Eine Mischform zwischen Festhalten an der Tradition und kompromissbereiter Haltung gegenüber den Erfordernissen der modernen Zeit findet sich in Nordafrika, Ägypten, Jordanien und Indonesien sowie in einigen Ländern Schwarzafrikas. Neuerdings zeigt sich eine ziemlich starke Tendenz zur Islamisierung des öffentlichen Lebens in Malaysia, Bangladesh, Pakistan, dem Sudan und in einigen Provinzen Nigerias. Es gibt Länder, die nach ihrem eigenen Selbstverständnis nach dem Gesetz des Islams regiert werden: Es sind Saudi-Arabien (traditionalistisch), der Iran (schiitischer Islamismus). Libyen wird nach eigener politischer Ideologie regiert (als islamisch reformistisch ausgegeben).

Vorgeschlagene Wege zur Lösung der Probleme

Je nach der eingeschlagenen Richtung werden unterschiedliche Lösungen für die Probleme, unter denen die islamische Welt leidet, angeboten. Der für den Westen wichtigste Aspekt dieser Bemühungen ist die Formulierung dessen, was der Islam nicht will im Hinblick auf den Weg des Westens in der Welt von heute. Es lohnt sich, hier die wichtigsten Aussagen der Islamisten über den westlichen Weg, wie sie ihn sehen und bewerten, wiederzugeben.

Gegen die drohende Überflutung der islamischen Welt und ihrer traditionellen Werte reagieren vor allem die muslimischen Gelehrten, die man zu den Islamisten rechnen kann. Es seien hier einige Autoren genannt, die sich der Auseinandersetzung mit dem Westen – bzw. mit dem, was sie als Westen wahrgenommen haben – ausdrücklich gestellt haben: Abu al-A'la al-Maududi, Ahmad al-Bahi, Muhammad al-Mubarak, Anwar al-Djundi, Muhammad Qutb, Ahmad Shalabi, Yusuf al-Qaradawi, Muhammad al-Ghazali.

Bei den Themen der Auseinandersetzung mit dem Westen kann man zwischen dem, was bejaht, und dem, was zurückgewiesen wird, unterscheiden.[23]

Was wird vom Westen bejaht und kann bzw. muss übernommen werden?

Angenommen wird das, was nach der Ansicht der Autoren mit dem Islam vereinbar ist.

Wissenschaft und Technik
Die modernen Errungenschaften der Wissenschaft und der Technik sowie die Vorstellungen von einer optimalen Verwaltung und Organisation und die Sorgfalt bei der Arbeit, wie sie im Westen entwickelt worden sind, werden von den Muslimen bejaht. Ja, es wird als Pflicht der islamischen Gemeinschaft angesehen, sie zu übernehmen bzw. sie sich anzueignen, denn die Muslime würden weder ihre Unabhängigkeit und ihre Souveränität erringen noch ihre Aufgabe erfüllen können, wenn sie den westlichen Stand des wissenschaftlichen, technischen und organisatorischen Fortschritts nicht erreicht haben. Noch wichtiger als die Errungenschaften der Wissenschaft und der Technik sind der wissenschaftliche Geist und die wissenschaftliche Mentalität, welche erst zu diesen Errungenschaften führen.

Materieller Wohlstand und Glück
Wohlstand und Glück beziehen sich auf die materiellen Wohltaten der Zivilisation, auf die Förderung des persönlichen Lebensraumes, auf die Forderung nach Humanisierung der sozialen und internationalen Beziehungen, auf das Gleichgewicht und die Stabilität der Familie im Verhältnis zwischen Mann und Frau und im Hinblick auf das Leben der Frauen und der Kinder.
Die Muslime würdigen den positiven Beitrag der westlichen Zivilisation auf dem Gebiet des Wohlstands, der sozialen Organisationsformen, der Beherrschung der Natur, auch wenn sie auf die Mängel dieser Zivilisation hinweisen, die weder das Glück ihrer Kinder noch das der Welt im Allgemeinen zu bringen vermag.
Im Einzelnen wird alles bejaht, was das materielle Glück bringt:
– der intellektuelle, wissenschaftliche, technische und industrielle Fortschritt, der dem Menschen hilft, die Probleme des Lebens zu lösen;

- der materielle Wohlstand, der vom Staat und von der Gesellschaft angesteuert wird;
- die Dienste der modernen Zivilisation: Straßen, Infrastruktur usw.;
- die Modernisierung, die eine Gelegenheit eröffnet, möglichst viel von den Errungenschaften der Wissenschaft und ihrer technischen Anwendungen zu profitieren und das Beste im Westen zu übernehmen: wie die Erneurungen in den Organisationsformen und in der Gestaltung der Verwaltungsvorgänge, die Pflege der Arbeit, die Disziplin.

Wenn man dabei dies alles auf Gott ausrichtet, wird es möglich sein, all diese Instrumente und Mittel im Dienste des Guten für die Menschheit einzusetzen.

Was wird verurteilt und abgelehnt?

Negative Aspekte im religiösen Bereich
Zurückgewiesen wird alles, was die Menschen von Gott, den religiösen Werten, wie sie der traditionelle Islam vertritt, entfernt. Dazu zählen folgende Fehlhaltungen, die muslimische Islamisten dem Westen vorwerfen:
- Die atheistische Ideologie des Ostens (Kommunismus) und die aggressive säkularistische Ideologie des Westens, die zu Kreuzzügen (und christlicher Missionstätigkeit) führt. Dazu gehören die wirtschaftlich orientierte Ideologie, welche religiöse und geistige Werte übersieht oder bekämpft, sowie die psychologischen, soziologischen, ethischen und religiösen Theorien der westlichen Zivilisation.
- Die Faktoren, die das westliche Denken beherrschen: die Trennung des positiven Rechts von den Gesetzen Gottes; die Loslösung des Unterrichts vom Einfluss der Glaubensgemeinschaft; die Demokratie, die den Glauben an den Staat an die Stelle des Glaubens an Gott setzt, sowie die Souveränität, die in den staatlichen Institutionen dem Volk zugesprochen wird, während im Islam das Regieren und die Souveränität Gott allein gehören.
- Die Gottlosigkeit der Wissenschaft, der Forschung, des Studiums, der Theorien, des materiellen Fortschritts, der dahin führt, dass der Mensch meint, er brauche Gott nicht mehr, sondern er sei selbst Gott geworden.

Der Islam und der Westen 137

- Die Tendenzen des westlichen Denkens, die dem islamischen Denken und der islamischen Lehre widersprechen: 1. Die atheistische Tendenz: In erster Linie stehen die Natur, oder die Materie (Marxismus), oder die Vernunft (Rationalismus) oder die Instinkte (Existentialismus). 2. Extreme nationalistische Tendenz, welche aus dem Nationalismus ein Dogma und einen höchsten Wert macht, ein höchstes Ziel des Lebens, und somit das Denken und die Tätigkeit auf den nationalen Rahmen beschränkt.

Negative Aspekte im gesellschaftlichen Bereich
- Mit Skepsis, ja Ablehnung werden folgende Aspekte der westlichen Zivilisation, wie sie die Islamisten wahrnehmen, betrachtet:
- Die Grundlagen der modernen europäischen Wirtschaft, die der islamischen Vorstellung widersprechen (z. B. Bankwesen und Zinsnehmen).
- Die ethischen Elemente der modernen Zivilisation, denn sie gehen entweder auf das Christentum oder auf die materialistische Philosophie zurück, was der Islam zurückweist.
- Die Kluft zwischen dem industriellen, wissenschaftlichen und technischen Fortschritt und dem menschlichen moralischen Verhalten, was zu einem unmenschlichen Zustand führt.
- Der zeitgenössische Staat und die zeitgenössische Gesellschaft, ob sie sozialistisch oder demokratisch orientiert sind, deren einziges Ziel der materielle Wohlstand ist.
- Die Aspekte der westlichen Zivilisation, welche sich auf die Instinkte, den Luxus und die Befriedigung der Leidenschaft konzentrieren.
- Das Unvermögen der modernen Zivilisation, die menschliche Seele zu erziehen, die brüderliche Verbindung zwischen den Menschen herzustellen oder den Grundsätzen des Rechts und der Gerechtigkeit in der Welt zur Allgemeingültigkeit zu verhelfen. Sie vernachlässigt die geistlichen Gaben des Menschen.
- Unfähigkeit, die Probleme der Existenz zu lösen; die wissenschaftlich entwickelten Länder leiden unter geistlicher Leere, psychischer Unruhe, Verwirrung des Denkens, Gefühl von Banalität, Traurigkeit und Ratlosigkeit. Die Wissenschaft kann die Mittel und die Maschine zur Verfügung stellen, sie kann nicht die Ideale und das Ziel vermitteln.
- Unfähigkeit der Wissenschaft und der Technik – trotz aller Fortschritte die Probleme der Menschen zu lösen: Das menschliche Leben ist selbst bedroht, die Übel sind überall anzutreffen im Be-

reich der Politik, der Wirtschaft, der Gesellschaft, der Moral, der Beziehungen der Geschlechter, der Kunst.
– Die westliche Zivilisation hat einen starken Menschen, aber einen Menschen ohne Seele produziert; das ist die Welt der Stärke und der Macht, aber ohne geistigen und spirituellen Inhalt.

Dekadente Gesellschaft, sittlicher Verfall
Die Islamisten werfen dem Westen vor, eine dekadente Gesellschaft geworden zu sein, deren Merkmale Folgende sind:
a) Der Westen ist zur sozialen Gerechtigkeit unfähig. Diese Unfähigkeit hat folgende Ursachen:
– Die Relativierung der moralischen Normen, die vorherrschende Suche nach Befriedigung der Instinkte und der Leidenschaften.
– Der dominierende Utilitarismus im Kapitalismus.
– Das Kreditwesen und das Zinsnehmen, unterstützt durch die Wissenschaft.
– Moralische Verfallenheit des Westens, der sich von der Moral losgesagt hat.
– Die materialistische Zivilisation, die den Menschen zu einer Maschine und zu einem Mittel und Werkzeug degradiert hat.
– Der Westen: eine Welt, in der alles ums Geld kreist, bestimmt durch die Gier der Kaufleute, gekennzeichnet durch die Entehrung der Frauen, die Verweichlichung der Männer, die Orientierungslosigkeit der Jugend, die Zerstörung der Grundlagen der Familie, das Aufbegehren der Ehefrauen.
b) Die Familienordnung erlebt im Westen einen Bankrott. Dies bewirken folgende Faktoren:
– Die sexuelle Freizügigkeit bzw. die Permissivität der westlichen Zivilisation, was zu zahlreichen Vergewaltigungen und Nötigungen in Europa und Amerika führt.
– Die Arbeit, die die Frau dazu zwingt, ihre Weiblichkeit und ihren Körper zur Schau zu stellen.
– Die Ablehnung der Ehe und der Geburtenrückgang.
– Die Prostitution. Die weibliche Nacktheit, auch als Mittel der Werbung und der Unterhaltung, die sexuell beherrschte Mode.
– Der Alkoholismus, die Drogen, die Homosexualität, die Pornographie, der Ehebruch, die vorehelichen Beziehungen, der Partnertausch.
– Die künstliche Befruchtung.
– Die Zulassung der Abtreibung.

Doppelmoral: unterschiedliche Maßstäbe und Vorgehensweisen
Manche muslimische Autoren werfen dem Westen eine Doppelmoral vor
- in Fragen der Menschenrechte;
- bei den Angaben über Motive des Handelns: Moralische Motive werden vorgeschoben, wo es um handfeste politische und wirtschaftliche Interessen geht;
- bei der Betonung der Gleichheit, welche jedoch nicht zwischen den westlichen und den anderen Menschen gilt;
- bei der Herstellung einer Allgemeingültigkeit von Recht und Gerechtigkeit in der Welt.

Suche nach Herrschaft und Hegemonie
Für manche Muslime ist der Westen nach dem Ende der Kolonialzeit nicht von seiner Suche nach Herrschaft abgerückt. Dies lasse sich an folgenden Vorgängen ablesen:
- Internationale Beschlüsse werden ohne Beteiligung der Dritten Welt, zumal der islamischen Welt, gefasst.
- Der Rüstungswettlauf führt zu ideologischen Kriegen und trägt dazu bei, die Menschen in der Gegenwart zu beunruhigen und ihnen Angst für die Zukunft einzuflößen.
- Die beanspruchte Führungsrolle des Westens erweist sich als nicht effektiv; der Westen erlebt immer wieder das Scheitern seiner Bemühungen.
- Damit wird deutlich, dass die viel beschworene demokratische Freiheit nur eine Illusion ist.

Kritische Würdigung der islamischen Lösungsversuche

Einheitliche Gesellschaft und Geschichtsvergessenheit

Bedenklich, ja gefährlich für die künftigen Beziehungen zwischen der islamischen Welt und dem Westen auf der einen und zwischen dem Islam und dem Christentum auf der anderen Seite ist die festzustellende Erstarkung des radikalen Islamismus. Den enttäuschten Menschen in der islamischen Welt bieten die Islamisten die Lebensordnung und das Gesetz des Islams als das einzige Mittel an, alle ihre Probleme zu lösen, auch die Probleme kultureller und wirtschaftlicher Art, die anzugehen und praktisch zu lösen eigentlich eine Religion nicht in der Lage ist. Die Verheißungen der Islamisten gründen nicht auf dem Nachweis der Wirksamkeit des Islams in der heutigen Zeit, sondern auf dem bloßen Glauben, auf einer Ideologisierung des Glaubens.

Die Islamisten sind bestrebt, den Staat und seine Institutionen auf bestimmte konkrete Strukturen und Verhaltensregeln der Vergangenheit festzulegen. Gerade dies lähmt die menschliche Freiheit, die bemüht sein will, sich ihrer Verantwortung für die Bewältigung der Gegenwart und die Planung der Zukunft zu stellen. Die Fesselung der Freiheit rührt daher, dass zwischen konkreten Lösungen der Tradition und ihrer tiefen Intention, ihrem Grundanliegen, nicht unterschieden wird. Die konkreten Lösungen verdanken doch ihren Wert ihrer Fähigkeit, in den damaligen konkreten Lebensumständen den idealen Werten und Normen zu entsprechen. Wer jedoch diese konkreten Formen und Institutionen für das Ganze der Tradition hält und auf Gott zurückführt, um ihnen damit eine ewige Gültigkeit zuzusprechen, der übersieht, dass sie geschichtsgebunden sind und daher immer wieder überprüft, korrigiert und neu formuliert werden müssen.

Es ist aber nicht nur die Geschichtsvergessenheit, die man diesen Gruppen vorwerfen kann. Einige von ihnen weigern sich, die Gegenwart der Gesellschaft und die Errungenschaften der modernen Zeit angemessen zu würdigen. Um die idealisierten Vorzüge des islamischen Modells annehmbar zu machen, neigen sie dazu, im westlichen Denken nur Verirrungen und in der modernen Gesellschaft nur Verfallserscheinungen zu sehen. Nur selten zeigen sie die Bereitschaft, sich ernsthaft mit der westlichen Kultur zu beschäftigen. Das, was sie als islamisches Modell hinstellen, setzen sie dagegen absolut und rechtfertigen dies damit, dass das Gesetz des Islams den Muslimen alles bietet, was sie für ihren Glauben und ihr Leben brauchen.

Ein bedeutender muslimischer Denker, Mohamed Talbi (Tunis), stellt die besorgte Frage: „Die Muslime, die durch eine Art Selbsterhaltungstrieb der Versuchung erliegen können, sich zu isolieren, die Positionen zu verhärten, sich noch mehr in ihre Lager zurückzuziehen und sich in eine majestätische Ablehnung zu hüllen, fragen wir: Ist das eine gute Lösung?"[24]

Der zeitgenössische Islam muss sich der Aufgabe stellen, bei allen Bemühungen, seine Identität zu wahren, seine Rolle in der Welt als „Zeuge für die Gerechtigkeit" (Koran 5,8) zu erfüllen und seinen Beitrag zum Aufbau einer humanen Gesellschaft zu leisten, in der die universale Solidarität aller Menschen miteinander anerkannt und in die Tat umgesetzt wird.

Trotz aller Berechtigung mancher Anliegen der Islamisten bleibt es bedenklich, dass militante Gruppen den Islam benutzen, um radikale politische Ziele durchzusetzen. Bei einigen Schichten der muslimischen Bevölkerung hat dies zur Verstärkung fanatischer Gefühle beigetragen.

Außerdem kan die undifferenzierte und unkritische Übernahme alter traditioneller Strukturen in einer modernen, vom Mittelalter sehr verschiedenen Welt gefährlich werden, wenn der unverzichtbare Pluralismus der gleichberechtigten Gruppen in der heutigen Gesellschaft unberücksichtigt bleibt und wenn sonstige Forderungen des Zusammenlebens der Mehrheiten und Minderheiten im Staat und der Zusammenarbeit der verschiedenen Länder miteinander zu wenig oder gar keine Beachtung finden.

Fragen an die Muslime

An alle, die dem Islam die Zukunft nicht verbauen, sondern ihm neue Horizonte eröffnen wollen, richte ich folgende Fragen, die in tiefem Respekt für die Glaubensüberzeugung der Muslime und im Geiste kritischer Sympathie formuliert sind:
1. Wenn Islamisten ihre Vorstellungen und Anschauungen als den authentischen und einzig annehmbaren Ausdruck des wahren Islams hinstellen, überschreiten sie da nicht die Grenzen der Mäßigung, um sich der Gefahr des Totalitarismus auszusetzen?
2. Ihre Forderung, den politischen und religiösen Lösungen und Modellen der Vergangenheit einen absoluten Wert beizumessen, und ihre Neigung, solche konkrete Lösungen als verbindlich für alle Zeiten, alle Länder und alle Gemeinschaften zu erklären, – zeugen diese nicht von einer fatalen Geschichtsvergessenheit und von einem Nicht-Wahrnehmen des relativen Charakters jeder konkreten Lösung? Leisten sie nicht damit einer unkontrollierten Ideologie Vorschub und reden sie nicht einem sozialen und politischen Totalitarismus das Wort?
3. Das traditionelle politische Programm des Islams, wie es im klassischen Rechtssystem zum Ausdruck gebracht worden ist, mit seiner Bemühung um die Errichtung der universalen Herrschaft des islamischen Gesetzes, drängt uns die Frage nach den Menschenrechten und – bei einer Gleichberechtigung aller Bürger – nach einem wirksamen Schutz der Minderheiten auf. Läuft das traditionelle System des Islams nicht Gefahr, als Störenfried bei

der Suche nach einer universalen Friedensordnung und nach einer gedeihlichenZusammenarbeit aller Nationen zu wirken?
4. Sollte nicht der Islam angesichts der Realität in der Welt von heute den Schritt wagen von der überholten Annahme einer einheitlichen Gesellschaft (in der die Muslime die Herrschaft haben und die Macht ausüben sollen) zur Bejahung einer pluralistischen Gesellschaft?
5. Soll nicht auf religiösem Gebiet der vom Koran akzeptierte Pluralismus der Religionen (5,43–48) auch von den Muslimen heute akzeptiert werden und damit der Weg zu einem offenen Absolutheitsanspruch frei gemacht werden?
6. Ist es nicht an der Zeit, von der selbstherrlichen Isolation zur Dialoghaltung überzugehen? Von der Suche nach Herrschaft zur Zusammenarbeit? Vom Ghetto zur universalen Solidarität aller Menschen mit allen Menschen?

Schlussbemerkung

In der Wahrnehmung muslimischer Gelehrter scheint die Verwestlichung bzw. die Anpassung an die westliche Zivilisation ein nicht mehr abwendbarer Fluch zu sein. Denn Leben und Überleben können heute nur noch durch Importe aus dem Westen gewährleistet werden. Dies führt zu einer Abhängigkeit von Völkern und Ländern, die in der Geschichte nicht gerade Freunde des Islams und der Muslime waren.

Die westliche Zivilisation ist grundlegend von Werten und Vorstellungen inspiriert, die entweder sich als agnostisch begreifen oder mit der christlichen bzw. jüdisch-christlichen Tradition eng verbunden sind.

Dies alles erfolgt in einer Phase der Weltgeschichte, in der Vertreter des Islams meinen, doch einen Auftrag zur Re-Islamisierung der *Umma* zu haben und ihn erfüllen zu müssen.

Dabei lebt die islamische Welt in vielen Gegenden weitgehend noch im Bewusstsein einer einheitlichen Gesellschaft,
– in der die Erfordernisse des gesellschaftlichen und politischen Pluralismus noch kein akutes Problem darstellen,
– und in der immer noch eine enge Verbindung zwischen Religion und politischer Ordnung, zwischen Religion und Staat herrscht.

Eine angemessene Antwort auf die oben formulierten Fragen könnte Muslimen und Christen helfen, ihre von Konflikten und

Gegnerschaft gezeichnete gemeinsame Geschichte zu überwinden und zusammen nach Mitteln und Wegen zu suchen, eine stabile Partnerschaft zwischen der islamischen und der westlichen Welt, zwischen den Muslimen und den Christen zu errichten.

KAPITEL XII

Muslime in einer pluralistischen Gesellschaft

Islam und Integrationsproblematik

In der Bundesrepublik Deutschland leben zurzeit über drei Millionen Muslime verschiedener Nationalität; die meisten von ihnen sind Türken. Auch in den übrigen Ländern der westlichen Welt leben Muslime, die inzwischen beachtliche Minderheiten bilden. Diese islamischen Minderheiten sehen sich zunehmend mit verschiedenartigen Problemen konfrontiert. Diese Probleme hängen auf der einen Seite mit ihrem Leben in einer Industriegesellschaft zusammen, einer Industriegesellschaft, die zudem aus einer anderen, christlichen Tradition erwachsen ist. Auf der anderen Seite stellt sich den Muslimen die Frage nach der eigenen Identität in einer nicht-islamischen Gesellschaft mit zunehmender Schärfe.

Je nach der Situation, dem Bildungsstand und der persönlichen Neigung der Betroffenen treten bei ihnen verschiedene Reaktionen zutage. Zwischen der Gleichgültigkeit und der Loslösung von der früheren Tradition bei den einen und der Entwicklung fanatischer Ablehnungshaltungen bei den anderen gibt es alle Schattierungen der Entfremdung gegenüber dem eigenen Normensystem und der Auflehnung gegen die Gesellschaft, in der sie gezwungen sind zu leben.

Diese Situation verschärft sich bei den Muslimen, die in ihrer heimatlichen Gemeinde Halt gefunden hatten und eine solche Gemeinde in der Fremde nicht wieder finden oder nicht mehr wieder aufbauen können. Da die islamische Gemeinschaft nicht hierarchisch strukturiert ist, kein Lehramt und keine Gemeindeleitung im christlichen Sinne kennt, fällt es frommen Muslimen schwer, einen Ersatz für die Gemeinde der Heimat zu finden, welche als Trägerin des religiösen und sozialen Lebens eine zentrale Rolle spielte.

Außerdem hat der Islam in seiner Rechtstradition hauptsächlich nur ein Modell des Zusammenlebens von Muslimen und Nicht-Muslimen ausgearbeitet. Dieses traditionelle Modell geht davon aus, dass die Muslime die Mehrheit bilden und die Herrschaft im Lande ausüben, die Gesetzgebung gestalten und die Rechtsprechung nach islamischem Gesetz und Recht besorgen. In den europäischen Industriestaaten erleben die Muslime dagegen eine andere, bislang ungewohnte Welt. Hier bilden sie nur eine Minderheit, deren Einfluss in der Gesellschaft verschwindend gering ist, die sogar von den mächtigeren Gruppen argwöhnisch beobachtet wird und die alle Mühe hat, sich zu behaupten und ihre eigene Identität zu wahren.

Aus dieser Situation erwächst den Muslimen eine Unsicherheit in der Einschätzung ihres Rechtsstatus aus islamischer Sicht. Sie fühlen sich ratlos vor der Notwendigkeit, umfassende Normen für ihr Zusammenleben mit Nicht-Muslimen zu entwickeln.

Wenn man darüber hinaus bedenkt, dass die meisten islamischen Gemeinden, soweit sich Gemeinden gebildet haben, nicht von ausreichend qualifizierten Gemeindeleitern geführt werden, kann man die Not erkennen, die für viele Muslime die Diaspora-Situation mit sich bringt.

Angesichts dieser Lage ist es nicht verwunderlich, dass die Muslime sich an Richtungen, Bewegungen, Gruppierungen, Vorstellungen und Verhaltensmustern orientieren, die sie in ihren Heimatländern kannten. Dies geschieht in zunehmendem Maße, denn die islamische Szene, z.B. in der Bundesrepublik Deutschland, erlebt die Bildung von Gruppen und Bewegungen, die im Streit miteinander liegen und von denen jede mit Nachdruck zu bestimmen sucht, was islamischer Glaube sei und wie islamisches Leben in der Diaspora auszusehen habe. So erleben die Muslime in der Fremde dieselben Richtungskämpfe, die in den übrigen Ländern der islamischen Welt ausgetragen werden.

Eine dieser Richtungen setzt auf die vollständige Islamisierung der Gesellschaft und des Staatswesens und lehnt jede Gesellschaftsordnung, die nicht die islamische ist, ab. Sie lehnt folglich auch jede Art von Integration in einer nicht-islamisch gestalteten Gesellschaft ab. Diese Haltung verstärkt sich bei den Gruppen, die ihre Hoffnung auf die heutige Renaissance des Islams setzen und deren Hauptziele vorbehaltlos übernehmen.

Eines dieser Hauptziele ist die Befreiung islamischer Gesellschaften von der Entfremdung, die während der Kolonialzeit herrschte. So gilt der Kampf des wiedererwachten Islams der Befreiung von politischen Abhängigkeiten und von kultureller Bevormundung sowie von religiöser Entfremdung. Der Islam will eine dominierende Rolle im persönlichen Leben, in Familie, Gesellschaft und Politik wiedererlangen.

Viele Muslime und muslimische Gruppen entwickeln heute aus diesem neuen Selbstbewusstsein heraus und aus Überreaktion gegen die Minderwertigkeitsgefühle der Vergangenheit nun übermäßige Überlegenheitsgefühle. Dies ist nicht nur in den alten Ländern der islamischen Welt, sondern auch bei muslimischen Minderheiten in nicht-islamischen Staaten feststellbar. Eine solche Überreaktion führt mancherorts zur Verhärtung der Positionen, sie bedingt eine gewisse Abkapselung der Muslime gegenüber der übrigen Bevölkerung und hier und dort auch die Neigung zu unversöhnlichem oder gar radikalem Auftreten.

Diese Neigung verstärkt sich bei denen, die heute noch bzw. heute wieder den alten Grundsatz halten wollen: „Der Islam herrscht und wird nicht beherrscht." Dieses Ziel kann durch den Einsatz für die Ausbreitung des Herrschaftsbereiches des Islams erreicht werden. Nach den Vorstellungen des islamischen Mittelalters soll der Unglaube ausgerottet und die Ungläubigen als Gemeinschaft beseitigt werden. Ein Existenzrecht unter der Vorherrschaft des Islams erkennt das islamische Gesetz nur den Gemeinschaften zu, die nach seinem Verständnis den Glauben an den einen, einzigen Gott beibehalten bzw. eine Offenbarungsschrift erhalten haben, unter anderen den Juden und den Christen. Den Verfechtern dieses traditionellen Modells fällt es schwer, nun in umgekehrter Richtung eine Integration der islamischen Minderheit in eine nicht-islamische Gesellschaft zu befürworten, denn diese bringt am Ende eine Gleichstellung von Muslimen und Nicht-Muslimen.

Diese Haltung steht in Zusammenhang mit dem Universalitätsanspruch des Islams. Dieser Anspruch inspiriert die Bemühung, alle Menschen dazu zu bringen, die Rechte Gottes uneingeschränkt zu respektieren und ihr Leben in all seinen Bereichen nach den Verordnungen des göttlichen Willens und den Bestimmungen des islamischen Gesetzes zu gestalten.

Neben diesem Universalitätsanspruch erhebt der Islam auch, wenigstens für seine Anhänger, einen Totalitätsanspruch; das heißt, dass der Islam den gesetzlichen Rahmen für den gesamten Lebensbereich festlegt und die Ordnung erlässt, an der sich das Familienleben, die Gesellschaft, die Struktur des Staates und die internationalen Beziehungen dieses Staates zu orientieren haben. Wo die islamische Religionsgemeinschaft als Staat etabliert ist, wird der Islam als „Religion und Staat" zugleich bezeichnet. In diesem Sinne lehnt das islamische Gesetz eine Trennung zwischen Religion, Gesellschaftsordnung und Staat ab.

Aus diesem Selbstverständnis heraus weisen strenggläubige Muslime auch jeden laizistischen Versuch zurück, den Islam aus der Gesellschaft und dem Staat zu verdrängen. Auch tun sich solche Gläubige deshalb mit den demokratischen Vorstellungen der pluralistischen Gesellschaft des Westens schwer. Denn der traditionelle Islam geht grundsätzlich von einer einheitlichen Gesellschaft aus, die unter dem Regiment der Religion und des religiösen Gesetzes steht, und er besteht darauf, das islamische Gesetz und die islamischen moralischen und sozialen Werte als den höchsten Maßstab für alle Bereiche des Lebens in der Glaubensgemeinschaft und in der Gesamtgesellschaft zur Anwendung zu bringen.

Traditionsgebundene Muslime, die solchen Vorstellungen weiterhin undifferenziert anhängen, sehen es als ein unüberwindbares Problem, für sich und ihre Gemeinschaft einen rechten Platz in einer Gesellschaft zu finden, deren Mehrheit und Ordnungsvorstellungen nicht islamisch sind.

Ein weiteres Moment der heutigen Renaissance des Islams, das eine freie Reflexion über die Möglichkeit und den Charakter einer Integration in der Fremde erschwert, ist der mancherorts erhobene Anspruch, der Islam biete nunmehr eine Alternative zu den Modellen des Ostens und des Westens. Denn, so lautet das Argument, diese Systeme haben es nicht geschafft, die Probleme der Menschen zu lösen. Zwar haben sie den materiellen Wohlstand gebracht und wissenschaftliche und technische Errungenschaften erzielt, aber sie haben auch eine Menge Probleme und Schwierigkeiten verursacht. Der Islam dagegen, der in seiner Wahrheit und in seiner Gesetzgebung die Religion ist, die der Natur des Menschen am besten entspricht (vgl. Koran 30,30), ist imstande, den Menschen zu helfen und sie zu leiten „... zu dem, was richtiger ist ..." (17,9).

Gegenüber solchen Gruppen und Bewegungen, die sich heute im Aufwind befinden, gibt es eine andere Richtung, die hoffnungslos in der Minderheit steht oder sich nicht mehr deutlich zu äußern wagt. Diese Richtung will dem Islam im Kontext der Verhältnisse in der Weltgemeinschaft einen Weg eröffnen, der sich mit einer teilweisen Säkularisierung des Gemeinwesens verträgt. Diese Richtung wird hauptsächlich von Personen und Gruppen getragen, die mit der westlichen Kultur und Zivilisation nicht in Konflikt stehen, sondern sie in ihrer Grundgestalt als ein erwägenswertes Modell auch für muslimische Gemeinschaften ansehen.

Die überwiegende Mehrheit der Muslime in der Bundesrepublik Deutschland fühlt sich hin- und hergerissen zwischen verschiedenen

Richtungen und sucht oft in ratloser Unsicherheit ihren Weg in eine ungewisse Zukunft.

Die Ungewissheit über ihre Zukunft verstärkt sich bei den ausländischen Muslimen dadurch, dass sie nicht überschauen, was in Bezug auf ihren Aufenthalt, ihre Beschäftigung und Aufstiegschancen auf sie zukommt. Weitere Probleme betreffen den Rechtsstatus ihrer Religionsgemeinschaft, denn es ist bislang nicht gelungen, die Frage nach der Anerkennung des Islams als Körperschaft des öffentlichen Rechts voranzubringen. Auch ist es immer noch nicht gesichert, dass die muslimischen Kinder eine islamische Unterweisung im Glauben und in den sittlichen Normen ihrer Religion erhalten durch die Einführung des islamischen Religionsunterrichts als ordentliches Fach in den Schulen.

Zur Sorge um die Zukunft der Gemeinschaft und der Kinder gesellt sich die Sorge der Muslime um die Erhaltung einigermaßen guter Beziehungen zu ihren Nachbarn. Denn die zunehmende Ausländerfeindlichkeit lässt das mühsam gewonnene Vertrauen dahinschwinden, verstärkt die Abwehrreaktion bei den Betroffenen und die Neigung zur Abkapselung und letztlich zur Ghetto-Bildung.

Trotz all dieser Schwierigkeiten hat die islamische Diaspora eine echte Chance, eine für sich günstige und für den Islam im Allgemeinen wegweisende Richtung zu finden und einzuschlagen. Diese Chance besteht aber nur, wenn die Muslime die Herausforderung, die ihr Leben in der Fremde bedeutet, annehmen. Sie dürfen ihre für sie bislang ungewohnte Situation nicht als Alibi nehmen und ihr Heil in der Flucht in extremistische Bewegungen und in radikale Haltungen suchen. Sie müssen den Mut haben, ein Leben als Minderheit zu akzeptieren und nach einer geeigneten Form des Zusammenlebens mit der Mehrheit einer Gesellschaft suchen, deren Wertsystem zwar christlich geprägt ist, die sich aber nicht mehr bewusst und betont an religiösen Vorstellungen und Normen orientiert.

Um ihre Chance in der Diaspora wahrnehmen zu können, muss die islamische Gemeinschaft das Land, in dem sie lebt und ihr Glaubenszeugnis gibt, im Grundsatz bejahen und nicht als Feindesgebiet betrachten. Das klassische Rechtssystem des Islams, wie es sich im Mittelalter gebildet hat, macht bereits die Unterscheidung zwischen dem Gebiet des Islams und dem Feindesgebiet davon abhängig, ob das islamische Gesetz in einem bestimmten Land Gültigkeit erlangt hat, wenigstens für die dort lebenden Muslime. Wo also das islamische Gesetz befolgt wird, wenn auch von nur wenigen Muslimen, dort darf das betreffende Land nicht als islamfeindliches Gebiet bezeichnet und behandelt werden. Dies gilt, meinen einige Rechtsgelehrte ausdrücklich, auch wenn die Regierenden keine Muslime sind und auch wenn das islamische Gesetz nicht in der Gesamtheit seiner Bestimmungen und Vorschriften beobachtet wird. Als Kriterium der Unterscheidung wird von der Mehrheit der Muslime folgende Feststellung gemacht: „Wenn ein Muslim in einem nichtislamischen Land lebt und dort Rechtssicherheit genießt und seinen Glauben frei bekennen kann, dann ist das Land nicht islamfeindlich ..."[25]

So brauchen die Muslime z. B. in der Bundesrepublik Deutschland sich nicht in eine abwehrende und verschlossene Haltung zu begeben, die ihnen jede Chance der Entfaltung ihres islamischen Glaubens besonders erschwert.

Diese Entfaltung des islamischen Glaubens und des islamischen Lebens in einer nicht-islamischen Gesellschaft muss auf Lösungen beruhen, die die Diaspora-Situation der Muslime berücksichtigt. Da gilt es festzustellen, dass das islamische Rechtssystem, auch in seiner klassischen Gestalt, eine von vielen verkannte Flexibilität und Offenheit aufweist. Gerade die Handhabung des Gesetzes im Sinne seiner Flexibilität und Offenheit bietet der islamischen Diaspora eine bislang ungenutzt gebliebene Chance. Diese Flexibilität und Offenheit zeigt sich z. B. in folgenden Punkten: Die Koranexegese ist nicht so steif, wie man sie oft darstellt. Die muslimischen Interpreten weisen darauf hin, dass die rechtlichen Bestimmungen, die sich auf gesellschaftliche Verhaltensregeln beziehen, offensichtlich durch die Umstände der damaligen Zeit bedingt sind und daher auch relativiert werden dürfen. Das bedeutet, dass sie in manchen Punkten anpassungsbedürftig sind, wenn neue Lebensumstände neue Lösungen erfordern. Die Rechtsgelehrten unterstreichen in diesem Zusammenhang die so genannten „Anlässe der Offenbarung", ihren Sitz im Leben. Außerdem, so betonen einige Autoren, muss immer darauf geachtet werden, welcher eigentliche und tiefe *Grund* hinter den Vorschriften steckt. Es ist diese Intention der koranischen Bestimmungen, die es zu beachten und zu erfüllen gilt, und zwar manchmal über die konkreten Maßnahmen der Tradition hinaus. Endlich zeigt eine aufmerksame Lektüre des Korans, dass seine Bestimmungen aus verschiedenen Epochen stammen und eine Reaktion auf sehr unterschiedliche Situationen darstellen. Beim Eintreten neuer Situationen dürfen sich die Muslime wohl am Geist der koranischen Freiheit orientieren und sich das Lebensmodell entwerfen, das der koranischen Intention entspricht und sie in der Freiheit des Gottesglaubens bestärkt.

Dieselbe Flexibilität zeigt sich in der Anwendung der Überlieferungen, die auf Muhammad, den Verkünder des Islams, zurückgehen. Die Autoren unterscheiden zwischen drei Kategorien von Traditionen, die nicht alle die gleiche Beweiskraft besitzen. Daher ist ihre Verbindlichkeit in vielen Fragen des modernen Lebens nicht solcherart, dass sie flexible Entscheidungen unmöglich macht.

Auch das Rechtssystem, dass auf Koran und Überlieferung baut, weist dieselbe Flexibilität auf. Durch die Anwendung der Analogie, die Berücksichtigung des Gewohnheitsrechtes, die Bejahung des eigenen Urteils qualifizierter Gelehrter besitzen die Muslime einen ziemlich breiten Raum für neue Lösungen. Die Dimension dieses Freiraumes wird deutlicher, wenn man die geltenden Grundsätze für die Bildung des eigenen Urteils berücksichtigt.

Neben den Grundsätzen des Glaubens und der gesunden Tradition darf der Rechtsgelehrte sich an folgenden Gesichtspunkten orientieren: das Interesse der Gläubigen, die Rechtssicherheit bei nicht eindeutiger Situation, sein Für-gut-Halten einer Lösung, die Billigkeit und die Gerechtigkeit in den Entscheidungen, die Absicht des Gesetzes, Erleichterung für die Menschen zu bringen.

Um aber die Hilfen, die ihnen Koran, Tradition und klassisches Rechtssystem bieten, in rechter Weise in Anspruch nehmen zu können, brauchen die Muslime in der Diaspora die Unterstützung ausgebildeter Gelehrter, die sie der Gefahr der Ghettoisierung entreißen und ihnen ein Gefühl der Sicherheit vermitteln. Diese Gelehrten dürfen nicht Lösungen unüberarbeitet importieren, die in ihren Heimatländern entwickelt wurden und dort ihre Gültigkeit haben. Sie müssten sich der Aufgabe stellen, für die islamische Diaspora das Modell zu entwerfen, das zu ihrer konkreten Lebenssituation passt. Dazu müssten sie selbst das Leben der Diaspora teilen oder wenigstens es sehr gut kennen.

Die Bildung eines Rechtsgelehrten-Rates für Europa, als Hilfe für die Muslime in den europäischen Ländern gedacht, ist grundsätzlich zu begrüßen. Ob dieser Rat auch die nötige Hilfe bringt, bleibt abzuwarten. Das Gelingen seiner Tätigkeit wird davon abhängen, ob seine Mitglieder über die konkreten Lösungen für die Probleme des Alltags hinaus auch die grundsätzlichen Richtlinien zu erkennen und zu formulieren vermögen, die für die Muslime in der Fremde erst eine echte Hilfe sind.

Außerdem wird die Haltung dieser Gelehrten selbst zur Diaspora-Situation und zur Verbindlichkeit der traditionellen Formen und Lösungen eine bedeutende Rolle spielen. Denn die islamischen Gemeinden in der Diaspora, in Europa und in der westlichen Welt, brauchen die Unterstützung einsichtiger und treuer Kenner der Tradition, der Identitätsmerkmale des Islams und der Entfaltungsmöglichkeiten seines Lebensmodells.

Erst dann wird die islamische Diaspora ihre Unsicherheit abstreifen, ihren Glauben entfalten, die Freude und Freiheit erleben, die ihnen die Zusicherung des Wohlwollens des barmherzigen Gottes verheißt.

Integration in Europa

Hier soll nicht die ganze Breite der Problematik des Zusammenlebens von Muslimen und andersgläubigen Bürgern in Deutschland und in Europa behandelt werden. Es sollen nur einige Fragen an die Adresse der Betroffenen: der Gesamtgesellschaft in Deutschland und auch der Muslime formuliert werden. Dabei geht es vornehmlich um die Muslime, von allem um die, die aus fremden Ländern nach Deutschland kommen.

Fragen an die Gesellschaft

Es gibt einen Klärungsbedarf zur Frage, ob die deutsche Gesellschaft den ernsten Willen hat, Muslime aufzunehmen und sie zu integrieren. Dieser Klärungsbedarf betrifft die diesbezügliche Entscheidung der Politiker und der relevanten Institutionen in der Gesellschaft.

Und wenn man diese Integration will, wie versteht man sie: Was besagt sie, was ist ihre Zielsetzung? Endlich, welche Mittel sind dazu geeignet?

Denn bislang scheint eine ziemliche Ratlosigkeit in dieser Frage zu herrschen. Weder die Gesellschaft noch die Muslime aus fremden Ländern sind auf diese ernste Frage ausreichend vorbereitet bzw. vorbereitet worden. Es geht ja um eine äußerst komplexe Angelegenheit, wenn man bedenkt, aus welchen, in ihrer Kultur und Zivilisation, in ihrer Mentalität und Struktur voneinander sehr verschiedenen Ländern diese Muslime nach Europa gekommen sind und weiterhin kommen.

Klarheit muss auch darüber erlangt werden, wie langwierig und teuer das ganze Unternehmen sein wird. Dabei müssen folgende Grundsatzfragen eine Antwort finden:
- Wie viel Verschiedenheit innerhalb einer und derselben Gesellschaft kann diese Gesellschaft verkraften und vertragen?
- Wie viel Gemeinsamkeit (die hier zu erarbeiten wäre) ist nötig, damit zuerst ein Nebeneinander unterschiedlicher Systeme möglich ist?
- Wie viel Gemeinsamkeit ist möglich und auch erreichbar, damit aus dem Nebeneinander ein Miteinander wird?

Fragen an die Muslime

Es herrscht bei den Muslimen ein Klärungsbedarf zu folgenden Fragen:
- Der Muslim, der in Europa lebt, ist darauf bedacht, seine „islamische Identität" zu wahren, damit er nicht ständig mit einem schlechten Gewissen leben muss. Aber wie wird „islamische Identität" bestimmt? Es gibt bekanntlich eine maximale bzw. optimale Identität der Muslime, die erreicht werden kann, wenn sie in einem Land leben, dessen Bevölkerung mehrheitlich islamisch ist und dessen Gesetze den Vorgaben des islamischen religiösen Gesetzes (*shari'a*) entsprechen. Es gibt aber auch eine Grundidentität, die erreicht wird, wenn Muslime in einem Land leben, das zwar kein islamisches Land ist, das aber ihnen Rechtssicherheit garantiert für ihr Leben, ihr Eigentum und ihre Religionsfreiheit – was der Fall ist in Deutschland und in den übrigen Ländern Europas.
- Sind die „fremden" Muslime bereit, sich zu integrieren? Sind sie auch integrationsfähig? Sind Bemühungen im Gang, die ältere Generation der Emigranten und die neue Generation der hier geborenen Kinder auf diesen Integrationsprozess vorzubereiten und sie zum demokratischen System Europas zu erziehen?
- Sind die Muslime bereit, am Entwurf eines tragfähigen Modells für dieses gedeihliche Zusammenleben positiv mitzuarbeiten?
- Sorgen sie dafür, dass in ihren Reihen kompetente Leute als Gesprächspartner ausgebildet werden?

Zur Frage eines „europäischen" Islams

Man kann noch nicht einfach von einem „europäischen" Islam reden, nur weil de facto viele Muslime in Europa leben. Zu einem „deutschen" bzw. „europäischen" Islam gehört die Klärung folgender Fragen:
– Die Muslime sind aufgefordert, ihre Haltung so verbindlich wie möglich zu wichtigen Aspekten des Lebens in Europa zu definieren: Demokratie; Religionsfreiheit; Menschenrechte; Familienordnung (und damit die rechtliche Stellung der Frau); Strafrecht.
– Die Muslime müssen Stellung beziehen zum säkularen Staat, d. h. zur Trennung von Religion und Staat, und dies nicht nur vorläufig, sondern auf Dauer.
– Der Staat und die gesellschaftlichen Institutionen benötigen einen berechenbaren Gesprächspartner: Können die Muslime es schaffen, stabile Strukturen zu errichten, damit der Staat und seine Organe nicht mit zahlreichen Vereinen und Organisationen konfrontiert sind, die alle beanspruchen, die Interessen der Muslime wahrzunehmen?

Schlussbemerkung

Es wäre für die Gegenwart und für die Zukunft der Welt, der westlichen und östlichen Welt, sowie für die Zukunft der islamischen Welt selbst, ein unermesslicher Verlust, wenn die Verschiedenheit ihrer Systeme zur Konfrontation führen sollte, wenn sie es nicht schaffen, nebeneinander zu leben und sich gegenseitig positiv zu tolerieren. Es wäre aber ein großer Gewinn und ein entscheidender Schritt in eine gelungene Zukunft, wenn die westliche und die islamische Welt, wenn Juden, Christen und Muslime, nicht nur in Deutschland, es fertig bringen, nicht nur nebeneinander, sondern miteinander gedeihlich zusammenzuleben.

Teil V
Dialog oder Konfrontation?

KAPITEL XIII

Christen und Muslime: Gegner oder Partner?

Wenn wir über den Islam sprechen, dann müssen wir uns vergegenwärtigen, dass sich zum Islam über eine Milliarde Menschen aus verschiedenen Kulturkreisen bekennen. Es gilt, nicht oberflächlich aufgrund einiger Eindrücke, die wir vielleicht aus einer Reise in ein islamisches Land mitgebracht haben, oder einiger Erfahrungen, die wir mit Muslimen gemacht haben, über den Islam als Ganzes zu urteilen. Wir urteilen menschengerecht und sachgerecht, wenn wir uns bemühen, aufgrund eingehender Informationen differenziert unser Urteil über den Islam, seine Religion und seine politischen Ordnungsvorstellungen zu bilden.

Das Thema dieses Kapitels soll in drei Schritten behandelt werden: 1. Wie war es in der Vergangenheit in den Beziehungen zwischen Christen und Muslimen? 2. Wie sieht die Lage heute aus? 3. Welche Chancen gibt es für die Zukunft?

Die Beziehungen in der Vergangenheit

Nach den Aussagen des Korans zu urteilen, steht der Islam dem Christentum nahe und zugleich fern. Dies bedingt die zwiespältige Haltung der Muslime gegenüber den Christen: Der Koran betont die grundsätzliche Verwandtschaft zwischen Islam und Christentum und unterstreicht zugleich die Unterschiede in Lehre und Gesetz, die die beiden Religionen voneinander trennen. Die Muslime sind somit bereit, den Christen Freundschaft zu zeigen (vgl. 5,82), und sie gehen zu ihnen auf Distanz. Die Gründe dafür liegen in der Entwicklung der Verkündigung des Islams durch Muhammad (570–632) in Mekka (610–622) und in Medina (622–632).

Im Jahre 610 trat Muhammad im polytheistischen Mekka als Prophet auf. In der ersten Phase seiner Predigt bekundete er eine größere Nähe zum Judentum und zum Christentum. Der Koran weist auf die Nähe seiner Botschaft zum Christentum, auf die Verwandtschaft, die zwischen dem Islam und der biblischen Tradition besteht, hin. Der Koran bekennt sich nämlich zu Abraham, zu Mose und der Tora, zu Jesus Christus und dem Evangelium. Er ist davon überzeugt, dass er diese Bewegung der biblischen Tradition, die von Abraham ausgeht und sich zuerst im Judentum, dann im Christentum konkret ausdrückt, fortsetzt und zu ihrer Vollendung bringt. Für ihn gibt es eine Abfolge in der prophetischen Verkündigung, bei der jede Etappe ihre Gültigkeit besitzt und behält, bis die nächste Etappe anbricht. Die nächste Etappe bestätigt grundsätzlich das, was die vorherige enthielt, macht es jedoch vollkommener und hebt damit die universale Gültigkeit der vorherigen Etappe auf. Konkret ausgedrückt im Hinblick auf die biblische Tradition heißt es: Die Tora des Mose wurde vom Evangelium Jesu Christi bestätigt, vervollkommnet und aufgehoben; damit hat das Christentum das Judentum grundsätzlich abgelöst. Der Koran bestätigt nun seinerseits Tora und Evangelium, macht ihre Botschaft vollkommener und hebt sie beide auf. Der Islam löst somit Judentum und Christentum grundsätzlich ab. Der Koran bestätigt die monotheistische Lehre und die ethischen Grundwerte der Tora und des Evangeliums, er bringt aber die definitive und letztgültige Gestalt des Gesetzes Gottes, so dass nach ihm keine weitere Offenbarung mehr zu erwarten ist. Muhammad wird im Koran dann „das Siegel der Propheten" genannt (33,40), und der Islam als die einzig wahre Religion, die von Gott angenommen wird (vgl. 3,19.85).

Nähe und Distanz des Islams zum Christentum

Im Bereich der Glaubenslehre

Die Nähe des Islams zum Christentum gründet auf ihrer gemeinsamen Verankerung in der monotheistischen biblischen Tradition. Wie der Islam Gott beschreibt, erinnert stark an die Beschreibung Gottes im Alten und in Neuen Testament. Er geht jedoch auf Distanz zu den näheren Vorstellungen der Christen vom dreieinigen Gott und von der Gottheit Jesu Christi und seinem Heilswirken.

Im Bereich der sittlichen Werte

Ein anderer Bereich, der die Nähe zwischen dem Islam auf der einen und dem Judentum und dem Christentum auf der anderen Seite deutlich macht, ist der der sittlichen Werte und der ethischen Normen. Denn die zehn Gebote Gottes (der Dekalog: Glaube an Gott, Respekt des Lebens, Respekt des Eigentums, Respekt der Sexualität und der Familie, Respekt der Wahrheit als Grundlage gemeinschaftlichen Lebens) sind auch im Koran nachzulesen: 17,22–39. Zwar gibt es unterschiedliche Vorschriften zur Anwendung der ethischen Normen, aber die Übereinstimmung in den sittlichen Werten ist unverkennbar.

Im politischen Bereich
Nähe und Distanz der Muslime zu den Christen im politischen Bereich lassen sich durch zwei Zitate aus dem Koran dokumentieren:
– „... Und du wirst sicher finden, dass unter ihnen (*den Menschen*) diejenigen, die den Gläubigen in Liebe am nächsten stehen, die sind, welche sagen: 'Wir sind Christen'" (5,82).
– „Kämpft gegen diejenigen, die nicht an Gott und nicht an den Jüngsten Tag glauben und nicht verbieten, was Gott und sein Gesandter verboten haben, und nicht der Religion der Wahrheit angehören – von denen, denen das Buch zugekommen ist, bis sie von dem, was ihre Hand besitzt, Tribut entrichten als Erniedrigte" (9,29).

Diejenigen, „denen das Buch zugekommen ist", das sind in der Sprache des Korans vornehmlich die Juden und die Christen. Sie sollen unterworfen werden und nach Abschluss eines Schutzvertrags mit den Muslimen unter deren Herrschaft leben. Ihnen wird Schutz zugesichert, der ihr Leben, ihre Religionsfreiheit, Kultfreiheit und Selbstverwaltung, sowie die Beteiligung am öffentlichen Leben umfasst. Ausgeschlossen sind sie von der Ausübung politischer Macht über die Muslime. Als Ausgleich für diesen Schutz haben sie die Pflicht, sich loyal zum islamischen Staat zu verhalten, die islamische Religion zu respektieren und Tribut (Kopfsteuer und Eigentumssteuer) zu entrichten. Die Christen werden den Muslimen nicht gleichgestellt, aber sie sind nicht rechtlos und schutzlos im islamischen Staat. Diese an sich tolerante Regelung wurde jedoch im Laufe der Zeit immer wieder den Interessen der islamischen Gemeinschaft untergeordnet, so dass die Geschichte der Beziehungen zwischen Muslimen und Christen in der Vergangenheit mal die Geschichte der Toleranz und mal die der Intoleranz wurde.

Haltung der Christen zum Islam

Im Bereich der Glaubenslehre
Die Frage, die sich die früheren christlichen Theologen gestellt haben, um den Islam zu würdigen, lautet: Wie kann der Islam als

falsche Religion entlarvt werden? Es stand nämlich von vorneherein fest, dass der Islam keine wahre Religion ist und keine Heilsrelevanz besitzt. Es half bei diesem polemischen Unterfangen das apologetische System, das die christlichen Theologen bislang entwickelt hatten, um die Einwände der Gegner des Christentums zurückzuweisen und die Wahrheit der christlichen Lehre zu beweisen. Wenn der Islam den Kriterien dieses apologetischen Systems nicht genügt – und ein einfacher Vergleich scheint dies mühelos zu bestätigen –, dann muss der Islam als Ganzes, d. h. im Hinblick auf seinen Verkünder, auf seine Urkunde und Heilige Schrift und auf seine Lehre und Lebensordnung als falsche Religion gelten. Die christlichen Theologen machen deutlich, dass der Islam im Vergleich mit dem Christentum so große Unterschiede in der Lehre, der Moral und der Frömmigkeit aufweist, dass man ihn als falsche Religion betrachten muss. Auch Muhammad kann in keiner Weise den Vergleich mit Jesus Christus bestehen, so dass er als falscher Prophet gelten muss. Endlich widerspricht der Koran derartig der wahren Schrift, die Gott Mose und den Propheten, den Aposteln und den Evangelisten offenbart hat, dass man von ihm als von einer falschen Schrift sprechen muss.

Es seien hier in der gebotenen Kürze die wichtigsten Argumente der Christen wiedergegeben.

– Muhammad hat keine Zeugen für seine prophetische Sendung. Er ist von keinem Propheten vorausverkündet worden. Er hat selbst auch keine Prophezeiungen ausgesprochen. Er hat keine Wunder gewirkt. Er hat kein vorbildliches Verhalten aufzuweisen.
– Der Koran widerspricht allzu oft der Bibel. Er ist nicht Wort Gottes. Er hat keinen Fortschritt in der göttlichen Offenbarung gebracht, denn er bleibt hinter dem Evangelium zurück.
– Die Religion des Islams besitzt keine Heilsrelevanz, denn die Erlösung ist mit der Heilstat Jesu Christi – seinem Leben, seinem Kreuzestod und seiner Auferstehung – verbunden; die Mittel zur Erlangung des Heils sind die Sakramente der Kirche. Da aber der Islam an die Heilstat Christi und an die Sakramente nicht glaubt, besitzen die Formen der islamischen Frömmigkeit keine Heilsrelevanz; sie sind unwirksame Handlungen, trotz ihrer äußerlichen Ähnlichkeit mit einigen jüdischen oder christlichen Riten.
– Die Moral des Islams ist so anspruchslos, dass sie die Menschen Gott nicht näher zu bringen vermag. Dies gilt für die sexuelle Ethik, die Ordnung der Familie, das Fasten usw. Diese Ethik fördert nicht nur die sinnlichen und sexuellen Gelüste der Men-

schen, sie erregt darüber hinaus ihre Aggressivität und ihre kriegerischen Neigungen.
Das Ergebnis dieser Auseinandersetzung mit dem Islam führt unweigerlich zu einer Verurteilung des Islams. Das Urteil lautet ja: Muhammad ist ein falscher Prophet; der Koran ist eine falsche Schrift; der Islam ist eine falsche Religion.

Im politischen Bereich
Die politischen Beziehungen zwischen Christen und Muslimen sind durch Höhen und Tiefen der bewaffneten Auseinandersetzungen markiert: Eroberung der byzantinischen Provinzen im Orient: Unter dem Khalifen Umar (634–644) gelang es den muslimischen Truppen, Damaskus (635) und Syrien, Jerusalem (638) und Palästina, den Irak und einen Teil Persiens (ab 638) sowie Ägypten (638–642) zu erobern. Unter den Umayyaden konnte sich die islamische Herrschaft im Westen über ganz Nordafrika (700) bis ins Innere Spaniens hinein (711–717) verbreiten. In Frankreich wurde das Vordringen der muslimischen Truppen bei Poitiers (732) durch Karl Martell aufgehalten. Im Osten überschritten die Muslime die Grenzen Persiens, sie drangen in Indien und in Zentralasien bis nach China vor.

Die Abbasiden (750–1258) verlegten die Hauptstadt des Reiches endgültig nach Bagdad im Irak. Die ersten hundert Jahre ihrer Herrschaft waren sie bemüht, das Reich zu konsolidieren und zu einem kulturellen Höhepunkt zu führen. Am Ende des 13. Jahrhunderts nahm die Bedeutung der Osmanen zu. Diese besetzten die noch nicht eroberten Teile des byzantinischen Reiches in Kleinasien, bis sie zuletzt im Jahr 1453 Konstantinopel einnahmen. Sie drangen vom 13. bis zum 17. Jahrhundert in Ost- und Mitteleuropa ein und bemühten sich um die völlige Beherrschung des Mittelmeerraumes. Zum Osten hin dehnte sich das islamische Reich aus, und zwar bis Indonesien (14.-15. Jahrhundert).

Aber die islamische Welt hatte nicht nur Erfolge zu verzeichnen. Zwischen 1095 und 1270 wurde sie von den Kreuzzügen der westlichen Christenheit heimgesucht. In Spanien entriss die Reconquista dem islamischen Reich seine Gebiete; zuletzt fiel Granada 1492. Im Mitteleuropa wurde der Vormarsch der Osmanen durch die Niederlage ihrer Flotte bei Lepanto 1571 gebremst und etwa hundert Jahre später durch die verlorene Schlacht bei St. Gotthard an der Raab gestoppt. Vor allem aber im 19. und in der ersten Hälfte des 20. Jahrhunderts wurden die meisten Länder der islamischen Welt mit der

Übermacht der europäischen Kolonialstaaten konfrontiert. Damit hatten die Muslime nicht nur ihre politische Unabhängigkeit verloren, sondern sie fühlten sich von der Herrschaft, der Kultur, der Zivilisation und der wirtschaftlichen Macht der Kolonialherren erdrückt. Sie liefen sogar Gefahr, ihre eigene Identität zu verlieren, die Jahrhunderte lang durch den Islam als Religion und Lebensordnung für Gesellschaft und Staat geprägt war.

Heutige Tendenzen

Haltung der Christen

Im 20. Jahrhundert hat sich in der katholischen Theologie eine Wende in der theologischen Würdigung der nichtchristlichen Religionen vollzogen, und dies unter dem Einfluss der neuen Erkenntnisse der Religionswissenschaft und unter Berücksichtigung des zunehmenden Zusammenrückens der Menschen, was zu einer neuen Wahrnehmung der religiösen Traditionen anderer Völker geführt hat. Das Zweite Vatikanische Konzil hat in seinen Dokumenten, vor allem in der „Erklärung über das Verhältnis der Kirche zu den nichtchristlichen Religionen", Nostra aetate, diese Wende deutlich zum Ausdruck gebracht.

In Würdigung des Umstandes, dass die Welt enger zusammenrückt und dass die fernen Völker uns immer näher kommen, suchen die christlichen Kirchen bei den nichtchristlichen Religionen nunmehr über das Trennende hinaus das hervorzuheben, was den Menschen und den Religionen gemeinsam ist. Das Zweite Vatikanische Konzil formuliert es wie folgt: „Gemäß ihrer Aufgabe, Einheit und Liebe unter den Menschen und damit auch unter den Völkern zu fördern, fasst sie (die Kirche) vor allem das ins Auge, was den Menschen gemeinsam ist und sie zur Gemeinschaft untereinander führt" (Nostra aetate 1).

Die neue Haltung orientiert sich an folgenden Grundsätzen:
- Die nichtchristlichen Religionen ernst nehmen, kennen lernen und hoch achten.
- Das Wahre und das Gute in den Religionen anerkennen, wahren und fördern. Die Christen sollen nichts von dem ablehnen, was sie in den nichtchristlichen Religionen an Wahrem und Gutem entdecken. Das Zweite Vatikanische Konzil sieht in diesen Elementen „einen Strahl jener Wahrheit", die die Wahrheit Gottes und

seines menschgewordenen Sohnes ist (Nostra aetate 2), und eine Wirkung der Fügung Gottes (Dekret über die Priesterausbildung 16).
– Was dem christlichen Erbe und den nichtchristlichen Religionen gemeinsam ist, bildet eine ausreichende Grundlage für einen offenen Dialog und eine entschlossene Zusammenarbeit.

So werden die nichtchristlichen Religionen – und somit auch der Islam – nicht mehr undifferenziert verurteilt als schuldhafte Irrwege und falsche Religionen; ihre Lehren, Normen und Verhaltensmuster werden nicht mehr pauschal abgelehnt. Den Nichtchristen wird eine Heilsmöglichkeit eingeräumt. „Wer nämlich das Evangelium Christi und seine Kirche ohne Schuld nicht kennt, Gott aber aus ehrlichem Herzen sucht, seinen im Anruf des Gewissens erkannten Willen unter dem Einfluss der Gnade in der Tat zu erfüllen trachtet, kann das ewige Heil erlangen. Die göttliche Vorsehung verweigert auch denen das zum Heil Notwendige nicht, die ohne Schuld noch nicht zur ausdrücklichen Anerkennung Gottes gekommen sind, jedoch, nicht ohne göttliche Gnade, ein rechtes Leben zu führen sich bemühen" (Lumen gentium 16).

Die Heilsmöglichkeit der Nichtchristen hängt also mit dem Wahren, das sie erkennen, und mit dem Grundglauben an Gott (vgl. Hebr 11,6), der ihnen von ihren Religionen vermittelt wird, und auch mit dem Guten, das sie tun (vgl. Apg 10,35; Röm 2,10; 1Joh 2,29), zusammen. Und gerade dies verbindet sie mit der Gnade Gottes und stellt sie in eine irgendwie geartete Beziehung zur Heilstat Christi, der für alle Menschen gestorben ist und in dem Gott alles mit sich versöhnen will (Kol 1,19–20).

Haltung der Muslime

Im Bereich der Glaubenslehre hat sich in der Haltung der Muslime nur wenig geändert. Zaghafte Überlegungen über die Heilsmöglichkeit der Christen und über die Religionsfreiheit, einschließlich der Freiheit, den Islam abzulegen und zu einer anderen Religion überzutreten, künden von einsetzender Reflexion über Probleme, die den Dialog mit den Christen bislang belastet haben.

Im politischen Bereich erleben wir heute den erneuten Ausbruch von Konflikten zwischen einigen Ländern und Gruppen der islamischen Welt auf der einen und westlichen Mächten (von den Muslimen allzu oft mit dem Christentum gleichgesetzt!) auf der anderen

Seite. Sorge bereitet vielen Menschen die zunehmende Radikalisierung militanter muslimischer Gruppen und die Politisierung der islamischen Religion, was sie leicht zu einer Ideologie machen kann, die für den Missbrauch anfällig ist.

Perspektiven: Dialog zwischen Christen und Muslimen

Heute wird die Frage nach dem Beitrag der Religionen, des Christentums und des Islams in besonderer Weise, zum Aufbau humanerer Verhältnisse in der Welt nachhaltiger. Christen und Muslime bilden gemeinsam mit fast 3 Milliarden Anhängern ein enormes Potential; sie stehen daher einander und der gesamten Welt gegenüber in der Verantwortung, in der gemeinsamen Verantwortung für die Gegenwart und die Zukunft der Menschheit. Werden sie aber dieser Verantwortung gerecht?

Weg in die Zukunft

Es wird wohl ein langer und schwieriger Weg sein, der Weg der Überwindung ihrer von Feindschaft und Aggressivität gekennzeichneten Geschichte, der Weg der Überwindung ihrer von Misstrauen und Rivalität getrübten Gegenwart zu einer Zukunft hin, in der Christen und Muslime nun endlich Partner und Freunde sind und gemeinsam ihren Beitrag zum Aufbau der einen Menschheitsfamilie leisten.

Denn seit der Entstehung und der ersten Ausbreitungsphase des Islams bis in unsere Tage hinein stehen Christen und Muslime einander sehr nahe und zugleich sehr fern. Einander ähnlich und zugleich verschieden, sind sie füreinander gleichzeitig Weggefährten und Konkurrenten. Sie behandeln sich auch gegenseitig mal wie Freunde und mal wie Feinde. Dieses zwiespältige Verhältnis hat neben politischen und kulturellen Gründen auch religiöse Wurzeln.

Es gibt heute Muslime, die dem Christentum vorwerfen, es habe vor dem Säkularismus kapituliert und in Gesellschaft und Staat das Feld geräumt. Und gerade da, so ihr Anspruch, will der heute neu erwachte Islam die Lücke schließen. So geht es dem politischen Islam heute darum, eine Alternative zum atheistischen Modell des Kommunismus und zum laizistischen bzw. säkularistischen Modell

des Westens aufzubauen, die Alternative einer Politik, die sich auf das Gesetz Gottes beruft und die Rechte Gottes durchsetzen will.
Christen und Muslime waren in ihrer langen Geschichte Gegner und Weggefährten. Sie bleiben heute noch in der tief greifenden Differenz des von ihren beiden Religionen erhobenen Absolutheitsanspruchs und in ihrem unterschiedlichen Anspruch auf die Gestaltung des Lebens der Menschen weiterhin Konkurrenten. Werden sie es aber schaffen, auch Weggefährten zu bleiben? Können Christen und Muslime ihrer gemeinsamen Verantwortung füreinander und für die gesamte Welt bewusst werden und von bloßen Weggefährten, die nebeneinander wandeln, zu Partnern werden, die miteinander zusammenarbeiten? Man muss hierbei dessen bewusst sein, dass es nach einer Jahrhunderte währenden Gegnerschaft und erbitterten Rivalität für Christen und Muslime schwer ist, sich zu einer ruhigeren, sachlicheren Form des religiösen Gesprächs und zu einer positiveren Gestaltung der Zusammenarbeit durchzuringen.

Man kann heute bei den Christen verschiedene Positionen in Bezug auf die Begegnung mit den Muslimen erkennen. Das Misstrauen herrscht weiterhin bei vielen Christen vor, entweder weil sie, wie hier in Europa, den Muslimen vor allem als Ausländern und Fremden begegnen, was zunächst einmal eine distanzierte Haltung hervorruft. Andere weisen auf das Schicksal der Christen in einigen Ländern der islamischen Welt hin, in denen sie unter dem Fanatismus und der Unterdrückung muslimischer Eiferer zu leiden haben. So fragen sich diese Christen, ob die Muslime jemals Partner der Christen werden können.

Auch in den Reihen der Muslime kann man eine Zurückhaltung gegenüber den Christen erkennen, die bei zahlreichen Gruppen bis zur Ablehnung partnerschaftlicher Beziehungen zu den Christen gehen. Es gibt sogar eine extreme Position, die den Dialog und die freundlichen Beziehungen zu den Christen als unzulässig, ja als gefährlich betrachtet. Diese Haltung herrscht bei denen, die die Christen durchweg und undifferenziert als Ungläubige verurteilen.

Es gibt aber Muslime, die den Dialog mit den Christen als zulässig ansehen. Sie berufen sich dabei auf die Aussage des Korans (16,125), der selbst den Dialog mit den Christen führte (3,64) und sogar eine legitime Pluralität der Religionen biblischer Tradition feststellt (2,148; 5,48). Die Christen werden mit den gläubigen Muslimen in die Gruppe derer eingestuft, die durch ihren Glauben und ihr sittliches Handeln gerettet werden: „Diejenigen, die glauben, und diejenigen, die Juden sind, und die Christen und die Sabier, all die, die an Gott und den Jüngsten Tag glauben und das Gute tun, erhalten ihren Lohn bei ihrem Herrn, sie haben nichts zu befürchten, und sie werden nicht traurig sein" (2,62; vgl. 5,69).

Die Muslime, die den Dialog mit den Christen als zulässig und sogar notwendig betrachten, streben eine enge Zusammenarbeit mit den Christen an, damit beide Gemeinschaften Zeugnis für ihren Glauben an Gott geben und ihren Beitrag zur Lösung der Probleme unserer Zeit leisten.

Schneller als bei den Muslimen nimmt bei den Christen die Zahl derer zu, die für den Dialog und die Zusammenarbeit mit den Muslimen eintreten. Sie begründen ihre Haltung auf die Erklärungen des II. Vatikanischen Konzils (Lumen gentium 16; Nostra aetate 3) und – für evangelische Christen – auf ähnliche Stellungnahmen protestantischer Kirchen und Kirchenverbände.

Gemeinsame Anliegen

Im Bewusstsein ihrer Zusammengehörigkeit und ihrer gemeinsamen Verantwortung haben Christen und Muslime die Pflicht, ihre Gegnerschaft zu überwinden, Solidarität miteinander zu üben und ihren Beitrag zur Lösung der Probleme unserer Welt zu leisten. Diese Probleme werden immer wieder von Christen und Muslimen angesprochen: Gerechtigkeit, Frieden, Freiheit, Festigung der sittlichen Werte und Zurückführung anständiger Menschen zum Glauben an Gott.

Ich darf weitere Anliegen hinzufügen:
– Wahrung der Identität der Menschen und der Gemeinschaften;
– Möglichkeit des Zusammenlebens in einer pluralen Gesellschaft, in einer multikulturellen, weltanschaulich differenzierten Gesellschaft;
– Erziehung der Kinder und Förderung der Jugendlichen;
– Integrierung der Kranken und der alten Menschen in das allgemeine Leben der Gemeinschaft;
– Schutz des geborenen und ungeborenen Lebens und Erhöhung der Lebensqualität;
– Wahrung der Schöpfung und Harmonie zwischen Mensch und Natur;
– Frieden, Gerechtigkeit;
– Entwicklung und Solidarität, universale Brüderlichkeit.

KAPITEL XIV

Eine islamische Stellungnahme zum christlich-islamischen Dialog

Es geht in diesem Kapitel um die Vorstellungen, die der angesehene, vor kurzem verstorbene Vorsitzende des Hohen Rates der Schiiten im Libanon, Muhammad Mahdi Shams al-Din, in einem Vorwort zu einem Buch über den christlich-islamischen Dialog vorgelegt hat.[26] Wegen der Bedeutung des Autors und der offensichtlich zunehmenden Öffnung muslimischer Gemeinschaften zum Dialog mit den Christen soll hier der beachtenswerte Inhalt dieser Seiten vorgestellt werden. Die meisten Stellen werden fast wörtlich übersetzt, andere werden zusammengefasst. Die Anmerkungen sind von mir hinzugefügt.

Einleitung

In seiner Einleitung zum Thema bietet Shams al-Din eine Diagnose der Lage der Menschen in der modernen Welt: Die heutige Zivilisation setzt den Menschen der Gefahr aus, sich selbst zu verlieren. Sie hat Verheißungen verbreitet und beachtliche Leistungen erbracht. Sie hat den Lustgewinn und die Erfüllung der Leidenschaften vermehrt, hat aber nicht das Glück gebracht. Sie hat zwar einen wirksamen Schutz gegen vielerlei Krankheiten gebracht, aber nicht den inneren Frieden. Sie hat auch nicht den Frieden in der Welt gefestigt, sie hat höchstens ein Gleichgewicht der Angst zwischen den Mächtigen geschaffen, aber auf Kosten von Millionen Menschen in der Dritten Welt.

Der zeitgenössische Mensch lebt nach außen hin zwischen drei Kriegen: einem Krieg, den er führt, einem Krieg, dessen Folgen er zu beseitigen sucht, und einem Krieg, den er vorbereitet. Nach innen durchleidet er eine Krise, die er dadurch überwinden will, dass er sich auf Zerstreuung und Lustgewinn stürzt.

In diesem Zusammenhang wird die Notwendigkeit des christlich-islamischen Dialogs deutlich. Die Verantwortlichen bei den Muslimen und bei den Christen haben daraufhin Organisationen gebildet, Tagungen abgehalten, Kongresse veranstaltet, die dazu beigetragen haben und weiterhin beitragen, diesen Dialog voranzutreiben.

Auch wenn der moderne Mensch, sich in seiner Not nicht an die Verantwortlichen im Islam und im Christentum wendet, sondern an die neuen Propheten unserer Zivilisation, die Politiker und die Wirtschaftskapitäne, sowie an die Wissenschaftler, auf dass sie Organisationsformen und Mittel zur Entfaltung der Zivilisation und der Produktion finden, die den materiellen Wohlstand bewahren und mehren und zugleich das verloren gegangene Menschsein des Menschen zurückbringen helfen, – auch wenn der Mensch der modernen Zivilisation sich nicht an die religiösen Führungskräfte wendet, so besteht dennoch eine große Verantwortung vor Gott und vor dem eigenen Gewissen, dieses bedeutende Anliegen in unserer Zeit – wenn nicht das bedeutendste Anliegen unserer Zeit überhaupt – zum Mittelpunkt des Dialogs zwischen dem Christentum und dem Islam zu machen.

Die traditionellen Formen des Dialogs zwischen dem Christentum und dem Islam

Der Islam und das Christentum verkünden Botschaften, die um den Fortschritt des Menschen und sein Heil im Diesseits und im Jenseits kreisen. Sie beide verfolgen Ziele, die im Endeffekt gleich sind. Aber die Mittel, die jede Religion zum Erreichen dieser Ziele anbietet, sind verschieden, und jede von ihnen bekräftigt in einer strengen und endgültigen Weise, dass sie der einzige Weg zum Heil des Menschen ist mit Ausschluss der anderen Religionen.[27]

Dieser Umstand hat jede der beiden Religionen zu einem der größten Probleme und zu einer der größten Herausforderungen für die andere gemacht.[28] Und dies hat auch den Dialog zu einer Notwendigkeit für die jeweils andere Religion gemacht. So hat der Dialog zwischen den beiden Religionen seit der Entstehung des Islams nicht aufgehört.[29]

Wir sollen nun die Formen, Gebiete und Ziele des Dialogs in der Vergangenheit verdeutlichen, damit wir die günstigsten Bereiche und die besten Ziele des neuen Dialogs erkennen können.

Der Islam hat als Erster den Dialog mit dem Christentum aufgenommen, denn er ist die Religion, die nach dem Christentum herabgesandt wurde. So hat Muhammad eine religiöse Situation in der Welt vorgefunden, die durch das Christentum vertreten war.

Dieser Dialog zeigt sich zunächst einmal im Koran. Der islamische Dialog weist zwei Richtungen aus: Die eine Richtung beinhaltet den Aufruf an die Adresse der Christen, an den Islam zu glauben und ihn anzunehmen, und auch anzuerkennen, dass er das letzte und vollkommene Wort in der Religionsgeschichte der Menschheit ist. Die andere Richtung besteht im Appell an die Christen – wenn sie den Glauben an den Islam ablehnen –, mit den Muslimen zusammenzuleben, nachdem sie den Islam anerkannt haben – denn ein Zusammenleben bei einer absoluten Ablehnung und Zurückweisung ist nicht möglich.

Das Christentum als kulturelle Ordnung und Glaubensinstitution wies die erste Aufforderung zurück, und als politische Macht lehnte es das zweite Angebot ab. Das Christentum reagierte auf den Appell, den der Islam an es als kulturelle Institution und politische Ordnung gerichtet hat, durch Krieg, dann durch theologische Auseinandersetzungen. Die Geschichte hat jedoch erlebt, dass – nach der Ausbreitung des politischen Islams – ein christlich-islamisches Zusammenleben innerhalb der islamischen Welt praktiziert wurde.

So entstanden in Folge der christlichen Ablehnung des Appells vonseiten des Islams zum Dialog drei Formen der Begegnung zwischen Christentum und Islam:

1. Der Dialog der Waffen und des Krieges. Dieser begann, als der Bote, den Muhammad zum Gouverneur von Busra in Syrien gesandt hatte, durch die byzantinische Garnison getötet wurde.
2. Der Dialog zwischen christlicher und islamischer Theologie. Dieser Dialog begann mit dem Angriff der christlichen Theologie auf den Propheten Muhammad und die islamische Religion. Diese Polemik entbehrte jeder Wissenschaftlichkeit, Objektivität und Beachtung der Spielregeln der theologischen Auseinandersetzung.[30] Wir finden die ersten islamischen Reaktionen darauf im Koran. Aber diese theologische Position wurde in den letzten Jahren durch eine verständnisvolle Sicht abgelöst.[31]
3. Der Dialog des Zusammenlebens der Anhänger beider Religionen in einer und derselben Gesellschaft, und der ständige Austausch zwischen ihnen auf dem Gebiet der Kultur und des alltäglichen Lebens. Diese Art von Dialog wurde lange nur von der einen Seite bejaht. Denn, wo der Islam die Herrschaft ausübte, dort lebten auch Christen und Anhänger anderer Religionen, während es den Muslimen in der Vergangenheit nicht gegönnt war, ein stabiles, sicheres Leben dort führen zu dürfen, wo die Christen herrschten.[32]

Die erste Art von Dialog, d. h. der Dialog des Krieges, bezweckte die Änderung der Verhältnisse von außen, und dies mit den Mitteln der Unterwerfung unter eine politische Macht, die die andere Religion darstellte.

Die zweite Gestalt des Dialogs, d. h. der Dialog zwischen den Theologien, dessen Mittel die intellektuelle Überzeugung ist, zielte darauf, die jeweils andere Religion von innen zu verändern, und dies um zwei Zwecke zu erreichen: zum einen, um die eigene Position in den Augen der eigenen Anhänger zu festigen und sie davon zu überzeugen, dass ihre Glaubenslehre die absolute Wahrheit enthält, zum anderen, um die Anhänger der anderen Religion zu gewinnen und sie durch intellektuelle Überzeugung zu veranlassen, die eigene Religion anzunehmen und ihre alte Religion zu verlassen.

Was den Dialog des Zusammenlebens betrifft, so hat er im Gebiet des Islams sattgefunden, in dem die Christen lebten und mit dem islamischen Umfeld in eine Wechselwirkung traten. Dieses Zusammenleben hat ohne Zweifel dazu beigetragen, die Zivilisation und die Kultur zu mehren und zu bereichern. Diese Art von Dialog fand früher auf islamischer Seite statt. Es gibt ihn jedoch heute auf breiter Basis, auch wenn er in einigen Gesellschaften unter gewissen Schwierigkeiten leidet.

Welche Art von Dialog wählen wir heute?

Welche Art von Dialog sollen die Führungskräfte beider Religionen heute wählen, um auf die Nöte und Forderungen des modernen Menschen zu antworten und ihm zu helfen, seine existentiellen Probleme zu lösen und dabei seinen Fortschritt und das Aufblühen seiner materiellen Welt zu wahren? Denn erst dadurch erfüllen sie ihre große Verantwortung vor Gott.

Nicht der Dialog des Krieges

Beide Religionen, das Christentum und der Islam, mussten widerwillig ihre politische Macht an Ordnungen, Systeme und politische Philosophien abtreten. So beruht die Politik heute nicht mehr auf einer religiösen Grundlage, wenn sie nicht gerade die Religion anfeindet und bekämpft. Keine der beiden Religionen behauptet heute, dass sie in unserer Zeit die Macht besitzt und die Politik führt, in keinem politischen System in der Welt, mit Ausnahme einiger rarer Beispiele und mit unterschiedlichen Stufen an Ehrlichkeit und Ernst.

Das Christentum in seiner menschlichen und geographischen Umwelt, sowie auch der Islam haben sich, seit sie die politische Macht verloren haben, darauf eingerichtet, einen reinen kulturellen und geistlichen Einfluss auszuüben. Und jede der beiden Religionen versucht, den Glauben ihrer Anhänger zu bewahren vor der Wirkung von Kräften, die der modernen materialistischen Zivilisation entspringen und danach trachten, diesen Glauben zugrunde zu richten oder seinen Einfluss zu neutralisieren.

Dies bedeutet, dass der aggressive bewaffnete Dialog zwischen dem Christentum und dem Islam nicht mehr aktuell ist, er ist in der heutigen Lage der Menschheit auch objektiv unmöglich. Er bildet auch kein Ziel der beiden Religionen. Im Gegenteil, er würde ihre grundsätzliche Rolle unerfüllbar machen und bewirken, dass Konflikte und Zwistigkeiten sie beide treffen.

Der Dialog des Zusammenlebens

Das Zusammenleben von Christen und Muslimen besteht heute, es nimmt zu und verbreitet sich rasch, aber es bedeutet nicht viel in Bezug auf die Aufgabe beider Religionen in der Welt der modernen materiellen Zivilisation. Denn, auch wenn wir mit Genugtuung die Toleranz betrachten, die nun auch die Christen gegenüber den Muslimen zeigen – welche darin ja auf eine lange Geschichte zurückblicken – und die dazu geführt hat, dass neulich zahlreiche muslimische Gemeinden sich in den christlichen Ländern bilden konnten – als Gegenstück zu den großen früheren christlichen Gemeinschaften in den Ländern der Muslime –, so haben wir doch zu bemerken, dass die Christen hier und die Muslime dort großen Gefahren begegnen, die aus der modernen materiellen Zivilisation entstehen und den Menschen gefährden. Sie alle werden in ihrem Zusammenleben – ähnlich dem Fall, wenn sie jeder für sich lebten – Opfer dieser Zivilisation und könnten bald ihr zum Opfer fallen. Ihr Zusammenleben bringt keinen neuen Wert hervor, der ihrem Glauben entspringt, denn sie leben nicht zusammen im Schatten ihres religiösen Glaubens, sondern in einer materiellen Zivilisation ohne religiösen Glauben, dieser Zivilisation, die der gewünschte Dialog reformieren sollte, indem er dem Glauben seine Bedeutung im Herzen der Menschen zurückgibt und damit das Wesen dieser Zivilisation verändert.

Dies besagt keineswegs, dass wir dem Zusammenleben innerhalb des Gebietes einer Religion zwischen ihren eigenen Anhängern und den Anhängern anderer Religionen keine Bedeutung beimessen, denn es ist an sich schon ein großer Gewinn für die Sache des Menschen. Der Islam hat sich lange dafür unter der Obhut des Glaubens eingesetzt, und auch der Geist des Christentums lehnt es nicht ab, sondern er ermuntert vielleicht dazu. Aber wir betrachten es hier in der Perspektive seines Nutzens bei der Korrektur der Laufrichtung der Zivilisation. Und da ist klar, dass das Zusammenleben im Schatten der materialistischen Zivilisation nicht viel nützt im Hinblick auf dieses Problem.

Der Dialog zwischen den Theologien

Diese Art von Dialog hat nie aufgehört seit der Entstehung des Islams, sondern bestand durch die Jahrhunderte hindurch und wird auch in der Zukunft auf die eine oder andere Weise bestehen bleiben. Und dies ist natürlich, solange es hier und dort Denker und Gelehrte gibt und solange es das Verlangen gibt, neue Gläubige für die eine oder andere Religion zu gewinnen, und solange das natürliche Streben danach besteht, dass die Glaubensüberzeugung von den eigenen Anhängern angenommen wird und sich gegen die Kritik behauptet.

Aber diese Art von Dialog zwischen Islam und Christentum verwirklicht nicht das Ziel, das wir heute vom Dialog erwarten. Denn das heute gewünschte Ziel ist, eine ehrliche und wirkliche Zusammenarbeit zwischen dem Islam und dem Christentum zustande zu bringen, um den Lauf der materiellen Zivilisation zu korrigieren, d. h. um die wirkliche Beachtung der glaubensmäßigen und natürlichen Werte im Menschen wiederherzustellen und sie zu einer Kraft zu machen, die sich im Leben auswirkt. D. h. der modernen Zivilisation ein ethisches Bewusstsein zu geben, damit der moderne Mensch wieder aufgebaut werden kann. Das ist das angestrebte Ziel des Dialogs. Wie könnte denn der Dialog mit den Mitteln der Theologie zu diesem Ziel führen?

Eine islamische Stellungnahme zum christlich-islamischen Dialog 173

Einige Fragen

Was kann man sich als Ziel der Theologie vorstellen? Ist es, das Christentum von innen zu verändern, um es mit dem Islam zu vereinen? Oder ist es, dass jede Religion einiges an ihren Begriffen und Lehrinhalten und einige ihre Richtlinien aufgibt, damit beide sich zu einer dritten Religion vereinigen, die weder den Islam in seiner geschichtlichen Gestalt noch das Christentum in seiner geschichtlichen Form darstellt?[33]

Welche dieser Bestrebungen kann das Ziel verwirklichen? In Wirklichkeit ist es so, dass keine Bestrebung der Theologie das Ziel erreichen hilft, sie kann eher ein Hindernis für das Experiment des Dialogs und dessen Erfolg werden.

Wir sagen das, nicht um die Funktion der Theologie zu leugnen. Der Bereich der theologischen Auseinandersetzung bleibt immer bestehen, er kann nicht beseitigt werden, denn die Beziehung zwischen christlicher und islamischer Theologie entspringt der Natur ihrer Botschaften und ihrer Universalität. Aber das aufgeworfene Problem für den christlich-islamischen Dialog übersteigt die Möglichkeiten der Theologie und ist außerhalb ihrer Zuständigkeit anzusiedeln.

Der Islam und das Christentum leiden beide unter der materialistischen Zivilisation, denn diese zerstört den Bereich ihrer grundsätzlichen Aktivität: den Menschen. Deswegen wird der Dialog zwischen den Theologien, der sich mit den Beziehungen beider Religionen zueinander im Inneren befasst, keine Wirkung haben in einem Bereich, auf dem beide Religionen ein gemeinsames Ziel erstreben: in Bezug also auf die materialistische Zivilisation und das Los des Menschen.

Deshalb muss eine neue Gestalt des Dialogs gesucht werden, die das erstrebte Ziel erreichen hilft.

Zwei Kulturen

Der Islam bildet für seine Anhänger eine Kulturwelt im umfassenden Sinne des Wortes. Und es ist anzunehmen, dass auch das Christentum dies für seine Anhänger darstellt. So stehen wir vor zwei Kulturwelten, der christlichen und der islamischen.

Der Islam unterscheidet sich von jeder anderen Religion durch eine Glaubenslehre, die eine bestimmte Vorstellung vom Kosmos, vom Leben und vom Menschen enthält, und durch gesetzliche Bestimmungen (*shari'a*) als Ausdruck des Glaubens im Hinblick auf die Beziehungen der Menschen zueinander und die verschiedenen Bereiche des Lebens, und durch ethische Normen, die über das Gesetz hinausgehen. Das ist, was wir meinen, wenn wir sagen, dass der Islam eine Kulturwelt ist, das heißt eine Lebensordnung. Und der Islam als Kulturwelt prägt die Persönlichkeit seiner Anhänger entsprechend seiner Glaubenslehre, seinen Rechtsbestimmungen und seinen ethischen Normen.

Und wir gehen davon aus, dass das Christentum sich genauso verhält in Bezug auf seine Anhänger – dies, wenn wir von der Zerstörung absehen, die die materialistische Zivilisation dem westlichen Menschen, der sich zum Christentum bekennt, allgemein zugefügt hat.

Den erstrebten Dialog als Dialog zwischen den Theologien zu verstehen, bedeutet also zu suchen, die eine Religion von innen zu verändern, damit sie sich mit der anderen vereinigt, oder beide zu verändern. Dies ist aber ein unmögliches Unterfangen, das zum Scheitern verurteilt ist, was im Hinblick auf die Hoffnungen, die wir in den Dialog zwischen dem Christentum und dem Islam setzen, einer Katastrophe gleichkommt.

Denn zwischen dem Islam und dem Christentum gibt es Unterschiede in der Glaubenslehre, die nicht überbrückt werden können und im Islam nicht Gegenstand von Suche und Streitgesprächen sind. Und sie sind auch nicht Gegenstand der eigenen Bemühung um Meinungsbildung (*idjtihad*). Denn diese Bemühung gilt im Bereich der Rechtsbestimmungen, nicht in dem der Glaubenslehren.

Und zwischen dem Islam und dem Christentum gibt es auch im Bereich der gesetzlichen Anordnungen Unterschiede, die man nicht übersehen kann und die nicht Gegenstand von Diskussionen zum Zweck ihrer Veränderung sind, weil sie innerhalb der Scharia feststehen. Die Urteile und Fragen, die in der Scharia außerhalb dieser Bereiche stehen, sind zwar Gegenstand von Bemühungen zur Meinungsbildung, aber nicht irgendeiner beliebigen Bemühung, sondern der Bemühung innerhalb des Islams und entsprechend den Grundsätzen der Bemühung, die durch die Gelehrten seit frühesten Zeiten angewandt werden. Und solange die Bemühung um Meinungsbildung von den muslimischen Gelehrten und in den großen islamischen Zentren praktiziert wird, bleiben die entsprechenden Fragen Gegenstand der ständigen Revision, ohne dass ein Ansporn dazu nötig wäre, der durch Eingreifen nichtislamischer Elemente erfolgen würde.

Für ein neues Dialog-Projekt

Diese Bemerkungen veranlassen uns, alle geschichtlichen Formen des Dialogs beiseite zu lassen. Wir suchen eine andere Art von Dialog, die zwischen den beiden Religionen vorher nicht praktiziert wurde, die jedoch dem angestrebten Ziel dient, um dessentwillen sie ihre Positionen einigen sollen.

Diese neue Art von Dialog besteht grundsätzlich darin, dass die Führungskräfte beider Religionen die Bereiche der Gemeinsamkeiten[34] zwischen ihnen suchen im Hinblick auf den Menschen, die Gesellschaft und die Zivilisation. Wenn beide Religionen diese Gemeinsamkeiten feststellen, können sie sich an die Welt richten und es unternehmen, die moderne Zivilisation und den von ihr gestalteten Menschen geistlich zu erobern und dabei nicht nur die Anhänger des Christentums und des Islams im Sinne haben, sondern alle Menschen. Denn das Ziel des Dialogs darf sich nicht auf das theoretische Wissen allein beschränken, dieses Wissen, das nicht über das gegenseitige Kennenlernen hinausgeht. Das Ziel darf sich auch nicht darauf beschränken, einen Appell an die Welt zu richten. Das theoretische Wissen und das gegenseitige Kennenlernen sind nur eine Etappe und ein Mittel, sich in einem wirklichen und gemeinsamen Bemühen auf Weltebene zu engagieren. Das Ziel des Dialogs muss ein kämpferischer Einsatz sein zur Lösung der Probleme des Menschen und der Zivilisation, zur Korrektur des Verlaufs des menschlichen Fortschritts, damit die Zivilisation auf beiden Beinen (der Materie und dem Geist) stehe, anstatt weiter auf einem einzigen Bein zu hinken, wobei der Mensch selbst die Folgen ihres Strauchelns und Fallens zu tragen hat, Folgen wie Irregehen, Unglück und Niedergang.

Damit ist gesagt, dass jede der beiden Religionen zwei Bereiche für ihren Einsatz hat: den eigenen Bereich, den Bereich ihrer eigenen Gläubigen (dieser Bereich umfasst all die, die unter ihrem kulturellen Einfluss stehen), – und den Bereich des gemeinsamen Einsatzes im Hinblick auf den Menschen der modernen Zivilisation, der dabei ist, seine Humanität zu verlieren. Der Bereich des gemeinsamen Einsatzes ist die Welt, das Ziel des Wirkens in der Welt ist die Wiederherstellung der Beachtung des Glaubens, und das Ergebnis ist die Rettung des Menschen.

Das ist das Projekt, das hier vorgelegt wird, damit es zum Gegenstand des islamisch-christlichen Dialogs wird.

Hier fragen wir uns: Gibt es im Christentum und im Islam Gemeinsamkeiten, die dazu dienen können, Bereiche eines gemeinsamen Wirkens zu sein, von denen sie ausgehen und durch sie beide sich an die Welt richten?

Zwei Christentümer

Es gibt zwei Arten von Christentum. Die eine ist das koranische Christentum, das Christentum, das die koranische Offenbarung in seinen großen geschichtlichen Zügen darlegt: die wunderbare Geburt Jesu, sein Reden zu den Menschen bereits in der Wiege, die Betonung seines Menschseins, seine Sendung als Prophet und Gesandter zu den Kindern Israels, seine Wunder, die ablehnende Haltung der Juden ihm gegenüber und ihre Verleugnung seiner Botschaft, ihre ungeheuerliche Verleumdung gegen Maria, ihre Intrigen gegen ihn, um ihn zu töten, seine Rettung vor ihnen auf wunderbare Weise. Die koranische Offenbarung legt auch einige der großen Grundsätze der christlichen Glaubenslehre dar: den reinen Monotheismus ohne die Dreifaltigkeit, die Auferstehung, die Prophetengeschichte seit Abraham, darin enthalten ist die Vorausverkündigung Muhammads durch Jesus.

Das zweite Christentum ist das Christentum, das in der Institution der Kirche anzutreffen ist. Der Koran hat auch hier einige Züge ihrer Geschichte beschrieben, indem er von der Anfeindung der Juden ihr gegenüber und ihren Intrigen gegen sie berichtet. Der Koran hat auch einige ihrer Glaubenslehren angesprochen, insbesondere die Frage nach der Trinität.

Das erste Christentum ist für den Islam kein Gegenstand des Dialogs, denn sein Glaube ist ein Teil des islamischen Glaubens, und er bestätigt es. Daher enthält der Islam dieses Christentum als dem Islam vorausgehende Etappe in der Religionsgeschichte der Menschheit.

Das zweite Christentum war Gegenstand der Kritik vonseiten des Korans. Er hat es zugleich als Partner im Dialog und Gegenstand des Dialogs betrachtet. Der Islam hat selbst diesen Dialog mit dem Christentum der Kirche aufgenommen, und dies in zwei Richtungen, die wir oben angedeutet haben.

Eine islamische Stellungnahme zum christlich-islamischen Dialog 177

Die Tatsache, dass der Islam das Christentum als Partner und Gegenstand des Dialogs betrachtet, besagt, dass er nicht meint, ihm gegenüber in totalem und absolutem Widerspruch zu stehen, und zwar in jedem Grundsatz ihrer großen Grundsätze und in jeder Einzelheit ihrer sekundären Einzelheiten. Er ist also nicht ein totaler Widerspruch zum Christentum, aber auch nicht seinesgleichen. Zwischen dem Islam und dem Christentum gibt es weder einen totalen Widerspruch noch eine totale Gleichheit. Der Islam unterscheidet sich vom Christentum der Kirche in vielen großen Fragen der Glaubenslehre und der Rechtsbestimmungen, sowie in vielen sekundären Einzelheiten. Das Christentum seinerseits unterscheidet sich vom Islam in vielen Fragen und Einzelheiten. Es bleiben – wenn wir nun über die Unterschiede hinausblicken – Bereiche, in denen die beiden Religionen sich treffen. Dass das Christentum der Kirche diese gemeinsamen Fragen (und Bereiche) aufgenommen hat, wird vom Islam als etwas wahrgenommen, was mit der göttlichen Offenbarung zu tun hat, die auf Jesus herabkam und im Christentum Jesu zum Ausdruck kam.

Ausgehend von dieser grundsätzlichen Wahrheit, betrachtet sich der Islam als Verbündeter des Christentums und das Christentum als seinen Verbündeten. Die Folge dieser Allianz ist, dass der Islam in einer Reihe steht mit den „Leuten des Buches" gegenüber den Botschaften des Polytheismus und des Materialismus.

Es gibt also zwischen den beiden Religionen gemeinsame Bereiche, die sich auf die göttliche Offenbarung berufen. Sie müssen somit im Dialog von dem ausgehen, was ihnen gemeinsam ist, so dass der Dialog sie zur Bildung einer einheitlichen Sicht vom Menschen, von der Gesellschaft und von der Zivilisation in der heutigen Zeit führt, einer Sicht, die sie in eine Aktivität umsetzen, mit der sie sich der Welt zuwenden, um den Verlauf der Zivilisation zu verändern.

Bereiche der Gemeinsamkeit

Man kann die gemeinsamen Punkte zwischen den beiden Religionen zusammenfassend wie folgt auflisten.
1. Der Glaube an Gott, den Schöpfer aller Dinge; so ist auch der Mensch ein Geschöpf Gottes.
2. Der Glaube an den Jüngsten Tag, dass Gott die Menschen auferweckt, zur Rechenschaft zieht und in seiner Gerechtigkeit und Barmherzigkeit behandelt.

3. Der Glaube daran, dass Gott den Menschen nicht um sonst geschaffen hat. Er hat ihm den rechten Weg gewiesen durch die Religion, die er durch die Propheten und die Gesandten verkünden ließ; und dass diese Propheten ihre Botschaften jeweils ausgerichtet haben.
4. Der Glaube, dass der Mensch eine geistliche Dimension besitzt, was ihn auszeichnet und einzigartig im Weltall macht. Deswegen wird er nur im Rahmen einer Gesellschaftsordnung vollkommen, die dieser geistlichen Dimension erlaubt, sich zu entfalten und reicher zu werden.
5. Der Glaube, dass die Verehrung Gottes ein menschliches grundsätzliches Bedürfnis ist. Ihn an der Ausübung dieser Verehrung zu hindern, mit welchen materiellen oder moralischen Mitteln des Zwanges und der Entbehrung auch immer, ist nicht nur ein Angriff auf seine Freiheit, sondern auch ein Angriff auf seine Existenz, welcher ihn an der Erlangung seiner existentiellen Vollkommenheit hindert.
6. Der Glaube an die Würde des Menschen.
7. Der Glaube an die ethische Anlage des Menschen, die somit nicht vorläufig und veränderlich ist. Und der Glaube, dass die ethische Pflicht keine persönliche und individuelle Angelegenheit ist, sondern eine Frage, die mit dem Menschsein des Menschen in dieser Welt verbunden ist: als Einzelner, als Mitglied einer Familie, als Mitglied einer politischen Gesellschaft. So ist die Beachtung dieser ethischen Anlage des Menschen eine Notwendigkeit in den internationalen Beziehungen.
8. Der Glaube, dass die harmonische Familie eine notwendige Voraussetzung zur Schaffung einer gesunden Gesellschaft ist. Und auch der Glaube, dass die sexuelle Keuschheit eine notwendige Voraussetzung zur Bildung einer harmonischen, sauberen Familie ist, so wie sie eine Bedingung zur Entstehung einer gesunden Gesellschaft ist.

Diese großen Glaubensgrundsätze und ihre wichtigen Verästelungen sind dem Christentum und dem Islam gemeinsam. Sie bringen die geistliche und ethische Anlage des Menschen, der Gesellschaft und der Zivilisation zum Ausdruck. Diese Grundsätze sollen Gegenstand und Ausgangspunkt des Dialogs sein.

Etappen des Dialogs

Der erstrebte Dialog innerhalb dieses neuen Projektes wird zwei Etappen haben.

In der *ersten Etappe* sollen diese Grundsätze den Gegenstand des Dialogs bilden, was zu zwei Zielen führen soll:
1. Feststellung, dass der Glaube an diese Grundsätze ein unentbehrlicher Teil des umfassenden Glaubens in jeder der beiden Religionen ist, und dass die Gemeinsamkeit zwischen Muslimen und Christen im Glauben an diese Grundsätze dem Einverständnis von Christentum und Islam entspringt.
2. Erläuterung der sekundären Einzelheiten und der Anwendungsmöglichkeiten dieser großen Grundsätze, wobei darauf zu achten ist, dass man dem Bereich des „Dialogs zwischen den Theologien" fernbleibt.

Diese gemeinsamen Grundsätze werden in der *zweiten Etappe* zum Ausgangspunkt des Dialogs, indem die Führungskräfte des Denkens und des Geistes im Christentum und im Islam sich mit der in der heutigen Welt vorherrschenden Lage der Menschen befassen, und dies im Lichte dieser großen Grundsätze des Glaubens.

Diese Konfrontation zwischen der vorherrschenden Lage der Menschen und den großen Grundsätzen des Glaubens wird Fragen aufwerfen, die die meisten grundsätzlichen Positionen und Richtungen der modernen Zivilisation betreffen, und zwar im Hinblick auf die Art und Weise, wie sie sich mit der Natur und der Mentalität, die diese Richtung beherrscht und orientiert, auseinandersetzt, im Hinblick auf ihre Beziehung zum Menschen und zu seinen urpersönlichen Verhältnissen und im Hinblick auf seine Beziehungen zu den anderen im Rahmen der Familie und der Gesellschaft in ihren politischen, kulturellen, wirtschaftlichen und anderen Dimensionen.

Es sind diese Fragen, auf die der Dialog in seiner zweiten Etappe Antworten zu finden hat, welche in Übereinstimmung mit den großen, dem Glauben des Christentums und dem Glauben des Islams gemeinsamen Grundsätzen stehen. Diese aus jenen Glaubensgrundsätzen entstehenden Antworten bilden das Projekt einer neuen Gestaltung der Zivilisation, die die Führungskräfte des Denkens und des Geistes im Islam und im Christentum zu einer lebendigen Wirklichkeit machen sollen.

Im Folgenden werden Beispiele solcher Fragen angegeben, die die Konfrontation zwischen den gemeinsamen Glaubensgrund-

sätzen und der in der Welt von heute herrschenden Lage der Menschen aufwirft:
- Welche Haltung diktiert der Glaube in Bezug auf die Beziehung des Menschen zur Natur?
- Welche Haltung diktiert der Glaube in Bezug auf den Geist, der die wissenschaftliche Forschung orientieren soll?
- Welche Haltung diktiert der Glaube in Bezug auf die Erziehungsmethoden (geistliches Wachstum des Menschen neben der Bemühung um den Leib, die Vernunft und die technische Fertigkeit)?
- Welche Haltung diktiert der Glaube in Bezug auf den maßlos übertriebenen Genuss des Wohlstandes und in Bezug auf die Konsumgesellschaft?
- Welche Haltung diktiert der Glaube in Bezug auf die Freiheit der Werbung für Waren und Weltanschauungen?
- Welche Haltung diktiert der Glaube in Bezug auf die Fragen des alten und neuen Imperialismus?
- Welche Haltung diktiert der Glaube in Bezug auf den Rassismus?
- Welche Haltung diktiert der Glaube in Bezug auf Fragen wie Freiheit, Chaos, Zwangsherrschaft in den Bereichen der Politik, der Kultur und anderer Tätigkeitsfelder?
vWelche Haltung diktiert der Glaube in Bezug auf die Freizeitindustrie in allen ihren Gestalten und Erscheinungsformen?
- Welche Haltung diktiert der Glaube in Bezug auf das Geld (seine soziale Funktion, seine kapitalistische Einsetzung, das Zinsnehmen und Zinsgeben)?
- Welche Haltung diktiert der Glaube in Bezug auf die Fragen der Unterentwicklung in der Dritten Welt?
- Welche Haltung diktiert der Glauben in Bezug auf die Experimente, die heute in den Labors und den Forschungszentren durchgeführt werden, um furchtbare Waffen bereitzustellen, die es Politikern in diesem oder jenem Land ermöglichen, ganze Völker zu vernichten oder die Kräfte eines Volkes in gefährlicher Weise innerhalb weniger Stunden oder Tage lahm zu legen?

Das sind einige Beispiele von Fragen, die die Konfrontation zwischen den Glaubensgrundsätzen und der materialistischen Zivilisation aufwirft. Sie und Ähnliche bilden den Gegenstand des Dialogs, der von den gemeinsamen Glaubensgrundsätzen ausgeht. Und die Antworten, zu denen der Dialog führt, werden die Aufgaben enthalten für das Wirken und den Kampf zugunsten einer humaneren und ausgeglicheneren Zivilisation, und dafür, dass der Mensch sich in seiner Existenz und in seiner Bewegung auf den Willen Gottes besser abstimmt.

Dieses neue Dialog-Projekt macht den Dialog fruchtbar und schöpferisch. Und statt die Religion zum Gegenstand des Dialogs zu machen, wird die Religion, im Rahmen der gemeinsamen Glaubensgrundsätze, zum Ausgangspunkt des Dialogs für eine geistliche Eroberung der Zivilisation und eine neue Erweckung des Menschen.

Eine islamisch-christliche Dialogkonferenz, die dieses hehre Ziel anstrebt, würde zum Gewissen und Herzen der Menschheit werden. Denn wir bemühen uns sehr intensiv und außerordentlich um den islamisch-christlichen Dialog. Der Dialog zwischen den Christen und den Muslimen bildet eine der großen Prioritäten unserer Aktivität.[35]

Dieser Dialog hat für uns größte Priorität auf der Ebene der ganzen islamischen Welt und auf der Ebene der Welt, um den Irrwegen der materialistischen Zivilisation zu begegnen, die die Humanität des Menschen bedroht und deren ausbeuterische konsumorientierte Methode die Existenz des Menschen auf der Erde gefährdet, von den größten Gefahren ausgehend, welche die nicht konventionelle Rüstung darstellt, bis hin zu den abenteuerlichen Forschungen auf einigen Gebieten der Wissenschaft, welche eben nichts Gutes verheißen in einer Welt, die keine ethischen Werte besitzt.

Der islamisch-christliche Dialog ist eine Notwendigkeit für die Muslime und für die Christen, damit sie die Grundlage im Glauben und in den sittlichen Werten entdecken, die ihnen gemeinsam ist, auch wenn sie sich in den spezifischen Seiten ihres jeweiligen Glaubens und in ihrem existentiellen Verständnis unterscheiden.

Der ständige Dialog ist ein fundamentales Anliegen. Wir sollten wissen, dass keine dialogische Haltung gelingt, wenn sie nicht einen ordnenden Rahmen und ein festes Gefäß hat, in das die erhofften Ergebnisse zusammenfließen.

KAPITEL XV

Christen und Muslime –
Probleme eines schwierigen Dialogs

Der Dialog zwischen Christen und Muslimen hat in den letzten Jahrzehnten Höhen und Tiefen erlebt. Viele Initiativen, vor allem von christlicher Seite, haben versucht, diesen Dialog anzukurbeln, und zwar auf theologischer, sozialer und politischer Ebene. Auch wenn man heute eher von einer Pause und von einer Zeit der Ernüchterung spricht, so bleibt es dennoch ein großer Erfolg, dass Christen und Muslime, die sich in der Vergangenheit im Allgemeinen eher als Konkurrenten und Feinde betrachtet haben, sich heute da und dort bereit finden, miteinander zu sprechen, um nach Möglichkeiten und Chancen Ausschau zu halten, ihre Kräfte nicht mehr gegeneinander zu richten, sondern zu bündeln, um die bestehenden gemeinsamen Probleme der Menschheit anzugehen und einer befriedigenden Lösung näher zu bringen. Gleichwohl stoßen die Bemühungen, den Dialog zwischen Christen und Muslimen aufrechtzuerhalten und möglichst zu beleben, weiterhin auf manchmal erhebliche Schwierigkeiten. In diesem Kapitel sollen zwar die Verdienste der Pioniere und der Förderer des christlich-islamischen Dialogs nicht in Frage gestellt oder geschmälert werden; es sollen nur die aus der Erfahrung gewonnenen Einsichten in die besonderen Probleme dieses Dialogs vorgestellt werden. Mögen sie denen helfen, die sich unerschrocken und unverzagt dieser großen Aufgabe widmen und sie mit aller Kraft voranbringen wollen.

Es gibt Schwierigkeiten, die im Vorfeld des Dialogs anzutreffen sind, andere entspringen dem Umfeld der im Dialog Engagierten, wieder andere zeigen sich im Bereich des Dialogs selbst.

Im Vorfeld des Dialogs

Last der Geschichte

Die Beziehungen zwischen Islam und Christentum, zwischen islamischer Welt und der Welt der Christenheit standen bis in die jüngste Vergangenheit hinein unter dem Zeichen der gegenseitigen religiösen Polemik, der militärischen Auseinandersetzung und der politischen Spannung. Die Christen haben den Islam als eine Irrlehre diagnostiziert, die Christenheit hat das islamische Reich als einen politischen Gegner und einen militärisch aggressiven Staat erlebt. – Die Muslime ihrerseits haben im Christentum eine überholte Religion gesehen, die sich von der ursprünglichen Botschaft Jesu Christi eigenmächtig entfernt hat. Sie haben die Christenheit als einen Gegner erlebt, der Kreuzzüge gegen den Islam führte. Sie betrachten den in der christlichen Tradition verankerten Westen heute vor allem als Kolonialmacht und als einen bedrohlichen, nach Herrschaft über die Welt und nach Ausbeutung der übrigen Länder strebenden Imperialismus.

Es gab jedoch auch Zeiten, in denen weitsichtige Denker den religiösen und kulturellen Austausch zwischen der christlichen und der islamischen Welt suchten. Sie sind wohl als Vorreiter des religiösen Dialogs zu bezeichnen. Aber die Tendenz zu harter Polemik, zur religiösen Verurteilung der jeweils anderen Religion und zur Zurückweisung ihrer Anhänger herrschte durchweg vor. Es sollen hier als Beispiel die Vorstellungen und Argumente der christlichen Polemiker in Bezug auf den Islam wiedergegeben werden.

Entstehung einer „Gegeneinander-Identität"
Neben der von beiden Seiten gepflegten Tendenz zur harten Polemik gegen die anderen ist im Laufe der Zeit eine „Gegeneinander-Identität" entstanden. In den Anfängen hatte der Islam ein Toleranz-System entwickelt, das Minderheiten von Anhängern der Buchreligionen staatliche Toleranz zusicherte und sie gegen die Willkür der islamischen Mehrheit und die Übergriffe der Eiferer schützte. Diese Toleranz gründete auf der Achtung der Religionsfreiheit (Koran 2,256) und den gemeinsamen religiösen Elementen, die der Islam z.B. im Christentum wahrnehmen konnte. Die großen Religionen enthalten nämlich Aussagen, die die Menschen verschiedener Herkunft und Kultur über die Grenzen ihrer jeweiligen eigenen Religionsgemeinschaft hinweg miteinander verbinden. Denn sie befassen sich mit den Grundfragen des Lebens, mit denen alle Menschen konfrontiert sind, und suchen die geeigneten Antworten auf diese Fragen bereitzustellen, dies als Sinngebung und Hilfe zur Lebensorientierung und als Mittel zur Integrierung der Vergangenheit, zur Bewältigung der Gegenwart und zur Planung der Zukunft.

Das Verbindende wurde leider im Laufe der Geschichte weniger beachtet als das Trennende des spezifisch eigenen Charakters der jeweiligen Religion, hier des Christentums und des Islams. Denn die erste Sorge der Religionsgemeinschaften bestand darin, die Identität der eigenen Religion bzw. Richtung gegenüber anderen Religionen bzw. Richtungen und Bewegungen abzugrenzen. Dies lässt sich in der Geschichte des Christentums und des Islams feststellen.

Im *Christentum* wurden lange Zeit, bis ins 20. Jahrhundert hinein, die nichtchristlichen Religionen undifferenziert verurteilt als Heidentum, schuldhafte Irrwege und falsche Religionen; ihre Lehren, Normen und Verhaltensmuster wurden pauschal abgelehnt. Damit ging die Bekräftigung des Anspruchs auf den ausschließlichen Besitz der Wahrheit und des Heils, des Absolutheitsanspruchs der christlichen Kirche, einher.

Das Wort Jesu Christi im Evangelium nach Matthäus (23,8): „ihr alle aber seid Brüder" wurde nicht extensiv verstanden. Die Angeredeten wurden als die Mitglieder der christlichen Gemeinschaft identifiziert. Es bestand somit ein brüderliches – geschwisterliches – Verhältnis der Christen zueinander. Die Nichtchristen wurden nur insofern berücksichtigt, als auch sie berufen seien, Mitglieder der Christengemeinschaft zu werden und somit an der zwischen Christen geübten Brüderlichkeit teilzuhaben. Zusammengehörigkeit und Brüderlichkeit wurden damit vor allem und hauptsächlich den Christen zugesprochen. Die anderen wurden nicht ausgeschlossen, dafür sind die Texte des Neuen Testaments allzu klar: Mein Nächster ist jeder Mensch (vgl. das Gleichnis vom barmherzigen Samariter: Evangelium nach Lukas 10,25–37); auch die Heiden sind zum Reich Gottes berufen (vgl. die Vision des Petrus in Joppe: Apostelgeschichte 10,9–23a) usw. Aber sie konnten – und dies wurde eine Zeit lang immer strenger formuliert – das Heil nur innerhalb der Christengemeinschaft erlangen, und sie konnten eine geschwisterliche Behandlung nur dann erwarten, wenn sie Mitglieder der Gemeinschaft geworden sind.

Eine solche Identität in Ausgrenzung der Polytheisten und in Abgrenzung von Juden und Christen ist auch im *Islam* bekannt. In den Jahren 622–624 hatte Muhammad – bereits mit der Gemeinde von Mekka nach Medina ausgewandert – versucht, die Leute des Buches, vor allem aber die Juden, für eine Allianz mit ihm gegen die polytheistischen Mekkaner zu gewinnen. Die Hinweise auf die grundlegende Zusammengehörigkeit zwischen Muslimen, Juden und Christen fruchteten nicht. Da vollzog Muhammad zwei entscheidende Schritte, die ihm und dem Islam die Selbstständigkeit sichern sollten. Zum Ersten berief er sich gegen die Ansprüche von

Juden und Christen, jeweils die einzig heilsbringende Religion zu besitzen, auf die Religion Abrahams, des Vaters aller Gläubigen (Koran 2,135). Diese Religion habe doch vor dem Judentum und vor dem Christentum bestanden (3,65.67). Somit hatte Muhammad den biblischen Charakter seiner Botschaft bekräftigt, ohne sich jedoch an das Judentum oder das Christentum zu binden. Der zweite Schritt zur Bestimmung der Identität des Islams war religiöser und politischer Natur zugleich. Der arabische Charakter der koranischen Offenbarung sollte nun hervorgehoben und gleichzeitig ihre direkte Verbindung mit Abraham verdeutlicht werden. So stellte der Koran fest, dass das Hauptheiligtum Altarabiens, die Ka'ba zu Mekka, auf die Tätigkeit Abrahams mit seinem Sohn Ismael zurückgehe (vgl. 2,124–134). Da wurde zugleich die Gebetsrichtung geändert, von Jerusalem nach Mekka. Damit wurde die Identität des Islams gegenüber dem Judentum und dem Christentum endgültig bekräftigt, und die Ka'ba wurde zum Versammlungsort aller arabischen Stämme und zum Symbol der religiösen Einheit aller Muslime erhoben.

Die Muslime werden nunmehr aufgrund ihres gemeinsamen Glaubens Brüder (49,10); sie sind, Männer und Frauen, untereinander Freunde (9,71). Brüder und Schwestern sind nur Muslime untereinander; die anderen können dazu gehören, wenn sie dem Aufruf zur Annahme des Islams folgen: „Wenn sie umkehren, das Gebet verrichten und die Abgabe entrichten, dann sind sie eure Brüder in der Religion" (9,11).

Die weitere Entwicklung brachte im Islam wie im Christentum eine Verschärfung der Bestimmung der eigenen Identität: Diese wurde nunmehr definiert gegen die anderen.

Im islamischen Rechtssystem sowie in den späteren Kommentaren des Korans werden die Unterschiede zwischen Polytheisten und Leuten des Buches (Juden und Christen) verwischt. Immer wieder werden Begriffe wie *mushrik* (Polytheist) auch auf die Juden und die Christen ausgedehnt. Die Unterschiede zwischen Muslimen auf der einen und Juden und Christen auf der anderen Seite, auch wenn man diesen letzten ein Dauerwohnrecht im islamischen Staat in der Rechtsstellung von Schutzbürgern einräumte, wurden verschärft, und dies als Zeichen ihrer Demütigung (vgl.9,29).[36]

Ein ähnliches Verhalten findet man auch in der christlichen Geschichte.[37]

Dies besagt, dass die allgemeine Tendenz im Christentum und im Islam in Bezug auf ihre gegenseitigen Beziehungen eine Bewegung aufwies von der Toleranz zur Intoleranz, von der Suche nach dem Verstehen und Verständigung zur Verurteilung, vom Gemeinsamen zum Trennenden.

Wende in der neuen Zeit
Im 20. Jahrhundert hat sich im *Christentum*, vor allem in der katholischen Theologie, eine Wende in der Würdigung der nichtchristlichen Religionen vollzogen. Vorausgegangen waren Bemühungen von Religionswissenschaftlern, Orientalisten aller Fachrichtungen, Islamologen, Missionaren. Die Berücksichtigung des zunehmenden Zusammenrückens der Menschen, der Einfluss der neuen Erkenntnisse der Religionswissenschaft, die Beachtung der großen Bedeutung der Religionen im Leben der Völker, das erweiterte Bewusstwerden der unbegrenzten Dimensionen des universalen Heilswissen Gottes und der unbegrenzten Dimensionen und Spuren der Religion Gottes in der Welt, all das führte zu einer neuen Wahrnehmung der religiösen Traditionen anderer Völker. Das Zweite Vatikanische Konzil hat in seinen Dokumenten, vor allem in der „Erklärung über das Verhältnis der Kirche zu den nichtchristlichen Religionen" (Nostra aetate), diese Wende deutlich zum Ausdruck gebracht und damit die vorausgegangenen Bemühungen sanktioniert.

So suchen die christlichen Kirchen bei den nichtchristlichen Religionen, nunmehr über das Trennende hinaus das hervorzuheben, was den Menschen und den Religionen gemeinsam ist (das Zweite Vatikanische Konzil: Nostra aetate 1).

Die Grundhaltung der Christen in der Begegnung mit den anderen Menschen ist von der Bemühung inspiriert, sie und ihre jeweilige Religion ernst zu nehmen, sie näher kennen zu lernen und ihnen mit Hochachtung zu begegnen. Denn die nichtchristlichen Religionen sind die Quelle, bei der die Menschen die Antwort auf die richtigen und wichtigen Fragen des Lebens suchen (Nostra aetate 1). Und wer die Begegnung mit dem Anderen sucht, muss sich bemühen, Einblick zu gewinnen in sein Erbe, in seine Sprache und in sein Brauchtum, vor allem aber in die sittliche Ordnung, die ihm seine Religion vermittelt, in die religiösen Vorschriften und Vorstellungen, die sein Leben inspirieren und prägen (Dekret über die Missionstätigkeit der Kirche 26).

Die Christen sollen nichts von dem ablehnen, was sie in den nichtchristlichen Religionen an Wahrem und Gutem entdecken. Das Zweite Vatikanische Konzil sieht in diesen Elementen „einen Strahl jener Wahrheit", die die Wahrheit Gottes und seines menschgewordenen Sohnes ist (Nostra aetate 2), und eine Wirkung der Fügung Gottes (Dekret über die Priesterausbildung 16). So gilt es, eine positive Haltung gegenüber diesen Religionen einzunehmen; es gilt, das, was sie an Wahrem und Gutem enthalten, anzuerkennen, zu wahren und zu fördern.

Was dem christlichen Erbe und den nichtchristlichen Religionen gemeinsam ist, bildet eine ausreichende Grundlage für einen offenen Dialog und eine entschlossene Zusammenarbeit.

Auch im *Islam* hört man Stimmen, die sich für den Dialog und die Zusammenarbeit mit den Christen ohne grundsätzliche Vorbehalte aussprechen. Die Erweckungsbewegung, die die islamische Welt heute wachrüttelt, scheint den Muslimen ein ausreichendes Selbstbewusstsein zu verleihen, damit sie sich die wissenschaftlichen Methoden der religiösen Forschung aneignen und eine solide Basis für die erstrebte Zusammenarbeit vor allem mit den Christen aufdecken, eine Zusammenarbeit, deren Ziel es ist, für den Glauben an Gott Zeugnis abzulegen und einen gemeinsamen Beitrag zur Lösung der Probleme unserer Zeit zu leisten.

Last der Gegenwart

Der christlich-islamische Dialog leidet heute nicht nur unter der Last der Vergangenheit, sondern auch unter der Last mancher Züge der gegenwärtigen Situation in der Welt, und auch in manchen Ländern der islamischen Welt.

Angesichts der Unsicherheiten der Politik und der Weltwirtschaftlichen Organisationen im Hinblick auf die Probleme und Unwägbarkeiten der unumkehrbaren Bewegung zur umfassenden Globalisierung[38] tritt der christlich-islamische Dialog in eine sehr sensible Phase und spürt selbst diese Unsicherheit. Dies verschärft sich dadurch, dass immer mehr Versuche gestartet werden, sich im Westen ein Feindbild vom Islam und in der islamischen Welt ein Feindbild vom Westen – den viele Muslime undifferenziert mit der christlichen Welt identifizieren – aufzubauen.

Darüber hinaus trägt die zunehmende Politisierung des Islams in einigen Ländern der islamischen Welt und damit einhergehend die Ideologisierung des Glaubens dazu bei, dass ein Fundamentalismus aufkommt, der bereit ist, die Religion zum Instrument seiner politischen Ziele zu missbrauchen, was immer mehr als Gefährdung des Friedens in der Welt wahrgenommen wird. Man könnte schon von der Gefahr eines Weltbrandes sprechen, und dies durch den Zusammenstoß der Fundamentalisten und der militanten Extremisten aller Couleur und jeder Religionszugehörigkeit.

Hindernisse aus dem Umfeld des Dialogs

In vielfacher Hinsicht gibt es heute, vor allem in der islamischen Welt, nur wenige Länder, in denen die kulturelle und die gesellschaftliche Lage dem Dialog mit den Anhängern der jeweils anderen Religion förderlich erscheint.

In der Welt des Islams

Die meisten Länder und Gesellschaften in der islamischen Welt leben heute immer noch im Bewusstsein einer einheitlichen Gesellschaft, deren Grundlage der islamische Glaube ist, so dass ein gewisser Triumphalismus die Bereitschaft zum Dialog lähmt und die Vision einer pluralistischen Gesellschaft, deren Mitglieder, unabhängig von ihrer Religionszugehörigkeit, die gleichen Grundrechte und Grundpflichten besitzen, als abwegig erscheinen lässt.

Auch die islamische Welt hat im Großen und Ganzen keine Freiheitsgeschichte erlebt, die dazu hätte führen können, die Menschenrechte ohne gravierende Vorbehalte zu bejahen und eine für beide Seiten gefährliche Verquickung von Religion und Staat langsam abzustreifen.

Endlich kann man nur zaghafte Gehversuche der Hermeneutiker gegenüber den Traditionalisten und Fundamentalisten erkennen.[39] Daher der Eindruck, dass die Militanten immer mehr an Terrain gewinnen und damit der Hang zum Totalitarismus und zur Ideologisierung der Religion.

Im Christentum

Schwierigkeiten bereitet die zunehmende Wahrnehmung der Muslime, die in den westlichen Ländern leben, als Gefahr für die westliche Zivilisation und als Feind der christlich geprägten Kultur.

Darüber hinaus ist der Anspruch des Westens – den die Muslime oft mit dem Christentum gleichsetzen – nicht leiser geworden, die Mitte der Welt zu sein, die universal gültige Kulturachse, um die sich die Weltkultur zu drehen hat. In dieser Atmosphäre läuft der Dialog Gefahr, als verkappte Gewaltanwendung zu gelten und – wie manche Muslime argwöhnen – als Alibi für die Herrschaftsgelüste der westlichen Länder zu dienen.

Probleme des Dialogs

Last der unausgereiften Methode

Nur ein Modell gültig
In der Theologie des Christentums und des Islams kann man Tendenzen erkennen, die jeweils nur ein Modell von Religion als gültig anerkennen, das Modell der eigenen Religion.

Man findet z.B. in der christlichen Literatur folgende Argumentation: Das Christentum ist die wahre Religion. Die Wahrheit des Christentums lässt sich durch bestimmte Merkmale bzw. Kriterien nachweisen. Also muss jede Religion – und somit auch der Islam – wenn sie wahr sein will, denselben Kriterien genügen.[40]

Bei den Muslimen sieht das Argument folgendermaßen aus: Der Koran ist Wort Gottes. Jede heilige Schrift muss also so aussehen wie der Koran. Da nun diese Evangelien einer anderen literarischen Gattung angehören, so sind die Evangelien nicht originäres Wort Gottes. – Der Hadith wird in folgender Form überliefert: Kette der Gewährsmänner und Inhalt des Ausspruchs Muhammads. Also muss jede authentische Tradition so aussehen wir der Hadith, sonst darf man sie nicht als echt ansehen.

Forderung, das eventuelle Endziel des Dialogs
als Voraussetzung zu erfüllen
Manche fordern, dass eine Verständigung über grundlegende eigene Glaubensaussagen vorab erzielt werden muss, bevor man ins Gespräch miteinander eintreten kann. Zum Beispiel fordern manche Muslime, dass die Christen vorher die Echtheit der prophetischen Sendung Muhammads anerkennen müssen. Ihrerseits verlangen manche Christen, dass die Muslime vorab die Gottheit und die Erlöserrolle Jesu Christi anerkennen.

Grundsätzliche Ablehnung des Dialogs
Der Irrtum (d.h. die jeweils andere Religion) – so wird hier argumentiert – darf keine Rechte beanspruchen. Es wird hier nicht ge-

dacht, dass die menschliche Person, die man als Irrende betrachtet, wohl Subjekt von Rechten, z. B. vom Recht auf Religionsfreiheit, ist und daher Partner im Dialog sein kann und werden soll.

Extremistische Konzeption von der Wahrheit
Die Wahrheit sei unteilbar, so der Grund für die Ablehnung einer initialen positiven Toleranz gegenüber der anderen Religion. Entweder ist alles in einer Religion wahr, oder die Religion ist falsch.

Hier wird übersehen, dass es im Leben wie in den Lebensvollzügen eine Mischung von Wahrheiten, Teil-Wahrheiten, Irrtümern und Teil-Irrtümern gibt. Die Maxime: *veritas de toto* (Wahrheit fordert, dass jeder einzelne Teil wahr ist), gilt für einfache Gleichungen, nicht für komplexe Verhältnisse und eine vielfältige Realität.

Außerdem gilt es, davon auszugehen, dass die Erkenntnis der vollen Wahrheit in ihrem vollen Unfang nur stufenweise möglich ist und durch die gesamte Geschichte hindurch erstrebt werden soll. Die Geschichte ist ja der Ort der Entfaltungsmöglichkeit der initialen Wahrheit und damit der Erkenntnis des Gesamtumfangs der ganzen Wahrheit.

Probleme der „schiefen" Argumentation

Eigene Deutung der anderen Religion
Man findet immer wieder den Versuch, den Dialog auf der Grundlage der eigenen Deutung der anderen Religion, nicht des Selbstverständnisses dieser Religion führen zu wollen. Das führt dazu, dass Christen eine Art „Christianisierung des Islams" erstreben, z. B., wenn Apologeten versuchen, die Dreifaltigkeit aus den Angaben des Korans zu beweisen: Wenn der Koran von Jesus als Wort Gottes (4,171; 3,45) oder Geist von Gott (4,171) spricht, dann bezeugt er bereits, dass in Gott auch sein (ewiges) Wort und sein (ewiger) Geist sind, d.h. er bezeugt die Trinität.[41]

Auch im Islam begegnet man immer wieder dem Versuch, das Christentum zu „islamisieren", d.h. hier nur das Christentum, dessen Züge im Koran im Zusammenhang mit den Aussagen über Jesus Christus beschrieben werden, als das wahre Christentum zu betrachten, während das Christentum der Christen als eine eigenmächtige Abweichung der Kirchen angesehen wird. Muslime betonen immer wieder, sie würden alles über das Christentum wissen, und zwar anhand der Angaben des Korans.

Schiefe Parallelen
Aus fehlender genauer Kenntnis über die Sachverhalte findet man immer wieder da und dort schiefe Parallelen, die den Dialog oder die allgemeine Atmosphäre in den Beziehungen zwischen Christen und Muslimen belasten.
– Viele Christen beklagen die Intoleranz mancher islamischer Gesellschaften gegenüber den Christen im Hinblick auf deren religiöse Freiheit und Ausübung ihrer bürgerlichen Rechte. Sie ziehen daraus allzu leichtfertig die Konsequenz, dass man auch hier im Westen die Muslime mit weniger Toleranz behandeln soll. Dies bedeutet aber, dass man hier gerade das tun will, was man bei den anderen beklagt, dass man sich das Prinzip des Handelns vom Verhalten der anderen aufzwingen lässt, statt nach dem eigenen demokratischen Selbstverständnis zu handeln. Das bedeutet allerdings nicht, dass man aufhören soll, die Intoleranz von Muslimen oder Ländern der islamischen Welt zu verschweigen. Toleranz fordern und zugleich Toleranz praktizieren, das ist die richtige Devise des Handelns.
– Manche Muslime fordern – das ist ein weiteres Beispiel schiefer Parallelen – die Christen auf, Muhammad anzuerkennen, wie sie, die Muslime, Jesus Christus anerkennen. Auch wenn der Satz vordergründig wie eine richtige Parallele aussieht, so ist diese Parallele bei näherem Hinsehen doch schief. Der Muslim glaubt nämlich nicht an den Christus der Christen (Gottes Sohn, Mensch geworden zu unserem Heil), sondern nur an den Jesus des Korans (großer Prophet, aber nur ein Mensch). Sie glauben also nur an den Jesus des Islams, und sie verlangen zugleich, dass die Christen wiederum an den Muhammad des Islams glauben. Es ist keine richtige Parallele hier erkennbar. Eine richtige Parallele wäre, wenn die Muslime sich zum Christus der Christen bekennen, dann könnten sie die Christen auffordern, sich zum Muhammad der Muslime zu bekennen.
Im Übrigen ist die Grundlage der Argumentation sowieso fragwürdig: Es geht doch hier nicht um einen Austausch parallelen Entgegenkommens, sondern um Fragen der Glaubensüberzeugung und der Glaubenslehre.

Anwendung wenig stichhaltiger Argumente bzw. Überlegungen
– Man findet bei Christen undifferenzierte Sätze wie Folgende: Das Christentum ist die wahre Religion, also ist der Islam eine falsche Religion. – Muhammad ist kein echter Prophet, also ist er nur ein falscher Prophet.

Wenn man näher hinschaut, dann stellt man fest, dass Religionen ein komplexes Ganzes bilden, nicht eine einzige einfache Realität. Religionen bestehen aus mehreren Elementen, von denen die einen falsch sein mögen, die anderen aber wahr sein können. D. h., Religionen können aus falschen *und* wahren Elementen bestehen. Man darf sie nicht in die Logik eines Satzes zwängen, der vielleicht für ein einfaches Verhältnis gelten mag. Desgleichen gilt es bei Muhammad und seiner Botschaft zu unterscheiden zwischen dem, was Christen als falsch betrachten müssen, weil es ihrer eindeutigen Glaubenslehre direkt widerspricht, und dem, was wahr und gut ist.

Gerade diese differenzierte Sicht der Dinge erlaubt dem II. Vatikanischen Konzil davon zu sprechen, dass Christen das Wahre und Gute in den nichtchristlichen Religionen anerkennen, wahren und fördern sollen.[42] Das Konzil sieht in diesen Elementen „einen Strahl jener Wahrheit, die die Wahrheit Gottes und seines menschgewordenen Sohnes ist"[43], und eine Wirkung der Fügung Gottes[44].

Auch bekräftigt das Konzil, dass die Muslime mit uns Christen denselben Gott anbeten[45], auch wenn bekannt ist, dass der Islam Aussagen enthält, die der christlichen Gottesvorstellung (Trinität, Gottheit Jesu Christi) offen widersprechen.

– Auch bei Muslimen findet man immer wieder das Argument der zeitlichen Abfolge: Die Religionsgeschichte bezeugt, dass das Christentum nach dem Judentum gekommen ist: es ist wie das Judentum eine wahre Religion (bezogen auf das Christentum Christi, wie es der Koran beschreibt) und es übertrifft das Judentum. So ist es auch mit dem Islam gegenüber dem Christentum: Er ist die Religion, die nach dem Christentum gekommen ist, ist somit die wahre Religion, die beide vorangegangenen Religionen übertrifft. Ein solches Argument kann nur dann gelten, wenn von vornherein zugegeben wird, dass alle drei Religionen als jeweils die wahre Religion gelten, d. h. den gleichen Status besitzen in Bezug auf ihre Wahrheit und ihre Autorisierung durch Gott zu ihrer jeweiligen Zeit, – was in den Augen der Christen nicht ohne weiteres für den Islam gilt, den die Reihe ist mit dem Christentum zu Ende gegangen.[46]

Tücken und Fallen der Sprache
Manche Begriffe werden von den Gesprächspartnern unterschiedlich verstanden, was zu Missverständnissen führen muss.

- Wenn Christen von Dialog reden, dann denken sie hauptsächlich an die religiöse Dimension und die theologischen Inhalte, und dies in einem politischen Rahmen, der eine Trennung von Religion und Staat zur Grundlage seines demokratischen Systems gemacht hat. Die Muslime denken auf einem anderen Hintergrund, d.h. im Zusammenhang mit der religiösen und zugleich politischen Dimension ihrer Gesellschaften, da in der Theorie immer noch eine Einheit von Religion und Staat besteht.
- Die Toleranz, auf die die Muslime stolz sind, gilt als eine große Leistung des Islams in früheren Zeiten. Aber, gemessen an den politischen Vorstellungen einer modernen zivilen Gesellschaft, erscheint diese Toleranz nicht mehr angemessen: Sie ist nämlich die Toleranz der Herrschenden gegenüber den Unterworfenen, nicht die Toleranz der gleichberechtigten Bürger.
- Zu den Menschenrechten bekennen sich die Länder der alten christlichen Welt. Islamische Gruppen erkennen sie an nach „Maßgabe des Gesetzes". Gemeint ist hier nicht das zivile Gesetz als Sicherung der Menschenrechte im Leben der Gesellschaft, sondern das religiöse Gesetz des Islams (*shari'a*).

Zum Schluss:
Heutige Suche nach einer „Miteinander-Identität"

Es sei mir zum Schluss erlaubt, einen persönlichen Wunsch zu äußern.

In einem frühchristlichen Hymnus wird vom Glauben der Christen bezeugt, dass sie Jesus Christus als die Mitte ihrer Gemeinschaft sehen, dass er aber der ist, durch den Gott alles versöhnen wollte (vgl. Kol 1,15-20).

Bekanntlich ist die Frage nach der Deutung der Person Jesu Christi die schwierigste im theologischen Dialog zwischen Christen und Muslimen. Wir Christen werden auch hier im Hinblick auf diese Stelle im Neuen Testament die Muslime nicht drängen wollen, alle Aussagen des Glaubens der frühchristlichen Gemeinde anzunehmen. Was mir wichtig erscheint, das ist das Angebot, das der Vers 1,20 des Kolosserbriefs beinhaltet: Christus soll das Instrument der Versöhnung aller Menschen werden. D. h., dass wir Christen nun an die Adresse der Nichtchristen und vornehmlich an die Adresse der Muslime folgendes Angebot formulieren: Weil wir an Jesus Christus glauben, wie ihn der Glaube der Frühchristenheit bezeugt, bieten wir ihnen Versöhnung an, unabhängig davon, ob sie unseren Glauben nachvollziehen können und wollen oder nicht. Über die schmerzhaften Erfahrungen von beiden Seiten, die unsere gemeinsame Geschichte uns leider beschert hat, hinweg bieten wir den Muslimen Versöhnung miteinander, Frieden und solidarische Brüderlichkeit an. Wir Christen definieren unsere Identität nicht mehr allein gegenüber den anderen oder gar gegen die anderen, sondern immer deutlicher nur noch mit den anderen, so dass wir uns für einen umfassenden Frieden einsetzen und eine universale Solidarität aller Menschen mit allen Menschen anstreben. Wir hoffen, dass die Muslime dieses Angebot ernst nehmen und erwidern.

Denn der Islam ist offen für eine solche Haltung. Im Koran steht nämlich geschrieben: „Wenn ihr mit einem Gruß begrüßt werdet, dann grüßt mit einem noch schöneren Gruß, oder erwidert ihn" (4,86). Im Zusammenhang mit der Festlegung der Identität gegen die anderen haben die Kommentatoren und die Rechtsgelehrten des Islams diesen Vers so gedeutet, dass Nichtmuslime von der gleichen Behandlung ausgeschlossen wurden. Ist es nicht heute an der Zeit, den ursprünglichen Geist des Korans wieder ernst zu nehmen? Wenn wir Christen den Muslimen mit dem Angebot der Versöhnung und der Bereitschaft zu umfassender Solidarität begegnen, wäre es nicht gerade im Sinne des Korans geboten, das Angebot anzunehmen und es zu erwidern?

Ich wünsche mir, dass viele Christen im Sinne des Evangeliums und dass viele Muslime im Sinne des Korans handeln. Dann könnten wir, Christen und Muslime, endlich begreifen, dass wir zusammengehören. Sagte nicht schon damals der Koran (5,82): „Und du wirst sicher finden, dass unter ihnen diejenigen, die den Gläubigen in Liebe am nächsten stehen, die sind, welche sagen: Wir sind Christen ..."?

KAPITEL XVI

Wahrheit und Toleranz

Es geht in diesen Anmerkungen zum Verhältnis von religiöser Wahrheit und Toleranz nicht um die Wahrheit im Allgemeinen oder um die Wahrheit der unterschiedlichsten Wissens- und Lebensbereiche. Jeder Bereich unterliegt nämlich eigenen Maßstäben bei der Würdigung des Grades der Wahrheit, den er erreichen kann und zu erreichen beansprucht. Es geht um die religiöse Wahrheit in ihrem komplexen Inhalt, in ihrem mehr oder weniger umfangreichen Bezug zur übernatürlichen Wirklichkeit, in ihrer Mitteilbarkeit an Menschen und in ihrem Ausdruck durch menschliche Begriffe und Vorstellungen in menschlicher Sprache.

Die Fragestellung ist im christlichen Kontext von besonderer Bedeutung. Diese Bedeutung erhellt aus der Verbindung zwischen Heil und Wahrheit in der Botschaft des Neuen Testaments (Heil und Wahrheit sind miteinander eng verbunden: 1Tim 2,4; Joh 3,21; 8,31–32; 17,3), im Hinblick auf eine Stellungnahme zur Heilsmöglichkeit der Nichtchristen (Heil und Wahrheit hängen mit Jesus Christus eng zusammen: Joh 1,17; 14,6; Apg 4,12; Kol 1,20; 1Tim 2,5)[47] und im Hinblick auf die Beziehungen zwischen Christen und Nichtchristen, vor allem auf die Bereitschaft zum Dialog und zur Zusammenarbeit.

Welche Toleranz?

Nicht die Toleranz der Agnostiker und der Skeptiker

Es geht nicht um die Toleranz der *Agnostiker*, die behaupten, es gebe eh keine Wahrheit, vor allem im religiösen Bereich, der sich auf das Übernatürliche beziehen will, also auf einen Bereich, der die Grenzen der natürlichen Vernunft übersteigt, einer Vernunft, die selbst in den Grenzen ihrer eigenen Zuständigkeit kaum in der Lage ist, Wahrheiten, geschweige denn *die* Wahrheit zu erkennen oder eine feste Gewissheit in der Erkenntnis der Dinge zu vermitteln.

Es geht auch nicht um die Toleranz der *Skeptiker*, die dem Menschen die Fähigkeit absprechen, sichere Wahrheiten zu erkennen.

Wenn nirgends eine sichere Wahrheit für den Menschen erreichbar ist, dann gebietet sich eine tolerante Haltung gegenüber denjenigen, die eine andere Meinung bzw. Glaubensüberzeugung vertreten. Wer weiß, wo eigentlich die richtige Wahrheit steckt.

Die Menschen wissen um ihre beschränkten Möglichkeiten, die Wahrheit zu erkennen, und um die vielen Umstände, die ihre Wahrnehmung der erreichbaren Wahrheit beeinträchtigen. Wenn man darüber hinaus berücksichtigt, dass nur wenige Menschen, aufgrund eines geläuterten Herzens und Sinnes, fähig sind, der Wahrheit näher zu kommen, dann erscheint es geboten, das Beharren auf der eigenen Wahrheit aufzugeben, anders als die, die meinen, diese Wahrheit zu besitzen. Die Mehrheit der Menschen in der Welt wird sich der Toleranz verschreiben müssen.

Nicht nur praktische Toleranz

Es geht hier auch nicht um die Toleranz der *Pragmatiker*, die von der Notwendigkeit, in einer immer enger zusammenrückenden Weltgemeinschaft friedlich miteinander leben zu müssen, ausgeht, um eine praktische tolerante Haltung zu fordern. Die tatsächliche Pluralität der Traditionen und der Wahrheitsansprüche der Religionen zwingt die Menschen der einen Welt dazu, Wege des friedlichen und gedeihlichen Zusammenlebens zu suchen. Einer davon ist gewiss die praktische gegenseitige Toleranz, unabhängig vom Anspruch der eigenen Religion auf Absolutheit und Gültigkeit. In der Praxis des gemeinsamen Alltags der Menschen gilt es, keine Aggressivität aufgrund des religiösen Anspruchs aufkommen zu lassen, sondern sich in einen Wettbewerb nach den guten Dingen zu begeben, wie der Koran im Zusammenhang seiner Aussagen zum religiösen Pluralismus von Judentum, Christentum und Islam sich ausdrückt: „Für jeden von euch haben Wir eine Richtung und einen Weg festgelegt. Und wenn Gott gewollt hätte, hätte Er euch zu einer einzigen Gemeinschaft gemacht. Doch will Er euch prüfen in dem, was Er euch hat zukommen lassen. So eilt zu den guten Dingen um die Wette. Zu Gott werdet ihr allesamt zurückkehren, dann wird Er euch kundtun, worüber ihr uneins waret" (5,48).

Diese praktische Toleranz ist hilfreich und angezeigt für die Gestaltung des Zusammenlebens von Menschen mit verschiedener Religionszugehörigkeit. Sie kann die Auswüchse eines militanten Fundamentalismus aller Herkunft und Couleur meiden und die Gewaltanwendung als Mittel zur Lösung der Konflikte und der Probleme des Zusammenlebens ausschalten helfen.

Aber in den hier vorliegenden Anmerkungen geht es nicht um diese praktische Haltung allein. Es geht um die Frage, ob die erkannte und bekannte religiöse Wahrheit trotz ihrer Glaubensgewissheit Raum für Toleranz bietet. Wenn ja, dann lautet die weitere Frage, wie man diese Toleranz begründen und dabei den Widerspruch zwischen Gewissheit und Relativierung der Wahrheit, der in jeder Toleranz sichtbar werden kann, vermeiden kann.

Nicht nur Toleranz aufgrund der Bejahung der Heilswirksamkeit der Religionen

Nach den Grunderkenntnissen der Theologie im 20. Jahrhundert und den Erklärungen des II. Vatikanischen Konzils (für den katholischen Bereich des Christentums) werden die nichtchristlichen Religionen von den Christen nicht mehr wie oft in früheren Zeiten undifferenziert als Heidentum, Irrwege und falsche Religionen bezeichnet. Ihre Lehren, Normen und Verhaltensregeln werden nicht mehr pauschal abgelehnt.

Den Nichtchristen wird in der theologischen Tradition seit jeher eine Heilsmöglichkeit eingeräumt. Dies wurde noch einmal in der dogmatischen Konstitution des Zweiten Vatikanischen Konzils über die Kirche Lumen gentium, Art. 16, bekräftigt. Diese Heilsmöglichkeit hängt mit dem Wahren und dem Grundglauben an Gott (vgl. Hebr 11,6), den ihnen im Normalfall eben ihre Religion vermittelt, und mit dem Guten (vgl. Apg 10,35; Röm 2,10; 1Joh 2,29), das sie auf Geheiß eben ihrer Religion tun, zusammen. Gerade dies verbindet sie mit der Gnade Gottes und stellt eine Beziehung zu Christus her, in dem Gott alle mit sich versöhnen will (vgl. Kol 1,20).[48]

Wenn also nichtchristliche Religionen Heilsrelevanz und Heilswirksamkeit besitzen, dann erscheinen die Religionen manchen Pragmatikern als gleichberechtigt im Rahmen der Gestaltung des praktischen Lebens einer Gesellschaft, was zur Einhaltung einer gelassenen Toleranz führen dürfte.

Einige schließen daraus eilfertig, dass alle Religionen auch als gleichwertig zu betrachten seien, da sie ja fähig seien, das Heil zu vermitteln. Dies führt zu einem religiösen Indifferentismus führt.

Wo die Gleichwertigkeit der Religionen bejaht wird, dort meldet sich als Reaktion darauf der Anspruch der Wahrheit auf ausschließliche Anerkennung gegenüber dem Irrtum, und auch das Recht und die Pflicht des Gläubigen, von der Gewissheit seiner Glaubensüberzeugung auszugehen und eine theoretische Gleichberechtigung und Gleichwertigkeit aller Religionen in Frage zu stellen und zu verneinen, dafür aber die Treue zur Glaubenswahrheit seiner Religion zu wahren und zu bekräftigen.

Gewissheit des Glaubens

Toleranz ist also nicht gefordert, weil niemand weiß, wie es um die religiöse Wahrheit steht, wie weit sie reicht; oder weil alle Religionen gleichberechtigt, ja gleichwertig sind, wenn sie im Endeffekt doch Wege – auch wenn nur außerordentliche Wege – zum Heil sind oder wenigstens sein können.

Der Gläubige geht von der sicheren Wahrheit seines Glaubens, vor allem im Hinblick auf die Inhalte der verbindlichen Glaubenslehre seiner Religion aus. Er lebt in der Gewissheit, dass das, was er auf das Wort Gottes hin annimmt und bekennt, der Wahrheit entspricht bei Gott und – sofern es die Weltimmanenz betrifft – im weltlichen Bereich. Daher ist es sein gutes Recht, ja es ist seine Pflicht, die Wahrheit seines Glaubens zu bejahen, sie zu bekennen und daran gegen alle Anfechtungen festzuhalten. Verbindliche Glaubensaussagen sind die Grundfesten der Hingabe der menschlichen Vernunft und des menschlichen Herzens an den Gott der Wahrheit und des Heils. Sie stehen nicht zur Disposition. Sie sind in ihrer Substanz nicht Gegenstand ständiger Revision und Korrektur, ja Zurücknahme.

Sie können Ergänzungen erfahren, denn sie bilden das Fundament, auf dem der ganze Bau emporgezogen werden soll. Aber diese Entfaltung bedeutet nicht die Rücknahme der bisher erkannten und anerkannten Wahrheit. Die Entfaltung kann dadurch erfolgen, dass Fragen entstehen, deren Beantwortung zu einem näheren Verstehen und präziseren Ausdrucken des Glaubensinhaltes führen. Der Reichtum der erkannten und bekannten Wahrheit kann sich entfalten, aber dies bedeutet keinesfalls die Aufgabe dieser Wahrheit, sondern eben ihre Entfaltung.

Eine solche verbindliche Wahrheit ist insofern intolerant, als sie ihre Verneinung negiert, d.h. das abweist, was in offener Kontradiktion zu ihr steht.

Es ist nicht ein Zeichen von Überheblichkeit und Arroganz, der

Arroganz dessen, der meint, die Wahrheit allein zu besitzen. Es ist die Haltung des demütigen Glaubenden, der gewiss ist, dass ihm Wahrheit geschenkt wurde, dass ihm Wahrheit anvertraut wurde, und dass er in die Aufgabe hineinwachsen soll, diese Wahrheit zu pflegen, sie zur Entfaltung zu bringen und ihre Auswirkungen und Früchte in seinem Leben und im Leben seiner Gemeinschaft zur Reife zu bringen.

Die Wahrheit ist grundsätzlich tolerant

Weil Gott der Herr der Wahrheit ist, ist Wahrheit nicht tolerant in dem Sinne, dass sie zur Disposition steht und Gegenstand von Kompromisssuche und höflichem Entgegenkommen sein kann. Da aber auch Gott allein der Herr der Wahrheit ist, ist die Wahrheit tolerant.

Deutung des christlichen Absolutheitsanspruchs

Die Anerkennung der Heilsrelevanz nichtchristlicher Religionen führt dazu, den Absolutheitsanspruch des Christentums präziser zu deuten. Absolut kann nicht die christliche Religion als institutionalisierte Form des christlichen Bekenntnisses, als eine rechtlich verfasste Gestalt in einer bestimmten Zeit sein. Absolut kann nur Gott sein, absolut ist seine Gnade, absolut ist im Christentum Christus, welcher „der Weg, die Wahrheit und das Leben" ist (Joh 14,6). Die rechtlich verfasste Kirche als Gemeinschaft der Gläubigen muss sich immer mehr nach Christus richten, da sie eine noch unvollkommene und pilgernde Gemeinschaft ist; erst am Ende der Zeit wird sie das Vollmaß Christi erreichen (vgl. Eph 4,13; auch 1 Kor 13,19–20). Und dies, auch wenn das Christentum einen entscheidenden Vorteil über die anderen Religionen hat: Es hat einen ausdrücklichen, direkten Bezug zu Christus, zum unüberbietbaren Heil, das Gott den Menschen in Christus geschenkt hat. So versteht sich die konkrete Kirche in dieser Hinsicht, trotz aller Unvollkommenheit und Sündigkeit, als Ort der Erfüllung des Wahren und Guten, das die Religionen enthalten.

Unterwegs zur vollen Erkenntnis der vollen Wahrheit

Gott ist transzendent
Gott ist die absolute Wahrheit. Er duldet keine anderen Götter neben sich. Die Toleranz, von der hier die Rede ist, bezieht sich aber nicht auf diese absolute Wahrheit Gottes. Sie bezieht sich auf die von Menschen erkannte und bekannte Wahrheit. Und diese ist ja nicht absolut, sondern immer nur relativ, d. h. Stückwerk und der Ergänzung und Vervollkommnung bedürftig und fähig. Sie ist nicht absolut, auch wenn sie Gott und seine Wahrheit zum Inhalt hat, sie ist nicht absolut, weil sie hier im Hinblick auf die Menschen betrachtet wird, die sie erkennen und formulieren.

Denn Gott, auch wenn er seine Wahrheit offenbart, bleibt transzendent, d. h. jenseits menschlichen Fassungsvermögens, menschlicher Begriffe und menschlicher Sprache. Paulus drückt es unmissverständlich aus: „Denn Stückwerk ist unser Erkennen" (1Kor 13,9). – „Wenn einer meint, er sei zur Erkenntnis gelangt, hat er noch nicht so erkannt, wie man erkennen muss" (1Kor 8,2). Daher wünscht er den Christen: „Ihr sollt... wachsen in der Erkenntnis Gottes" (Kol 1,10). Ähnlich hört sich der Wunsch im 2. Petrus-Brief an: „so dass ihr Jesus Christus, unseren Herrn, immer tiefer erkennt" (2Petr 1,8). – „Wachset in der Gnade und Erkenntnis unseres Herrn und Retters Jesus Christus!" (2Petr 3,18).

Wachsen in der Erkenntnis
Die Gemeinschaft der gläubigen Christen ist also unterwegs zur vollen Erkenntnis der vollen Wahrheit Christi und muss in dieser Erkenntnis wachsen. Hilfreich auf diesem Weg ist die Beachtung dessen, was die nichtchristlichen Religionen an Wahrem und Gutem enthalten. Denn diese Wahrheiten sind nach der Aussage des II. Vatikanischen Konzils Fügungen Gottes[49], sie stellen einen Strahl der Wahrheit Christi dar[50]. Die Kirche „betrachtet alles, was sich bei ihnen an Gutem und Wahrem finden kann, als eine Vorbereitung auf das Evangelium und als Geschenk dessen, der jeden Menschen erleuchtet".[51]

Ihre Aufgabe als Erfüllung der Religionen erfüllt die Kirche, wenn sie sich selbst auf den Weg macht, um die volle Erkenntnis des vollen Reichtums der Wahrheit Christi zu erlangen. Das Vollmaß dieser Erkenntnis wird – wie oben bereits angemerkt – erst am Ende der Zeit erreicht. Bis dahin steht sie unter der Führung des Heiligen Geistes, der sie „in die ganze Wahrheit führen" wird (Joh 16,13).

Solange die Kirche unterwegs ist, wird sie den anderen Religionen begegnen mit Aufgeschlossenheit und der Bereitschaft, dem mannigfaltigen Wirken des Geistes Gottes nachzuspüren, mit der Freiheit dieses Geistes zu rechnen und das Wahre und das Gute, das er bei den anderen bewirkt, ernst zu nehmen, anzuerkennen, zu fördern und aufzunehmen.

Dies alles beinhaltet indirekt die Bejahung einer relativen Komplementarität, nicht der Religionen insgesamt, so dass die nichtchristlichen Religionen als Ergänzung des Christentums zu betrachten wären, sondern Komplementarität mancher Elemente in den religiösen Traditionen, und dies aufgrund der Zusammengehörigkeit aller Wirkungserscheinungen des Geistes Gottes in den Menschen und in ihrer Geschichte. Was die nichtchristlichen Religionen an Wahrem und Gutem enthalten, ist der Wahrheit Christi nicht fremd, sondern ist ein Ausfluss dieser Wahrheit; es ist kein Zusatz zu dieser Wahrheit, sondern gehört zu ihr, und somit ist es komplementär zu den Erfahrungen, die die Christen in wachsendem Maße mit der Wahrheit Christi machen. Christen und Nichtchristen sind dazu berufen, die Folgen des Wirkens Gottes überall in der Welt und in der Geschichte besser und genauer erkennen und so die wahren Dimensionen der Universalität der Religion Gottes wahrnehmen zu lernen.

Überfließender Reichtum der Wahrheit
Nicht nur im Hinblick auf die Transzendenz Gottes als Gegenstand religiöser Wahrheit ist die Unzulänglichkeit der Menschen, Gottes Wahrheit völlig zu erkennen, festzustellen und damit die Notwendigkeit entsprechender Toleranz in den Beziehungen der Menschen, die an Gott glauben und seine Wahrheit suchen, zu bekräftigen. Auch im Hinblick auf den unergründbaren Reichtum der unendlichen Wahrheit Gottes lassen sich die Grenzen der Menschen erahnen. Niemand kann ins Tiefe der Wahrheit Gottes eindringen, nur der Geist Gottes selbst (vgl. 1Kor 2,11).

Die Wahrheit Gottes ist nicht nur unendlich und sie liegt nicht nur jenseits des Fassungsvermögens des menschlichen Verstehens, so dass der Mensch sie in ihrem Reichtum eher erahnt als klar erkennt. Die Wahrheit Gottes ist auch in ihrem Inhalt, der den Menschen zugänglich gemacht wird, so komplex, dass ein immer wiederholter Versuch nötig ist, um ihre Einzelheiten näher und präziser zu erkennen, sie in ihren Verzweigungen zu erfassen und in ihren Feinheiten zum Ausdruck zu bringen.

Die Geschichte in ihrer Gesamtheit ist ja der Ort der Geduld und der Langmut Gottes, anders ausgedrückt: Sie ist der Ort der Entfaltung seiner Wahrheit im Erkennen und im Leben der Menschen und der Gemeinschaften. Denn diese Wahrheit ist nach unserem heutigen Erkenntnisstand und Erfahrungshorizont nicht ein Kodex ewiger Bestimmungen in ein für alle Mal festgelegten Formeln und Regeln. Sie begegnet uns mit der Aufforderung, ihre Inhalte und ihre Anwendungsmöglichkeiten im Horizont unserer fortschreitenden Geschichte immer neu und immer reicher und differenzierter zu entziffern, zu leben (zu tun, sagt das Johannesevangelium 3,21) und zu formulieren.

Die Realität ist nicht, dass die Gläubigen die Wahrheit besitzen, dass sie über die Wahrheit verfügen. Die Realität ist, dass den Gläubigen die Gelegenheit eröffnet wird, sich von der Wahrheit erfassen und beschenken zu lassen. Sie haben keine Veranlassung, hochmütig gegenüber den anderen zu sein, ihnen mit Arroganz zu begegnen. In tiefer Demut horchen sie auf die Schritte Gottes und verfolgen seine Spuren im Glauben und im Leben aller Menschen. Sie hoffen, dass die Strahlen der Wahrheit Gottes, die immer wieder in den religiösen Traditionen der Völker festzustellen sind, tragfähige Brücken bilden, die die Gläubigen aller Gemeinschaften miteinander verbinden und ihnen allen den Weg zu einer größeren religiösen Einheit weisen: sie zu einer „Ökumene der Religionen" zusammenführen.

KAPITEL XVII

Wahrheit und Dialog

Dialog und Glaubenstreue

Viele, im Glauben feststehende Menschen äußern ihr Unbehagen davor, mit Andersgläubigen in einen Dialog über ihre religiösen Überzeugungen zu treten. Denn sie haben den Eindruck, dass Dialog eigentlich bedeutet, die Wahrheit, an die sie fest glauben, zu verraten und zur Disposition zu stellen, oder in Zweifel zu ziehen oder wenigstens verschweigen zu sollen. Die Wahrheit des Glaubens scheint ihnen in der Situation des Dialogs als eine zur Verhandlung gestellte Ware, obwohl sie ja nicht verhandelbar ist.

Dem ist es aber nicht so. Zwar fordert der Dialog eine entschiedene Offenheit des Geistes und eine große Bereitschaft des Herzens. Wer den Dialog sucht, muss nämlich bereit sein, aus sich selbst herauszugehen, aus dem geschützten Bereich des eigenen Lebens, aus der gewohnten Sicherheit der eigenen Tradition auszuziehen und auf den anderen zuzugehen. Die spontan aufbrechenden Gefühle des Misstrauens gegenüber dem Fremden, das das Gewohnte stört und die orientierenden Normen des praktischen Lebens in Frage zu stellen droht, müssen gezähmt und überwunden werden.

Dennoch, meine ich, lohnt es sich in unserer Welt, die von Hass und Entfremdung erfüllt ist, in der Nachfolge Christi, der sich für alle hingegeben hat, Offenheit zu zeigen, Misstrauen und Missverständnis zu überwinden, eine ehrliche Sympathie zu entfalten, die das gegenseitige Verstehen-wollen und Verstehen-können ermöglicht und fördert.

Diese Offenheit bedeutet zweierlei: suchen zu verstehen, und Treue zu sich selbst halten.

Suchen zu verstehen

Verstehen suchen bedeutet zunächst einmal, dem Gesprächspartner nicht mit der Masse unserer Vorurteile zu begegnen, ihm und seiner Religion nicht mit stereotypen Formulierungen und so genannten allgemeinen Erkenntnissen zu konfrontieren, sondern zu-

zuhören und eine möglichst objektive Information über seine Religion zu erhalten, eine Information, die auf der Lehre der Gelehrten der jeweiligen Religion gründet, die von der Mitte des eigenen Selbstverständnisses dieser Religion ausgeht und versucht, wieder zu dieser lebendigen Mitte vorzudringen, um damit dem Partner in seiner wirklichen Identität zu begegnen.

Es wird hier kein blindes Entgegenkommen empfohlen. Die kritische Suche nach der Wahrheit verliert auch hier nicht ihre Berechtigung und ihren Platz. Kritische Offenheit, *kritische Sympathie* wird geradezu gefordert, und dies aus Liebe zur Wahrheit, aus Respekt für den Gesprächspartner, den man in seiner Person und in seiner Religion wirklich ernst nimmt. Die kritische Haltung schützt die Gesprächspartner vor einem Austausch oberflächlicher Höflichkeiten, vor einem allzu leichtfertigen Entdeckungseifer und vor einem nivellierenden Synkretismus.

Treue zum eigenen Glauben halten

Aber der Dialog lebt nicht nur von der Aufgeschlossenheit und der Aufnahmebereitschaft der Gesprächspartner. Der Dialog lebt gleichermaßen von der Dynamik der ernsten Treue zum eigenen Glauben und zur eigenen Religion. Diese Treue ist kein blindes Festhalten an allem, was in irgendeiner Form zur eigenen Tradition gehört. Umgekehrt lässt sie auch nicht zu, dass man leichtfertig das aufgibt, was zur Substanz der eigenen Tradition gehört und die Identität der eigenen Religion ausmacht bzw. darstellt. Diese dezidierte und offene Treue zur eigenen Identität ist ein Grundpfeiler des echten, fruchtbaren Dialogs. Denn je tiefer die Überzeugung von der Wahrheit der eigenen Religion ist, desto offener kann man sein für die Werte, die in der religiösen Erfahrung der Andersgläubigen und in den anderen Religionen zum Ausdruck kommen, desto eifriger kann man das Gespräch und den Austausch mit den anderen suchen, ohne sich dadurch selbst aufzugeben oder den Eindruck zu haben, man begebe sich auf total ungeschützte Positionen.

So lebt der Dialog nicht von der Zurückhaltung der Phänomenologen, vom Verzicht auf die Wahrheit und auf das Urteil über die Wahrheit der ertretenen Lehren, sondern umgekehrt von der Treue zur erkannten Wahrheit des eigenen Glaubens, und zwar auf beiden Seiten. Denn beide Gesprächspartner schulden sich selbst, ihrer

Glaubensgemeinschaft und auch einander, das mitzuteilen, wovon ihr Glaube lebt, ihr religiöses Leben sich nährt. Der Gesprächspartner auf der gegenüberliegenden Seite hat das Recht, zu erfahren, was die Wahrheit unserer Religion ist, und er seinerseits hat das Recht und die Pflicht, seinen Glauben mitzuteilen und seine Art, Gott zu begegnen und ihn zu erfahren, kundzutun.

Verschiedenheit religiöser Erfahrungen

Verschiedenheit und Vereinbarkeit

Außerdem, wenn man bedenkt, dass der Glaube innerhalb der Geschichte erhalten und erlebt wird, muss man damit rechnen, dass auf der Ebene der menschlichen Erfahrung eine gewisse Verschiedenheit offenbar wird.
– Verschiedenheit ist nicht immer Widerspruch. Wo ein eindeutiger Widerspruch zu den festen Glaubenslehren meiner Religion steht, dann ist die Unvereinbarkeit der beiden Positionen festzustellen. Man kann zwar und man soll, wie sich der Philosoph Richard Schaeffler ausdrückt, „auch noch im Widerspruch lernen", aber widersprüchliche Aussagen können nicht zu gleicher Zeit beide wahr sein.
– Auch hier im Widerspruch oder nur in der Verschiedenheit gilt es, nicht nur zu wissen, was der Gesprächspartner sagt, sondern man muss versuchen, zu verstehen, warum er so denkt und glaubt. D. h. man muss den Weg des Andersgläubigen zu seinen religiösen Überzeugungen (mit den Prämissen, Argumenten und Schlussfolgerungen) mit vollziehen, um seine Position wirklich zu begreifen. Es geht hier darum, zu verstehen, nicht darum, mit der Aussage einverstanden zu sein. Aber wer versteht, was gesagt wird und warum es gesagt wird, nimmt eine gerechtere Haltung gegenüber dem Gesprächspartner ein.
– Dies gilt nicht nur für den Fall, dass man einen Widerspruch feststellt, sondern auch im Falle einfacher Verschiedenheit.
– Denn Verschiedenheit ist nicht immer Widerspruch. Sie ist oft eben nur Verschiedenheit. Das Anderssein anderer ist, auch im normalen Bereich menschlicher Beziehungen nicht immer und nicht in erster Linie ein Angriff auf meine Identität, sondern eben eine andere Form menschlichen Daseins.

Es folgt aus dieser Bemerkung, dass man den Mut zur Geduld haben und Vertrauen in die Entfaltungsmöglichkeiten der Zukunft pflegen muss. Es wäre viel zu schnell und meistens unberechtigt, zu urteilen, dass das Verschiedene unvereinbar mit dem eigenen Glauben ist. Bescheidener und offener für die Wirkung des Geistes Gottes wäre zu sagen: Ich sehe noch nicht, wie dies mit meinem Glauben zu vereinbaren ist. Aber wer weiß, wenn man eine Erweiterung und Vertiefung der jetzt erworbenen Erkenntnisse erzielt hat, eröffnet sich vielleicht die Möglichkeit, in einem größeren Rahmen verschiedene Aussagen doch noch miteinander zu versöhnen und miteinander zu verbinden.

Verschiedenheit und Komplementarität

Da jedoch bei der Wahrheit der Religion die menschliche Erkenntnis und die menschliche Erfahrung die größte Rolle spielen, so kann man oft von einer Komplementarität religiöser Erkenntnisse und Erfahrungen sprechen.
– Viele religiöse Elemente in den verschiedenen Religionen, die auch wir als Christen als wahr und heilig anerkennen können, verdanken ihre Entstehung nicht dem Einfluss des Christentums, sie sind genuine Früchte der eigenen Tradition. Sie zeigen, dass zwischen dem Christentum und den religiösen Erfahrungen anderer Religionsgemeinschaften eine gewisse Komplementarität vorhanden ist, in dem Sinne, den wir im vorigen Kapitel präzisiert haben. Die Frage wird dann die sein: Wie kann der Christ solche Elemente in seinen eigenen Glauben und in seine eigene religiöse Praxis aufnehmen und integrieren.
– Dabei gilt es hier, wie sonst im soziologischen Feld, zwei Grundfragen Rechnung zu tragen:
– Wie viel Verschiedenheit verträgt ein System, ohne auseinander zu brechen und seine Identität zu verlieren und ohne dass die Wahrheit Gefahr läuft, sich zu verflüchtigen.
– Wie viel Gemeinsamkeit mit dem Christentum müssen diese Elemente aufweisen, damit sie überhaupt integriert werden können. Denn man kann Elemente nicht integrieren, wenn sie ganz irreduktibel anders sind. Es lässt sich nur das integrieren, was Verbindungsstellen zum aufnehmenden System aufweist.

Wahrheit, die getan werden soll

Die Wahrheit ist nicht nur die Wahrheit, die man glaubt und formuliert und zu begründen sucht, die Wahrheit, die religiöse Wahrheit ist in erster Linie die Wahrheit, die man tut (vgl. Joh 3,21). Daher gilt es, die Wahrheit und die sittlichen Werte der eigenen Religion als Grundlage dafür zu nehmen, freundliche Beziehungen zu den anderen herzustellen und mit den anderen eine fruchtbare Zusammenarbeit zwischen den Religionsgemeinschaften zu planen. Dies bedeutet im einzelnen unter anderem Folgendes.

Ungerechte Behandlung der anderen meiden

Man findet fast überall grobe Angriffe auf die Gegner. Selten findet man die Bereitschaft, erst zu verstehen, was der andere sagt, bevor man ihn verurteilt. Sobald man den Eindruck hat, dass eine andere Lehre als die eigene vertreten wird, wird diese Lehre als falsch, schwachsinnig verurteilt, die Gläubigen der anderen Religion werden als Irre ohne Verstand beschimpft. Kaum ist die Bereitschaft vorhanden, das Andersartige nicht sofort als das Falsche anzuprangern, es zunächst einmal nur als andersartig zu betrachten und es vielleicht in einen breiteren Rahmen zu stellen, damit es sich erweist, ob es nicht doch wahr ist oder wenigstens Teile von Wahrheit enthält.

Auch die Mechanismen der Verteidigung der eigenen Religion gehen schnell in Mechanismen der Zerstörung der anderen über: Selbsterhaltung durch Niederhaltung und Niederschlagung der anderen.

Hartnäckige Vorurteile überwinden

Einige Beispiele aus dem Bereich der Beziehungen zwischen Christen und Muslimen seien hier angeführt:
- Christen neigen dazu, die islamische Religion für die Rückständigkeit islamischer Länder im Bereich der Wissenschaft, der Technik, der Organisation und der allgemeinen Zivilisation verantwortlich zu machen.
- Muslime verwechseln ständig den Westen mit dem Christentum, als wäre die „Christenheit" des Mittelalters nicht längst durch den säkularisierten Staat abgelöst worden.

– Christen neigen dazu, vor allem die fanatischen, militanten Muslime, die mit Terrorakten in Verbindung gesetzt werden, als die wahren Vertreter des Islams zu betrachten. Sie übersehen fleißig die friedfertige Mehrheit der Muslime in der Welt. Islam und Schwert werden ständig in Verbindung miteinander gebracht.
– Muslime wollen partout die westliche Gesellschaft als dekadente Gesellschaft anprangern, ohne sich die Mühe zu machen, diese Gesellschaft in ihren Komponenten und auch kritischen Erscheinungsformen näher zu betrachten und gerecht zu würdigen. Oder sie wittern fast überall Spuren einer Kreuzzugsmentalität im „christlichen" Westen.

Gemeinsame Ziele der Humanisierung verfolgen

Not tut eine Neuorientierung an den ethischen Werten des Christentums und der anderen Religionen, welche ja ihnen weitgehend gemeinsam sind.

Gefordert ist eine humane Gesellschaftsordnung, die auf der unantastbaren Würde des Menschen gründet und die, wenn sie auch in die Praxis umgesetzt wird, folgende Folgen zeitigen soll:
– eine brüderliche Gerechtigkeit,
– eine barmherzige Handhabung von Rechten und Pflichten,
– Einräumen von Priorität für die Rechte der Schwachen;
– Option für die Armen und Entrechteten;
– Bereitschaft zur Versöhnung;
– ein positives Angebot der Versöhnung an die jeweils andere Religionsgemeinschaft,
– Pflege des Friedens statt gewaltbereiten Strebens nach Herrschaft.

Eintreten für eine brüderliche Gerechtigkeit

Von großer Bedeutung für die Zukunft der Christen und der Andersgläubigen sowie für die Zukunft der Menschheit ist die Frage, ob es gelingt, eine Gesellschaft aufzubauen, die auf einer brüderlichen Gerechtigkeit gründet.

Das 2. Vatikanische Konzil sagt an die Adresse der katholischen Christen Folgendes: „Allen Menschen gegenüber muss man Gerechtigkeit und Menschlichkeit walten lassen" (Dignitatis humanae, 7). – Diese von Menschlichkeit durchdrungene, von der Liebe beseelte Gerechtigkeit muss nicht nur im politischen Leben (Gaudium et spes, 73), sondern auch im wirtschaftlichen Bereich walten: „Gott hat die Erde mit allem, was sie enthält, zum Nutzen aller Menschen und Völker bestimmt; darum müssen diese geschaffenen Güter in einem billigen Verhältnis allen zustatten kommen; dabei hat die Gerechtigkeit die Führung, Hand in Hand geht mit ihr die Liebe" (Gaudium et spes, 69).

Außerdem gelten im Christentum, und weitgehend auch in den anderen Religionen folgende Grundsätze:
- Fundamentale Gleichheit aller Menschen als Geschöpfe Gottes.
- Alle Geschöpfe Gottes, hier besonders alle Menschen, gehören zusammen, alle sind auf eine weltumfassende Kommunikation und Zusammenarbeit angelegt und angewiesen.
- Alle Menschen bilden eine große Familie; sie sind miteinander in einer umfassenden Solidarität und in einer universalen Brüderlichkeit (bzw. Geschwisterlichkeit) verbunden.
- Solidarität und Geschwisterlichkeit sind nicht beliebig, sondern verbindlich. Sie beinhalten die Verantwortung aller für alle. Sie sind daher als Grundsätze der sozialen und politischen Ordnung das Fundament einer weltumspannenden brüderlichen Gerechtigkeit.
- Dies ist die Nachahmung der Gerechtigkeit Gottes, deren Maß seine Barmherzigkeit ist. „Wenn Gott uns so geliebt hat, müssen auch wir einander lieben" (1 Joh 4,11).

Praktische Zusammenarbeit

Der Dialog der Religionen muss eine praktische Zusammenarbeit ermöglichen und fördern. Die Haltung dabei ist nicht mehr nur die von Gesprächspartnern, die einander gegenüber sitzen und über ihre gegenseitigen Beziehungen, Verschiedenheiten und Gemeinsamkeiten sprechen. Die Haltung ist die der Gesprächspartner, die nebeneinander sitzen und gemeinsam die Probleme betrachten, die uns alle betreffen.
- Jeder muss sich und seine Religionsgemeinschaft nach ihrem Beitrag zur Lösung dieser Probleme fragen und diesen Beitrag einfordern.
- Jeder muss den Partner nach seinem Beitrag und dem Beitrag seiner Religion fragen und diesen Beitrag einfordern.

– Alle beide müssen sich bemühen, ihren gemeinsamen Beitrag zu leisten,
– und endlich ihren gemeinsamen Beitrag gemeinsam zu leisten.

Schlusswort

Wahrheit und Toleranz, Dialog und Zusammenarbeit sollen die Menschen füreinander öffnen und sie einander näher bringen. Sie sollen ihnen ermöglichen, in unserer einen Welt die Solidarität aller mit allen, die universale Geschwisterlichkeit zu erfahren.

Bezogen auf unsere verschiedenen kulturellen und religiösen Systeme heißt dies, dass sie den Weg vom Gegeneinander der Systeme über das Nebeneinander zum Miteinander finden müssen.

Mit anderen Worten: Wir können in der heute fortschreitenden Globalisierungs-Bewegung nicht mehr gegeneinander sein und einander wie Gegner behandeln.

Wir dürfen nicht nur nebeneinander wie Fremde leben und uns gegenseitig als Konkurrenten betrachten.

Wir müssen miteinander wirken und Partner sein.

Und wir sollten es auch schaffen, füreinander dazusein und Freunde zu werden.

Anmerkungen

[1] Zitiert bei H. Stieglecker, Die Glaubenslehren des Islam, Paderborn ²1983, Nr. 643.

[2] Zitiert bei H. Stieglecker, Nr. 648–650, S. 364–366. – Eine Zusammenfassung der Angaben der islamischen Tradition über die Himmelsreise Muhammads befindet sich bei Tor Andrae, Die Person Muhammeds in Lehre und Glauben seiner Gemeinde, Stockholm 1918, S. 39–46, 68–85.

[3] Husayn al-Djisr, al-Husun al-hamidiyya, Kairo 1905. Nähere Ausführungen bei H. Stieglecker, Die Glaubenslehren des Islam, Paderborn ²1983, S. 465–470.

[4] Ahmad Muhammad al-Hufi, Min akhlaq al-nabi, Kairo 1979, S. 69–401.

[5] Vgl. M. S. Abdullah, Mohammed, in: Mohammed für Christen. Eine Herausforderung, hrsg. von Muhammad Salim Abdullah/Adel Theodor Khoury (Herderbücherei 1137), Freiburg 1984, S. 35–41.

[6] Zitiert nach Tor Andrae, Die Person Muhammads in Lehre und Glauben seiner Gemeinde, Stockholm 1918, S. 63. Siehe weitere Geburts- und Kindheitgeschichten sowie Wundererzählungen verschiedener Art im selben Buch.

[7] Siehe die ausführliche Darstellung dieser Argumente in meinem Buch: Polémique byzantine contre l'Islam, Leiden 1972, S. 11–140; eine kurze Zusammenfassung findet sich in meinem Buch: Der theologische Streit der Byzantiner mit dem Islam, Paderborn 1969, S. 34–41. Siehe auch die vorzüglichen Arbeiten von Ludwig Hagemann, Der Kur'an in Verstandnis und Kritik bei Nikolaus von Kues, Frankfurt ²1976, S. 85–98; Ders., Propheten – Zeugen des Glaubens. Koranische und biblische Deutungen, Würzburg-Altenberge ²1993, S. 183–193.

[8] Vgl. die aufschlussreichen Ausführungen und Diskussionsbeiträge in Andreas Bsteh (Hrsg.), Christlicher Glaube in der Begegnung mit dem Islam (Studien zur Religionstheologie 2), Mödling 1996.

[9] Zitiert bei H. Stieglecker, Die Glaubenslehren des Islam, Paderborn ²1983, 121. Der französische katholische Bischof Bossuet hatte schon im 17. Jahrhundert eine ähnliche Aussage mit fast gleichem Wortlaut gemacht. Sind wir in unseren Überlegungen heute wirklich weiter gekommen?

[10] Im Schiismus kann das Leiden einen besonders heilsamen Charakter haben, wenn es in Verbindung mit dem Martyrium des Imams Husayn, des Enkelkindes des Propheten Muhammad, gebracht wird. Zum erlösenden Leiden siehe Mahmoud Ayoub, Redemptive Suffering in Islam, Den Haag 1978.

[11] Vgl. dazu Fadlou Shehadi, Ghazali's Unique Unknowable God, Leiden 1964.

Anmerkungen

[12] So argumentiert Razi bei der Kommentierung der Verse 5,116 und 3,64.

[13] Vgl. A. Th. Khoury: Apologétique byzantine contre l'Islam (Religionswissenschaftliche Studien 1), Altenberge 1982, S. 45–61; vor allem die umfassenden Ausführungen von Paul Khoury: Matériaux pour servir à l'étude de la controverse théologique islamo-chrétienne de langue arabe du VIIIe au XIIe siècle, Band II (Religionswissenschaftliche Studien 11/2), Würzburg – Altenberge 1991 (dort sehr ausführliche Literatur).

[14] Siehe dazu für die christlich-arabische Literatur Paul Khoury: op. cit.; für die byzantinische Theologie A. Th. Khoury: op. cit.; für die lateinische Apologetik Ludwig Hagemann: Der Kur'an in Veständnis und Kritik bei Nokoluas von Kues. Ein Beitrag zur Erhellung islamisch-christlicher Geschichte (Frankfurter Theologische Studien 21), Frankfurt am Main 1976. Die genannten Werke geben jeweils weiterführende Literatur an.

[15] Zu dieser Stelle und zu ihren theologischen Implikationen siehe mein Buch: Adel Theodor Khoury, Der Koran. Übersetzung und wissenschaftlicher Kommentar, Bd. I, Gütersloh 1990, S. 178–183. – Zu ausgewählten Aussagen des Hadith siehe mein Buch: Adel Theodor Khoury, So sprach der Prophet. Worte aus der islamischen Überlieferung, (GTB 785), Gütersloh 1988, S. 98–101. – Zum Fragenkomplex der Bestimmung Gottes und der menschlichen Freiheit siehe W. Montgomery Watt, Free Will and Predestination in Early Islam, London 1948; Hermann Stiegleker, Die Glaubenslehren des Islam, Paderborn ^{2}1983, S. 97–124; Louis Gardet, Dieu et la destinée de l'homme, Paris 1967; Adel Theodor Khoury, Einführung in die Grundlagen des Islams, Altenberge ^{4}1995, S. 114–119; ders., Der Islam: sein Glaube – seine Lebensordnung – sein Anspruch (Herder/Spektrum 4167), Freiburg ^{6}2001, S. 98–102.

[16] Rudi Paret interpretiert diesen Vers im Sinne einer Feststellung, vgl. R. Paret, Sure 2,256: lā ikrāha fī d-dīni. Toleranz oder Resignation?, in: Der Islam 45 (1969), S. 299–300; auch in: Der Koran, hrsg. von R. Paret, Darmstadt 1975, S. 306–308; ders., Der Koran. Kommentar und Konkordanz, Stuttgart ^{3}1986, S. 54–55.

[17] Siehe mein Buch: Adel Theodor Khoury, Einführung in die Grundlagen des Islams, Altenberge ^{4}1995, S. 78–86; ders., Der Koran. Übersetzung und wissenschaftlicher Kommentar, Bd. I, Gütersloh 1990, S. 57–63.

[18] Was die rechtliche Stellung unterworfener Juden und Christen betrifft, siehe Antoine Fattal, Le statut des non-musulmans en pays d'Islam, Beirut 1958; Adel Theodor Khoury, Toleranz im Islam, Altenberge ^{2}1986, S. 138–176 (dort Literatur).

[19] Zur Strafe der Apostasie im Islam siehe S. M. Zwemer, The Law of Apostasy in Islam, London 1924 (deutsch: Das Gesetz wider den Abfall vom Glauben, Gütersloh 1926); S. A. Rahman, Punishment of Apostasy in Islam, Lahore 1972; Adel Theodor Khoury, Toleranz im Islam, Altenberge ^{2}1986, S. 110–115 (dort weitere arabische Literatur).

[20] Mahmud Shaltut, Al-Islam, 'aqida wa shari'a, Beirut, 8. Auflage o. J. (etwa 1978), S. 281.

[21] Zu dieser Frage siehe die Untersuchung von A. Hottinger, Verwestlichung als politisches und soziales Problem, in: „Verwerfungszonen" internationaler Politik zwischen Maghreb und Golf: Der Krisengürtel südlich Europas (Schriftenreihe der Akademie der Bundeswehr für Information und Kommunikation), Waldbröhl 1993, S. 24–36.

[22] Zitiert nach der deutschen Übersetzung der Deklaration: CIBEDO-Texte 4, Köln 1980, S. 15–16. Ähnliche Vorstellungen wurden auf der Konferenz des Islamsrates für Europa zum Thema „Die muslimische Welt und die künftige Wirtschaftsordnung", London, Juni 1977, entwickelt. Siehe zum Fragenkomplex einer islamischen Wirtschaftsordnung Volker Nienhaus, Islam und moderne Wirtschaft. Positionen, Probleme und Perspektiven, Graz/Wien/Köln 1982.

[23] Vgl. die vorzügliche Untersuchung von Paul Khoury, L'Islam critique de l'Occident dans la pensée arabe actuelle. Islam et Sécularité, 3 Bände (Religionswissenschaftliche Studien 35/1–3), Würzburg/Altenberge 1994–1995.

[24] Mohamed Talbi, Islam und Dialog, in: Moslems und Christen – Partner?, hrsg. von M. Fitzgerald/A. Th. Khoury/W. Wanzura, Graz/Wien/Köln 1976, S. 150.

[25] Zitiert nach M. S. Abdullah, Die Präsenz des Islam in der Bundesrepublik Deutschland, CIBEDO-Dokumentation 1, Köln 1978, S. 12.

[26] In: Sa'ud al-Maula, Al-Hiwar al-islami al-masihi. Darurat al-mughamara (deutsch: Der islamisch-christliche Dialog. Die Notwendigkeit des Wagnisses), Beirut/Libanon 1996, S. 7–22.

[27] Shams al-Din merkt hier an, dass die muslimischen Gelehrten unterscheiden zwischen dem, der den Islam nicht angenommen hat, weil ihm keine Gelegenheit dazu gegeben wurde, und dem, der den Islam direkt verleugnet. Der Erste sei entschuldigt, und der Zweite sei für seinen Unglauben verantwortlich; art. cit., S. 9.

[28] Vgl. Hans Zirker, Christentum und Islam. Theologische Verwandschaft und Konkurrenz, Düsseldorf ²1992; Ders., Islam. Theologische und gesellschaftliche Herausforderungen, Düsseldorf 1993.

[29] Siehe dazu die ausgezeichnete Darstellung von Paul Khoury, Matériaux pour servir à l'étude de la controverse théologique islamo-chrétienne de langue arabe du VIIIe au XIIe siècle, 8 Bände (Religionswissenschaftliche Studien 11/1–6.1.2.3), Würzburg/Altenberge 1989–2002.

[30] Die Frage, die sich die früheren christlichen Theologen im arabischsprachigen Raum, in Byzanz und im lateinischen Westen gestellt haben, um den Islam zu würdigen, lautet: Wie kann der Islam als falsche Religion entlarvt werden? Es stand nämlich von vorneherein fest, dass der Islam keine wahre Religion ist und keine Heilsrelevanz besitzt. Es half bei diesem polemischen Unterfangen das apologetische System, das die christlichen Theologen bislang entwickelt hatten, um die Einwände der Gegner des Christen-

tums zurückzuweisen und die Wahrheit der christlichen Lehre zu beweisen. Wenn der Islam den Kriterien dieses apologetischen Systems nicht genügt, dann muss der Islam als ganzes, d. h. im Hinblick auf seinen Verkünder, auf seine Urkunde und Heilige Schrift und auf seine Lehre und Lebensordnung als falsche Religion gelten. – Siehe sehr ausführliche Angaben in meiner Untersuchung: A. Th. Khoury, Polémique byzantine contre l'Islam, Leiden 1972; Ludwig Hagemann, Propheten – Zeugen des Glaubens. Koranische und biblische Deutungen (Religionswissenschaftliche Studien 26), Würzburg/Altenberge ²1993, S. 182–193.

[31] Zu diesem Thema siehe unter vielen Beiträgen Jean Daniélou, Vom Heil der Völker, Freiburg 1952; Karl Rahner, Das Christentum und die nichtchristlichen Religionen, in: Ders., Schriften zur Theologie, V, Einsiedeln 1962, S. 136–158; Ders., Die anonymen Christen, in: Ders., Schriften zur Theologie, VI, Einsiedeln 1963, S. 545–554; Josef Heislbetz, Theologische Gründe der nichtchristlichen Religionen, Freiburg 1967; Hans Waldenfels, Die Heilsbedeutung der nichtchristlichen Religionen in katholischer Sicht, in: W. Molinski (Hrsg.), Die vielen Wege zum Heil, München 1969, S. 93–125; P. Rossano, Il Problema teologico delle religioni, Rom 1975; Ludwig Hagemann, „Außer der Kirche kein Heil"?, Zur Rolle der nichtchristlichen Religionen in der Heilsökonomie, in: Was ist Erlösung?, hrsg. von A. Th. Khoury/ P. Hünermann, Freiburg 1985, S. 141–156; Claude Geffré, La théologie des religions non chrétiennes, vingt ans après Vatican II, in: Islamochristiana 11 (Rom 1985), S. 141–156; Adel Theodor Khoury, Der Islam in der Sicht christlicher Theologie, in: Andreas Bsteh (Hrsg.), Christlicher Glaube in der Begegnung mit dem Islam (Studien zur Religionstheologie 2), Mödling 1996, S. 265–286.

[32] Siehe jedoch die Aussagen muslimischer Gemeinschaften und Gelehrten, die das Gegenteil – wenigstens da und dort – bezeugen, in: Ludwig Hagemann/A. Th. Khoury, Dürfen Muslime auf Dauer in einem nichtislamischen Land leben? Zu einer Dimension der Integration muslimischer Mitbürger in eine nichtislamische Gesellschaftsordnung (Religionswissenschaftliche Studien 42), Würzburg/Altenberge 1997.

[33] Hier erinnert der Autor an die Versuche des Moghul-Kaisers Akbar in Indien, die zu keinem Erfolg geführt haben; vgl. S. 14.

[34] Das II. Vatikanische Konzil hat gerade die Suche nach dem Gemeinsamen zur Devise der Katholischen Kirche bei der Gestaltung ihrer Beziehungen zu den Nichtchristen gemacht: vgl. die Erklärung über das Verhältnis der Kirche zu den nichtchristlichen Religionen (Nostra aetate), 1. Eine Kurzfassung der Aussagen des Konzils findet sich in meinem Beitrag: A. Th. Khoury, Auf dem Weg zu einer Ökumene der Religionen – die Etappe des II. Vatikanum, in: Klemens Richter (Hrsg.), Das Konzil war erst der Anfang, Mainz 1991, S. 106–118.

[35] Hier nennt der Autor ein besonderes Anliegen eines solchen Dialogs: Er stellt eine große Notwendigkeit für das Volk und die Existenz des Libanon dar. Für das libanesische Volk, wegen der Bemühung um die Bildung

einer in sich einigen politischen Gesellschaft, die sich um die nationalen Anliegen kümmert. Und für den Libanon, weil er die endgültige Heimat für alle seine Kinder ist.

[36] Vgl. dazu mein Buch: A. Th. Khoury, Toleranz im Islam, Mainz 1980 (Neudruck: Religionswissenschaftliche Studien 8, Altenberge 1986), S. 141, Anm. 8.

[37] Vgl. einige Angaben in meinem Buch: Toleranz im Islam, S. 181–182. Es wird Bezug genommen auf die Arbeit von Georges C. Corm, Contribution à l'étude des sociétés multi-confessionnelles, Paris 1971, S. 115–122. Dort weiterführende Literatur.

[38] Vgl. die Akten der Zweiten Internationalen Christlich-Islamischen Konferenz (Wien, Mai 1997) in: Andreas Bsteh (Hrsg.), Eine Welt für alle, (Beiträge zur Religionstheologie 9), Mödling 1999.

[39] Vgl. den aufschlussreichen Beitrag von Rotraud Wieland, Wurzeln der Schwierigkeit innerislamischen Gesprächs über neue hermeneutische Zugänge zum Korantext, in: Stefan Wild (Hrsg.), The Qur'an as Text (Islamic Philosophy, Theology and Science, Texts and Studies 27), Leiden 1996, S. 257–282.

[40] Vgl. zu den Kriterien dieses Modells und ihrer Anwendung auf den Islam mein Buch: A. Th. Khoury, Polémique byzantine contre l'Islam, Leiden 1972.

[41] Zum Gebrauch dieses Argumentes siehe mein Buch: A. Th. Khoury, Apologétique byzantine contre l'Islam (VIIIe–XIIIe) (Religionswissenschaftliche Studien 1), Altenberge 1982, S. 74–75.

[42] Erklärung über das Verhältnis der Kirche zu den nichtchristlichen Religionen „Nostra aetate", 2.

[43] Nostra aetate, 2.

[44] Dekret über die Ausbildung der Priester „Optatam totius", 16.

[45] Dogmatische Konstitution über die Kirche „Lumen gentium", 16.

[46] Es ist hier vielleicht angebracht, auf die Gefährlichkeit einer solchen Argumentation hinzuweisen, auch im Hinblick auf den Anspruch des Islams, wenn man an die Religionen denkt, die nach dem Islam entstanden sind und ihrerseits nun beanspruchen, das letzte Stadium der Religionsgeschichte zu sein, wie dies die Baha'i und die Ahmadiyya tun.

[47] Vgl. meinen Beitrag: A. Th. Khoury, Der Islam in der Sicht christlicher Theologie, in: Andreas Bsteh (Hrsg.), Christlicher Glaube in der Begegnung mit dem Islam (Studien zur Religionstheologie 2), Mödling 1966, S. 267–269 (der ganze Beitrag: S. 265–286).

[48] Das Thema der Heilsrelevanz bzw. der Heilswirksamkeit nichtchristlicher Religionen gab Anlass zu Auseinandersetzungen im Hinblick auf die Würdigung der nichtchristlichen Religionen. Siehe u. a. Karl Rahner, Das Christentum und die nichtchristlichen Religionen, in: K. Rahner, Schriften zur Theologie, Bd. 5, Einsiedeln 1962, S. 136–158; Ders., Die anonymen Christen, in: K. Rahner, Schriften zur Theologie, Bd. 6, Einsiedeln 1965, S. 545–554; Heinz-Robert Schlette, Die Religionen als Thema der Theologie.

Überlegungen zu einer „Theologie der Religionen" (Quaestiones Disputatae 22), Freiburg 1963; Joseph Ratzinger, Der christliche Glaube und die Weltreligionen, in J. B. Metz u.a. (Hrsg.), Gott in Welt. Festgabe für Karl Rahner, Bd. 2, Freiburg 1964, S. 287–305; Ders., Theologische Prinzipienlehre. Bausteine zur Fundamentaltheologie, München 1982; W. Strolz/H. Waldenfels (Hrsg.), Christliche Grundlagen des Dialogs mit den Weltreligionen (Quaestiones Disputatae 98), Freibrug 1983; H. Waldenfels, Das Christentum im Streit der Religionen um die Wahrheit, in: Handbuch der Fundamentaltheologie, Bd. 2, Freiburg 1985, S. 241–265.

[49] Dekret über die Ausbildung der Priester „Optatam totius", Art. 16.

[50] Erklärung über das Verhältnis der Kirche zu den nichtchristlichen Religionen „Nostra aetate", Art. 2.

[51] „Lumen gentium", Art. 16.

Literaturhinweise

Der Koran. Übersetzung von Adel Theodor Khoury. Unter Mitwirkung von Muhammad Salim Abdullah (GTB 783), Gütersloh 1987, ³2001.
Paret R., Der Koran. Übersetzung (Taschenbuchausgabe), Stuttgart ⁴1985.
Khoury A. Th., So sprach der Prophet. Worte aus der islamischen Überlieferung (GTB 785), Gütersloh 1988.
Khoury A. Th., Der Koran. Arabisch-Deutsch: Übersetzung und wissenschaftlicher Kommentar, Bd. I–XII, Gütersloh 1990–2001.
Khoury A. Th./L. Hagemann/P. Heine, Islam-Lexikon – Geschichte, Ideen, Gestalten, 3 Bde. (Herder/Spektrum 4036), Freiburg ²1999.

Antes, P., Ethik und Politik im Islam, Stuttgart 1982.
Bouman, J., Das Wort vom Kreuz und das Bekenntnis zu Allah, Frankfurt a. M. 1980.
Bsteh, A. (Hrsg.), Der Gott des Christentums und des Islams (Beiträge zur Religionstheologie 2), Mödling 1978, Nachdruck 1992.
– (Hrsg.), Hören auf sein Wort (Beiträge zur Religionstheologie 7), Mödling 1992.
– (Hrsg.), Friede für die Menschheit. Grundlagen, Probleme und Zukunftsperspektiven aus islamischer und christlicher Sicht (Beiträge zur Religionstheologie 8), Mödling 1994.
– (Hrsg.), Eine Welt für alle. Grundlagen eines gesellschaftlichen und kulturellen Pluralismus in christlicher und islamischer Perspektive (Beiträge zur Religionstheologie 9), Mögling 1999.
– (Hrsg.), Der Islam als Anfrage an christliche Philosophie und Theologie (Studien zur Religionstheologie 1), Mödling 1994.
– (Hrsg.), Christlicher Glaube in der Begegnung mit dem Islam (Studien zur Religionstheologie 2), Mödling 1996.
– (Hrsg.), Gerechtigkeit in den internationalen und interreligiösen Beziehungen in islamischer und christlicher Perspektive, Mödling 1997.
– (Hrsg.), Werte – Rechte – Pflichten. Grundfragen einer gerechten Ordnung des Zusammenlebens in christlicher und islamischer Sicht, Mödling 2001.
Buhl, F., Das Leben Muhammeds, Heidelberg ³1961.
Buße, H., Die theologischen Beziehungen des Islams zu Judentum und Christentum. Grundlagen des Dialogs im Koran und die gegenwärtige Situation, Darmstadt 1988.
Ende, W./U. Steinbach (Hrsg.), Der Islam in der Gegenwart, München ²1989.

Falaturi A./W. Strolz (Hrsg.), Glauben an den einen Gott. Menschliche Gotteserfahrung in Christentum und Islam, Freiburg 1975.

Fattal, A., Le statut légal des non-musulmans en pays d'Islam, Beirut 1958.

Gardet, L., Le cité musulmane. Vie sociale et politique, Paris ²1961.

–, Dieu et la destinée de l'homme, Paris 1967.

–, Islam, Köln 1968.

Hagemann. L., Der Kur'an in Verständnis und Kritik bei Nikolaus von Kues. Ein Beitrag zur Erhellung christlich-islamischer Geschichte (Frankfurter Theologische Studien 21), Frankfurt a.M. 1976.

–, Christentum und Islam zwischen Konfrontation und Begegnung (Religionswissenschtliche Studien 4), Würzburg/Altenberge ³1994.

–, Propheten – Zeugen des Glaubens. Koranische und biblische Deutungen (Religionswissenschaftliche Studien 26), Würzburg/Altenberge ²1993.

–, Christentum contra Islam. Eine Geschichte gescheiterter Beziehungen, Darmstadt 1999.

Khadduri, M., War and peace in the law of Islam, Baltimore ²1979.

Khoury, A. Th., Polémique byzantine contre l'Islam, Leiden 1972.

–, Einführung in die Grundlagen des Islams (Religionswissenschaftliche Studien 27), Würzburg/Altenberge ⁴1995.

–, Toleranz im Islam, München/Mainz 1980; Altenberge ²1986.

–, Der Islam. Sein Glaube – seine Lebensordnung – sein Anspruch (Herder/ Spektrum 4167), Freiburg ⁶2001.

–, Wer war Muhammad? Lebensgeschichte und prophetischer Anspruch, Herder Taschenbuch 1719), Freiburg 1990.

–, Was sagt der Koran zum Heiligen Krieg?, Gütersloh 1991.

–, Der Islam kommt uns näher. Worauf müssen wir uns einstellen, Herder 1992.

–, Christen unterm Halbmond. Religiöse Minderheiten unter der Herrschaft des Islams, Freiburg 1994.

Khoury, A. Th./L. Hagemann, Christentum und Christen im Denken zeitgenössischer Muslime (Religionswissenschaftliche Studien 7), Würzburg/ Altenberge ²1993.

Khoury, A. Th./Peter Heine/Janbernd Oebbecke, Handbuch Recht und Kultur des Islams in der deutschen Gesellschaft, Gütersloh 2000.

Kuschel, H. J., Streit um Abraham, München 1994.

Nagel, T., Staat und Glaubensgemeinschaft im Islam. Geschichte der politischen Ordnungsvorstellungen im Islam, 2 Bde., Zürich 1981.

–, Geschichte der islamischen Theologie, München 1994.

Nienhaus, V., Islam und moderne Wirtschaft. Positionen und Perspektiven (Islam und westliche Welt 6), Graz/Wien/Köln 1982.

Noth, A., Heiliger Krieg und heiliger Kampf in Islam und Christentum, Bonn 1966.

–, Möglichkeiten und Grenzen islamischer Toleranz im Islam, in: Saeculum 29 (Freiburg/München 1978), S. 190–204.

Paret, R., Toleranz und Intoleranz im Islam, in: Saeculum 21 (Freiburg/München 1970), S. 344–365.

–, Muhammad und der Koran (Urban-Bücher 32), Stuttgart ⁶1985.

Schedl, C., Muhammad und Jesus. Die christologisch relevanten Texte des Koran, Wien/Freiburg/Basel 1978.

Schimmel, A., Und Mohammed ist sein Prophet, Köln 1982.

Schimmel, A. u. a., Der Islam III (Die Religionen der Menschheit 25,3), Stuttgart 1990.

Stieglecker, H., Die Glaubenslehren des Islam, Paderborn ²1983.

Tibi, B., Die Krise des modernen Islams, Frankfurt ²1990.

–, Der Islam und das Problem der kulturellen Bewältigung sozialen Wandels, Frankfurt 1985.

–, Im Schatten Allahs. Der Islam und die Menschenrechte, Münschen 1994.

Watt, W. M./A. T. Welch, Der Islam I (Die Religionen der Menschheit 25,1), Stuttgart 1980.

Wat, W. M./M. Marmura, Der Islam II (Die Religionen der Menschheit 25,2), Stuttgart 1985.

Zirker, H, Christentum und Islam. Theologische Verwandtschaft und Konkurrenz, Düsseldorf 1989.

–, Islam. Theologische und gesellschaftliche Herausforderungen, Düsseldorf 1993.

Register

Arabische Begriffe

bila kayf (kein Wie!) 67

djabr (Zwang) 55
djihad (Einsatz, „Heiliger Krieg") 114

Hadith (islamische Überlieferung der Aussprüche und Entscheidungen des Propheten Muhammad) 33

idjtihad (Bemühung um Meinungsbildung in Rechtsfragen) 174
iktisab (Aneignung) 56
islam (Hingabe an Gott) 96

kasb (Aneignung) 56

la tashbih (nicht vergleichen!) 67

mahi (Ausradierer) 41
mi'radj (Himmelsreise Muhammads) 39

shari'a (islamisches Gesetz) 133
sunna (verbindlicher und vorbildlicher Weg des Propheten Muhammad) 111

ta'til (Weg der negativen Theologie) 66

umma (islamische Gemeinschaft) 125

Namen

Abdullah, M. Salim 37, 211, 213, 217
Abraham 25, 27, 31, 41, 76, 157, 176
Abu Bakr 74
Abu Dawud 39, 123
Abu Hurayra 34, 36, 37, 39, 40
Abu Musa al-Ash'ari 36
Adam 39, 40, 77
Andrae, Tor 211
Antes, Peter 217
Ash'ari 69
Ayyoub, Mahmoud 211

Bahi, Muhammad 134
Bossuet 211

Bouman, Johan 217
Bsteh, Andreas 211, 215, 217
Buhl, F. 217
Bukhari 33, 34, 36, 37, 40, 123
Buße, H. 217

Corm, Georges C. 215

Daniélou, Jean 214
Didjwi 57
Djabir 34, 36
Djisr, Husayn 211
Djubayr ibn Mut'im 33
Djundi, Anwar 134

Elia 29
Ende, W. 217

Falaturi, A. 217
Fattal, Antoine 217
Fitzgerald, Michael 213

Gabriel 72
Gardet, Louis 21, 217
Geffré, Claude 214
Ghazali, Muhammad 134
Ghazzali 69, 70

Hagemann, Ludwig 211, 212, 214, 217, 218
Heine, Peter 217, 218
Heislbetz, Josef 214
Hottinger, A. 213
Hünermann, Peter 214
Hufi, Ahmad Muhammad 211
Husayn 211

Ibn 'Abbas 39, 40
Ibn Hanbal, Ahmad 67
Ibn Sa'd 13, 14
Ismael 185

Jesus Christus 27, 31, 32, 43, 44, 45, 72–79, 80, 81, 82, 160, 176, 183, 184, 189, 190, 191, 193, 200, 203

Karl Martell 161
Khadduri, M. 218
Khoury, Adel Theodor 211, 212, 213, 214, 215, 217, 218
Khoury, Paul 212, 213
Kuschel, H. J. 218

Maria 72, 73, 76, 77, 78, 79, 80, 81
Marmura, M. 219
Matthäus 184
Maula, Sa'ud 213
Metz, Johann Baptist 216
Molinski, W. 214
Mose 14, 17, 21, 25, 29, 76, 112, 157, 158, 160

Mubarak, Muhammad 134
Muhammad 10, 13–46, 49, 55, 62, 64, 68, 74, 76, 111, 112, 113, 123, 125, 150, 157, 160, 176, 184, 185, 189, 191, 192, 211
Muslim 33, 34, 36, 39, 123

Nagel, T. 218
Nasa'i 34, 36
Nienhaus, Volker 213, 218
Noach 40, 76
Noth, A. 218

Oebbekce, Janbernd 218

Paulus 200
Paret, Rudi 212, 218
Petrus 184

Qaradawi, Yusuf 134
Qutb, Muhammad 134

Rahman, S. A. 212
Rahner, Karl 214, 215
Razi 212
Ratzinger, Joseph 216
Richter, Klemens 214
Rossano, P. 214

Schedl, C. 219
Schimmel, Annemarie 218
Shalabi, Ahmad 134
Shaltut, Mahmud 123, 213
Shams al-Din, Muhammad Mehdi 167, 213
Shehadi, Fadlou 211
Schlette, Heinz-Robert 215
Steinbach, Udo 217
Stieglecker, Hermann 211, 212, 219
Strolz, W. 216, 217

Talbi, Mohamed 213
Tibi, Bassam 219
Tirmidhi 33, 34, 36, 39, 40

Umar 74, 161
'Uzayr 32

Waldenfels, Hans 214, 216
Wanzura, Werner 213
Watt, W. Montgomery 212, 219

Welch, A. T. 219
Wieland, Rotraud 215
Wild, Stefan 215

Zirker, Hans 213, 219
Zwemer, S. M. 212